MOLIÈRE ET SON PREMIER *TARTUFFE*:
GENÈSE ET ÉVOLUTION D'UNE PIÈCE À SCANDALE

ROBERT MC BRIDE

DURHAM MODERN LANGUAGES SERIES
UNIVERSITY OF DURHAM 2005

À la mémoire d'Henri Godin, de mon père, Robert Mc Bride, et de mon beau-père, R Desmond Morris

Point de cabale en eux, point d'intrigues à suivre ;
On les voit, pour tous soins, se mêler de bien vivre.
Le Tartuffe, vv.397–98.

Avant-Propos

Je tiens à exprimer ma vive reconnaissance au comité de l'Arts and Humanities Research Board qui a fourni une subvention importante pour suppléer à mes cours du premier semestre de l'année 1999-2000. L'Université d'Ulster m'a accordé un congé pour le second semestre de la même année, ainsi qu'un semestre au cours de l'année 2002-2003, me permettant ainsi de me consacrer à ce travail sur le premier *Tartuffe*. Elle a mis aussi à ma disposition le soutien financier nécessaire pour publier ce livre. Sans cette aide généreuse de la part de ces établissements, je n'aurais pas pu faire paraître cet ouvrage.

Je me fais un plaisir de remercier mes collègues de la section de français à l'Université d'Ulster, Graham Gargett, John Gillespie, Richard York, dont les conseils ont été et judicieux et utiles. John Brown, professeur de dessin à la Coleraine Academical Institution, a su réaliser un portrait du premier *Tartuffe* à partir des indications que je lui ai communiquées. Mon ancien étudiant John Crothers m'a rendu un grand service en éclairant quelques points obscurs dans la biographie de l'abbé de Pons. Tout au cours de ce travail, j'ai pu bénéficier de l'intérêt de mon cher ami et ancien collègue Henri Godin. Au moment où j'écris ces lignes, la mort nous prive de sa présence chaleureuse et de sa sagesse souriante. À tous ses étudiants et amis il laisse un bel exemple — l'épithète godinienne par excellence « immarcescible » semble tout à fait indiquée — de l'art de vivre humaniste fondé sur le respect et l'amour du prochain. Ma femme, Valerie, m'a apporté de précieux encouragements et a tout fait pour faciliter ce travail. Que tous ces amis et collègues veuillent bien trouver ici l'expression sincère de ma profonde gratitude.

Introduction

La problématique du *Tartuffe*

Le Tartuffe demeure, à n'en pas douter, la pièce la plus controversée et mystérieuse de Molière. La qualifier d'emblée de « pièce » c'est tout de suite tomber dans l'ambiguïté, car *Le Tartuffe* n'est rien moins qu'une seule pièce, c'est une série de pièces dont chacune ajoute à la vie de l'ensemble tout en vivant de sa propre vie. Cette « pièce » passe par trois versions au cours des années 1664–1669, chacune possédant son caractère particulier qui la démarque des autres. Et ce caractère spécifique, nous le devons autant à Molière qu'aux circonstances historiques, religieuses et politiques qui donnent lieu au phénomène qu'est *Le Tartuffe*. Ce phénomène s'insère dans un réseau enchevêtré d'événements dont Molière était loin d'être le maître, où il se débat de tout son être pour maintenir l'intégrité de sa vision dramatique et de ses intentions premières.[1]

D'où une seconde série de problèmes et de points obscurs autour de ses véritables intentions. Il a beau protester de l'innocence de son dessein en écrivant chaque version de sa pièce, les autorités hésitent à le croire sur sa simple parole d'autant plus que des esprits mal intentionnés à son égard n'ont pas de difficulté à lui dresser des embûches et à peser sur les autorités civiles et religieuses. Quelles que soient ses intentions intimes, elles se voient modifier du tout au tout par la suite. Il s'ensuit que la troisième version représentée le 5 février 1669 au Palais-Royal est loin, très loin, de la version originale de la première, qui eut lieu le 12 mai 1664 à Versailles en présence de Louis XIV.

---

[1] M. Baumal a pu estimer l'énigme du *Tartuffe* résolue, « à peu près complètement », *Tartuffe et ses avatars* (Paris : Nourry, 1925), VI. Par contre, R. Bray écrit avec beaucoup de justesse que « ce qui rend l'intention du *Tartuffe* difficile à saisir, c'est à la fois le sujet sur lequel il était dangereux de parler trop net, et le caractère hybride de la pièce : une farce se transforme en comédie et cette comédie est aussi bien comédie polémique que comédie de caractère », *Œuvres complètes de Molière* (Paris : Société des Belles Lettres, 1947), V, 355.

Face à ces nombreux problèmes, nous le croyons utile d'essayer de remonter à l'origine de ce qui ne pouvait que devenir « l'affaire du *Tartuffe* », et en particulier

(a) de nous pencher sur la question du premier *Tartuffe,* et de nous interroger sur la nature et le contenu de cette version ;
(b) de tracer l'évolution de cette version à travers sa deuxième mouture, *L'Imposteur,* du 5 août 1667 et de la version définitive de 1669 ;
(c) d'essayer de faire la lumière sur le sens que peut avoir cet enchaînement d'événements dont surgissent ces versions et pour Molière et pour notre interprétation de son théâtre.

Dès l'entrée, il convient de mesurer ce qu'un tel dessein comporte d'ardu et d'aléatoire, sinon d'insensé. Rien de plus tentant en effet que de vouloir tirer le rideau sur cette affaire ténébreuse, qu'il serait peut-être plus commode d'estimer classée et rangée depuis longtemps. Si d'abondantes études sur Molière ont paru depuis le tricentenaire de sa mort, elles ont tendance à traiter des sujets tels que la théâtralité des pièces, la mise en scène des représentations modernes, les problèmes d'interprétation et de traduction, les rapports de Molière avec ses éditeurs. Le contenu et la forme du premier *Tartuffe* ne passionnent plus les moliéristes comme ils passionnaient leurs prédécesseurs voici cinquante ans. En effet, tout semblerait avoir été dit là-dessus. Il n'est que de jeter un coup d'œil sur notre bibliographie pour constater que ce problème ne préoccupe guère les moliéristes de nos jours. Est-il raisonnable au début d'un nouveau millénium d'espérer apporter quoi que ce soit de nouveau à une question perdue dans la nuit du temps et dont les échos se sont tus depuis belle lurette ? Ne vaudrait-il pas mieux s'en faire une raison, se résigner à accepter l'état d'ignorance où l'histoire nous condamne concernant la première version du *Tartuffe ?* Pourquoi se mettre en quête du Saint-Graal des études moliéresques ?[2] Autant nous le croyons

---

[2]   On comprend très bien qu'Antoine Adam ait pu traiter la question d'une façon sommaire : « Il est à craindre que le *Tartuffe* de 1664 reste à tout jamais l'objet de notre ignorance et de nos vaines hypothèses », *Histoire de la littérature française au XVIIe siècle* (Paris : Del Duca, 1962), III, 314. G. Charlier se montre encore plus sommaire à ce propos : « Espérer sur Molière et son œuvre des révélations imprévues, c'est venir trop tard depuis un siècle

nécessaire de poser de telles questions, autant nous rejetons avec vigueur l'esprit fermé qui les sous-tend. Y acquiescer, ce serait encourir le risque de participer de l'état d'esprit d'Orgon, au moment où il se refuse à admettre qu'il serait possible d'avoir un point de vue tant soit peu différent du sien sur son saint homme Tartuffe, pour l'excellente raison que : « ... cela ne se peut ».[3] Nous nous inscrivons en faux contre une telle inertie pour trois raisons : nous pensons que tout ce qui touche au théâtre du plus grand des dramaturges comiques ne saurait nous laisser indifférents, et à plus forte raison tout ce qui relève des événements qui marquèrent profondément l'homme et son œuvre. Les années passées à Paris, de 1658 à 1673, marque l'ascension irrésistible de la comédie moliéresque : et « l'affaire Tartuffe » se situe au cœur de cette période brillante, accaparant Molière cinq ans durant, c'est-à-dire pendant un tiers de sa carrière dans la capitale. Ces cinq ans le voient à l'apogée de sa créativité, ses trois plus grands chefs-d'œuvre, *Dom Juan* (1665), *Le Misanthrope* (1666) ainsi que les trois versions du *Tartuffe* (1664–1669) se succédant rapidement. S'il fallait désigner un seul laps de temps dans sa carrière qu'il conviendrait d'étudier avec la plus grande minutie, ce serait en effet cette période-là.

Depuis quelques années, nous disposons de nouvelles données sur la période en question. La découverte de l'identité de l'auteur de la *Lettre sur la comédie de L'Imposteur* et la reconstruction de cette seconde version du *Tartuffe* permettent d'espérer qu'il est encore possible d'apporter des éclaircissements sur une zone du théâtre moliéresque demeurée trop longtemps à l'ombre.[4] La reconstruction en particulier nous laisse voir que la seconde version, loin d'être plus ou moins identique au *Tartuffe* de 1669, comme l'on avait trop tendance à répéter, présente au contraire de sensibles différences. Quelques-unes de ces différences sont d'une

---

qu'il y a des « moliéristes » et qui écrivent », *Le Premier Tartuffe* (Paris : Champion, 1923), 16.

[3] *Le Tartuffe* 1669, IV, iv, v. 1349. Le commentaire de La Mothe Le Vayer sur ce même vers est d'une ironie délicieuse : « Trait inimitable, ce me semble, pour représenter l'effet de la pensée sur un esprit convaincu de l'impossibilité de cette chose », *Lettre sur la comédie de L'Imposteur*, éd. R. Mc Bride (Durham : University of Durham, Durham Modern Languages Series, 1994), 86.

[4] Voir notre édition de la lettre, et la reconstruction de la seconde version, *L'Imposteur de 1667 prédécesseur du Tartuffe* (Durham : University of Durham, Durham Modern Languages Series, 1999).

importance capitale en ce qui concerne la forme et le contenu de la première version, ainsi que les témoignages les plus anciens nous l'esquissent. Elles nous autorisent à croire qu'il est possible de reconstruire dans les grandes lignes ce à quoi la forme originale a bien pu ressembler.

Chapitre I

A

L'acheminement vers le premier *Tartuffe* et la vertueuse indignation d'un ingénu

L'interdiction du *Tartuffe* surgit brutalement dans la carrière de Molière, menaçant de paralyser la vie de sa troupe en même temps que son activité de dramaturge. Pourtant, à remettre l'événement dans son contexte historique, on constate un long acheminement vers ce moment de crise, crise préparée autant par le talent comique de l'auteur que par l'hostilité des ennemis qu'il avait réussi à se mettre à dos. Avec une éloquence passionnée qui peut facilement entraîner l'adhésion du lecteur, tout en occultant le fond du problème, Molière plaide son innocence tout au long de la querelle, à commencer avec le premier paragraphe de son *Premier Placet* présenté au roi en août 1664. En bon élève des jésuites, il formule son plaidoyer en forme de syllogisme, avec sa prémisse majeure et mineure et la conclusion :

1. Le devoir de la comédie étant de corriger les hommes en les divertissant, j'ai cru que, dans l'emploi où je me trouve, je n'avais rien de mieux à faire que d'attaquer par des peintures ridicules les vices de mon siècle ; et comme l'hypocrisie, sans doute, en est un des plus en usage, des plus incommodes et des plus dangereux, j'avais eu, Sire, la pensée que je ne rendrais pas un petit service à tous les honnêtes gens de votre royaume, si je faisais une comédie qui décriât les hypocrites.[1]

---

[1]   Molière, *Œuvres complètes,* édition G. Couton (Paris : Gallimard, 1991), I, 889–90. Sauf indication contraire, c'est à cette édition, abrégée en Couton ci-après, que renvoie toute référence aux comédies de Molière. Voir aussi le *Placet* de 1667, second paragraphe, *Préface* de 1669, troisième paragraphe où il souligne également le même dessein. Tout comme Molière, Honoré de Balzac met en valeur l'esprit civique qui anime les ennemis de ce vice :

2. Je l'ai faite, Sire, cette comédie, avec tout le soin, comme je crois, et toutes les circonspections que pouvait demander la délicatesse de la matière ; et, pour mieux conserver l'estime et le respect qu'on doit aux vrais dévots, j'en ai distingué le plus que j'ai pu le caractère, j'ai ôté ce qui pouvait confondre le bien avec le mal, et ne me suis servi dans cette peinture que des couleurs expresses et des traits essentiels qui font reconnaître d'abord un véritable et franc hypocrite.[2]

3. Cependant toutes mes précautions ont été inutiles [...] Les tartuffes, sous main, ont eu l'adresse de trouver grâce auprès de Votre Majesté et les originaux enfin ont fait supprimer la copie, quelque innocente qu'elle fût, et quelque ressemblante qu'on la trouvât.[3]

Que l'on trouve ce *Placet* naïf ou faussement ingénu, Molière nous fait participer à son propre étonnement devant l'efficacité de la manœuvre des ennemis de sa pièce. Et pourtant, à bien considérer le climat social et moral dans les années précédant l'affaire *Tartuffe,* il n'y a rien qui doive nous étonner moins que l'interdiction de la comédie à ce moment-là. Reprenons les choses d'un peu plus loin afin de mieux mesurer l'importance d'une telle représentation à cette époque et d'évaluer la réaction hostile qu'elle ne pouvait manquer de déchaîner.

B

L'orage s'amoncelle

Si les pères de l'église avaient tendance à condamner le théâtre, saint Thomas d'Aquin cautionne la représentation théâtrale comme divertissement légitime dans la mesure où elle n'offense pas la religion

---

« L'hypocrisie est, chez une nation, le dernier degré du vice. C'est donc faire acte de citoyen que de s'opposer à cette tartuferie sous laquelle on couvre des débordements », *Complaintes satiriques*, dans *Œuvres diverses* (Paris : Conard, 1935), I, 350.

[2]   Éd. cit., I, 890.

[3]   *Ibid.*

ou les bonnes mœurs.[4] Au 17e siècle, tandis que l'église en Italie fait bon ménage avec le théâtre, le clergé français y réagit de façon très divergente. Les comédiens n'étaient pas l'objet de l'excommunication sous sa forme stricte et canonique. Quelques diocèses les privaient des sacrements, alors que d'autres leur accordaient tous les rites de l'église, y compris celui des funérailles. Au cours des trente ans avant Molière, on redoubla d'efforts pour rehausser le statut et le respect du théâtre. Sous le patronage du cardinal ministre Richelieu, le théâtre connut un nouvel essor, bénéficiant non seulement de son puissant appui, mais du travail d'équipe qu'il imposa à des dramaturges, tels Rotrou, L'Estoille, Pierre Corneille, Boisrobert et Colletet.[5] La déclaration royale du 16 avril 1641, signée par Louis XIII, sans aucun doute sur l'instance de Richelieu, est nettement favorable au théâtre. Si elle met les comédiens en garde contre l'abus du langage et les équivoques sur scène, sous peine d'amende et de bannissement, elle n'est que trop prête à promouvoir toute activité jugée légitime: « [...] nous voulons que leur exercice, qui peut innocemment divertir nos peuples de diverses occupations mauvaises, ne puisse leur être imputé à blâme, ni préjudice à leur réputation dans le commerce public ».[6] L'abbé d'Aubignac, qui rédigea un *Projet du rétablissement du théâtre français* (1657) pour énumérer les réformes qu'il estima nécessaires au théâtre, n'exagéra guère en affirmant que sous le patronage de Richelieu, la scène française renaquit sans tache ou souillure.[7] En particulier, il essaya de venir à bout de la notion largement répandue mais erronée voulant qu'il y eût grave péché à assister à une représentation théâtrale. Objection tenace, semble-t-il, qui affleure à tout moment. Témoin Anne d'Autriche, la reine mère, férue du théâtre. Après la mort de Louis XIII, elle ne se fit pas scrupule de retourner au théâtre, mais encourut les reproches du très zélé curé de Saint-Germain l'Auxerrois. Après consultation des évêques, on lui répondit que « [...] les comédies qui ne représentaient pour l'ordinaire que des histoires sérieuses ne pouvaient

---

[4] J. Dubu, *Les Églises chrétiennes et le théâtre* (Grenoble : P.U.G., 1997), 21–22.

[5] À ce sujet, voir A. Adam, *Histoire de la littérature française,* I, 466–69.

[6] *L'Église et le théâtre,* éd. Ch. Urbain et E. Levesque (Paris : Grasset, 1930), 10.

[7] *La Pratique du théâtre,* éd. Hans-Jörg Neuschäfer (Genève : Slatkine, 1971), 12–14.

être un mal ; ils l'assurèrent que les courtisans avaient besoin de ces sortes d'occupations pour en éviter de plus mauvaises [...] ».[8] Le curé ne se découragea pas pour autant, renouvelant l'attaque l'année suivante, fort de l'appui de sept docteurs. Anne d'Autriche chargea le précepteur du roi, l'abbé de Beaumont de Péréfixe,[9] de consulter en Sorbonne, et ce dernier lui procura un document signé de dix ou douze docteurs, qui étaient d'avis que « [...] présupposé qu'il ne s'y dît rien qui pût causer du scandale, ni qui fût contraire aux bonnes mœurs, la comédie était chose indifférente et pouvait être vue sans péché ».[10] Le sort de *Théodore, vierge et martyre,* tragédie chrétienne de Pierre Corneille représentée au cours de la saison 1645–1646, peut nous instruire sur l'état du théâtre à l'époque. Le premier échec de sa carrière fut attribué par le dramaturge lui-même au mauvais choix de thème, qui veut que Théodore, vierge chrétienne, soit jetée dans la prostitution. Corneille reconnaît l'erreur, mais avec son ingéniosité coutumière y trouve le moyen de s'en louer : « Dans cette disgrâce, j'ai de quoi congratuler à la pureté de notre scène, de voir qu'une histoire qui fait le plus bel ornement du second livre des *Vierges* de saint Ambroise, se trouve trop licencieuse pour y être supportée ».[11] On peut dire que la situation générale du théâtre avant Molière ressemble au calme avant la tempête. En fait, les évêques français étaient loin d'être unanimes à son sujet, et les esprits avisés eussent été pleinement fondés

---

[8]   *L'Église et le théâtre*, 15, n. 3.

[9]   Voltaire, citant cette anecdote qu'il trouve dans les mémoires de Madame de Motteville, commente ainsi l'action de l'abbé : « Il calma ainsi les scrupules de la Reine : et quand il fut Archevêque de Paris, il autorisa le sentiment qu'il avait défendu étant abbé », *Siècle de Louis XIV* (Neuchâtel : sans éd. 1773), III, 8–9. En effet, en tant qu'archevêque, il fit publier son *Ordonnance de Mgr L'Archevêque de Paris* du 11 août 1667 interdisant « à toutes personnes de notre diocèse de représenter, sous quelque nom que ce soit, la susdite comédie » (*L'Imposteur,* la seconde version du *Tartuffe,* dont l'unique représentation eut lieu le 5 août au théâtre du Palais-Royal). Nous avons reproduit cette *Ordonnance* dans notre reconstruction de *L'Imposteur,* éd. cit., en face de la page 10.

[10]   *L'Église et le théâtre,* 15–16, n. 3; J. Dubu, *op. cit.,* 64.

[11]   *Œuvres complètes*, éd. G. Couton (Paris : Gallimard, 1984), II, 271. D'Aubignac, dans sa *Pratique du théâtre*, recoupe ce que nous dit le dramaturge à ce propos : « Mais parce que tout le théâtre tourne sur la prostitution de Théodore, le sujet n'en a pu plaire », éd. cit., 386.

à veiller au grain. La décennie 1660–1670, ce « moment paroxystique » au dire de Laurent Thirouin[12] dans l'histoire de la querelle entre l'église et le théâtre, vit se déchaîner contre Molière l'orage, d'autant plus violent pour avoir couvé si longtemps.

L'opposition au théâtre s'exprime sous une forme bien curieuse et indirecte. Jean Dubu a souligné le rôle joué par le rituel dans la lutte contre le théâtre.[13] Littré donne la définition du rituel que voici : « Livre qui contient les rites ou cérémonies qu'on doit observer dans l'administration des sacrements et la célébration du service divin ».[14] L'origine remonte au Concile de Trente qui l'avait proposé comme ouvrage de référence. Le rituel du pape Paul V Borghèse fut promulgé en 1614, à la suite de bien d'autres modèles.[15] Le rituel donnait à l'évêque l'occasion de refuser la sainte communion à certaines personnes en rupture avec l'église et dont la vie n'était pas en accord avec la bonne doctrine, à moins qu'ils n'aient fait acte de pénitence au préalable. Dans la liste, qui comprend « [...] les excommuniés, les interdits, les infâmes reconnus, tels que les prostituées, les concubinaires, les usuriers, les magiciens, les sorciers, les blasphémateurs, et les autres pécheurs publics du même genre », il n'est fait aucune mention de la comédie et des comédiens.[16] Cela n'empêcha pas le diocèse de Châlons de publier leur rituel en 1649 comportant une liste de ceux à qui la communion devait être refusée, dont les comédiens. En 1654 l'archevêque de Paris, Jean-François de Gondi, publia sa deuxième édition du rituel du pape, nommant les comédiens comme ceux qui n'avaient pas droit à l'eucharistie.[17] Ce fut au nom de ce même rituel que l'on devait refuser des funérailles à Molière une vingtaine d'années plus tard parce qu'il n'avait pas renié la profession de comédien.

---

[12]   Nicole, *Traité de la comédie et autres pièces d'un procès du théâtre,* édition critique par Laurent Thirouin (Paris : Champion, 1998), 7.

[13]   *Op. cit.*, ch. 5.

[14]   « Livre liturgique, recueil qui contient les rites des sacrements, les sacramentaux, et diverses formules (d'exorcismes, etc.) » (*Le Grand Robert*).

[15]   Le Robert ajoute à la définition du mot que « dans la liturgie romaine, le Rituel romain (*Rituale romanum*), publié en 1614, a remplacé les rituels particuliers ».

[16]   J. Dubu, *op. cit.*, 73.

[17]   Pourtant, neuf ans plus tôt, dans sa première édition du même rituel les comédiens ne figuraient pas sur la liste de ceux bannis de la communion, *ibid.*, 74.

Dès lors, d'autres diocèses et évêques s'alignent sur cet exemple et on constate un durcissement d'attitude de la part de bon nombre du clergé français contre l'activité des comédiens.

Il semble inconcevable que Molière ne fût pas au courant de ce changement d'attitude à l'égard des comédiens, qui s'était révélé bien avant l'affaire *Tartuffe*. Avant ses pérégrinations en province il habita la paroisse Saint-Sulpice. Ce fut dans cette paroisse, au jeu de paume des métayers près de la porte de Nesles, que commença en 1643, et expira deux ans plus tard, L'Illustre Théâtre, dont Molière finit par devenir directeur. Les comédiens habitèrent « faux-bourg Saint Germain des Prés lès.Paris, proche la porte de Nesle », à la même adresse que le jeu de paume, où ils débutèrent le 1er janvier 1644 avant d'émiger en décembre dans le jeu de paume de la Croix-Noire, dans la paroisse de Saint-Paul.[18] Il passa plusieurs jours au prison du Châtelet en août 1645 à la suite de la banqueroute de son théâtre. Ce fut là aussi que le redoutable M. Olier avait la cure d'âmes. Nul doute que d'une manière ou d'une autre les difficultés de Molière furent liées aux activités du curé, alors mêlé de près aux activités de la Compagnie du Saint-Sacrement. Cette compagnie ou « comité d'action catholique » au dire de son premier historien, Raoul Allier,[19] fondée en 1627 par le duc de Ventadour, s'était donné pour mission de purger la société des influences jugées nocives tendant à la corruption des mœurs et de ramener les hérétiques dans le giron de l'église. Dessein fort louable, certes, mais non sans inconvénient pour les citoyens bien intentionnés mais de tendance plus libérale et laxiste, tel Molière, ne partageant ni les objectifs ni les méthodes de choc mises en

---

[18]   Voir P. Mélèse, « Les Demeures parisiennes de Molière », *Mercure de France,* 329 (février 1957), 270–71; G. Mongrédien, *Molière. Recueil des textes et des documents du XVIIe siècle relatifs à Molière* (Paris : CNRS, 1973), I, 69–72. Cet ouvrage indispensable à tout moliériste est désigné ci-après comme Mongrédien, *Recueil.*

[19]   *La Cabale des dévots* (Paris : Colin, 1902), 17. Titre frappant qui devait se révéler presque aussi controversé que celui de la comédie de Molière, comme nous le verrons plus loin. A. Tallon reproche à Allier la description « comité d'action catholique », où il discerne « une intention polémique évidente », *La Compagnie du Saint-Sacrement, 1629–1667* (Paris : Cerf, 1990), 14. Ce fut surtout à partir de 1639 que la Compagnie augmenta de façon notable, fondant dix-neuf filiales en cinq ans dans toutes les régions. Par contre, la croissance se ralentit jusqu'en 1649, et se trouve en perte de vitesse vers la fin des années 50. Voir Tallon, 28–33.

œuvre pour le réaliser, sans parler des huguenots, « véritable bête noire des confrères ».[20] M. Olier travailla avec ardeur à faire disparaître du quartier ceux qui étaient impies, blasphémateurs, ou de mœurs jugées libres. Il allait souvent en personne à la foire Saint-Germain, histoire de débarrasser sa paroisse des images et des tableaux pornographiques et de tout ce qui pouvait blesser la pudeur, et sollicita avec succès l'appui de la reine mère pour sa campagne contre le jeu.[21] Il sembla disposer dans le bailli du quartier Saint-Germain d'un allié efficace au possible, qui, sur le moindre mot d'un informateur, consignait les personnes dont on ne voulait pas dans la prison, en habit de nuit, pour y rester quinze jours au pain et à l'eau.[22] Les membres de la Compagnie tenaient un Registre de l'état des âmes pour chaque paroisse, divisée dans le cas de Saint-Sulpice en huit quartiers. Pour chaque quartier, on disposait des renseignements sur les habitants, dont la conduite faisait l'objet d'une étroite surveillance.[23] Les confrères de la Compagnie agissent bien au-delà du niveau de la paroisse, exerçant une influence à l'échelle nationale. Ainsi voit-on Vincent de Paul et M. Olier intervenir avec vigueur auprès du Parlement de Paris au moment où le jeune Louis XIV atteint sa majorité pour que soient introduites des mesures plus sévères contre les blasphémateurs.[24] M.Olier ne pouvait que voir d'un mauvais œil l'arrivée dans sa paroisse d'une troupe de comédiens dont la profession même et la réputation d'avoir des mœurs libres allaient à l'encontre de sa mission. Selon son biographe, E. M. Faillon, si Molière resta si longtemps en province, ce fut pour échapper aux persécutions de ce prêtre.[25]

---

[20]   Tallon, 59.
[21]   Allier, *op. cit.*, 117, 119.
[22]   *Ibid.*, 123.
[23]   À ce sujet voir Couton, éd. cit., I, 869 *sqq*; R. Allier, *ibid.*, ch. 5, *Assistance paroissiale et police*, 95 *sqq*; A. Rébelliau, « Un épisode de l'histoire religieuse du XVIIe siècle : La Compagnie du Saint-Sacrement », *Revue des Deux Mondes,* 16 (1er juillet 1903), 49–82.
[24]   R. Allier, *ibid.*, 216, n. 1.
[25]   « Molière attendit en province la mort du curé de Saint-Sulpice pour rentrer à Paris », E.M. Faillon, *Vie de M. Olier* (Paris : Vattelier, 1873), 4e éd., II, 374–75; R. Allier, *ibid.*, 392–93; A. Rébelliau, « Deux ennemis de la Compagnie du Saint-Sacrement : Molière et Port-Royal », *Revue des Deux Mondes,* 53 (15 octobre 1909), 906–907. Un règlement des statuts de la Compagnie à Paris et à Lyon interdit aux membres de « [...] se trouver dans les lieux de comédies, farces, bals et autres lieux de semblable conséquence,

L'Illustre Théâtre semble s'être dissous en 1645, et le duc d'Épernon vint à la rescousse des sœurs Béjart, leur frère et Molière en les recueillant dans la troupe dont il assurait la protection.[26] Vers 1650 Charles du Fresne céda la direction de cette troupe à Molière, et en septembre 1653 celle-ci joua devant le Prince de Conti, gouverneur du Languedoc, alors troisième personnage du royaume. Le Prince, passionné de la comédie, accorda sa protection à la troupe. Il paraît que Molière jouissait de l'amitié du Prince, lequel

> [...] conférait souvent avec le chef de leur troupe, qui est le plus habile comédien de France, de ce que leur art a de plus excellent et de plus charmant. Et lisant souvent avec lui les plus beaux endroits et les plus délicats des comédies tant anciennes que modernes, il prenait plaisir à les lui faire exprimer naïvement; de sorte qu'il y avait peu de personnes qui puissent mieux juger d'une pièce de théâtre que ce prince.[27]

> où Dieu le plus souvent est injurieusement offensé, et au contraire ils s'opposeront autant qu'ils pourront à l'établissement de ces bouffons et charlatans scandaleux et travailleront à les faire chasser de la ville », dans F. Baumal, *Tartuffe et ses avatars*, 263. Pour A. Adam, la persécution de Molière par Olier n'est pas prouvée, *Histoire*, III, 305. Vu le zèle déployé par ce dernier contre la comédie à l'époque même où Molière habitait dans le même quartier, la longue absence du comédien de Paris pendant les années où l'activité d'Olier battait son plein, et son retour définitif seulement après la mort du prêtre (1657), il serait très surprenant que Molière ne fît pas l'objet de la persécution soit directe soit indirecte de la part d'un ecclésiastique qui surveilla de près ce qui se passa dans sa paroisse.

26   A. Adam, *Histoire,* III, 215–16; pour les voyages de Molière en province et les conditions matérielles relatives à la vie de la troupe, on se reportera à l'abondante documentation de C.E.J. Caldicott, *La Carrière de Molière : entre protecteurs et éditeurs* (Amsterdam-Atlanta : Rodopi, 1998), 42–62.

27   Abbé de Voisin, *Défense du Traité du Prince de Conti*, dans G. Mongrédien, *Recueil*, I, 87. Au dire de Grimarest le Prince lui offrit même le poste de secrétaire : « ce Prince lui confia la conduite des plaisirs et des spectacles qu'il donnoit à la Province, pendant qu'il en tint les États. Et aïant remarqué en peu de tems toutes les bonnes qualitez de Molière, son estime pour lui alla si loin, qu'il le voulut faire son Secrétaire. Mais il aimoit l'indépendance et il étoit si rempli du désir de faire valoir le talent qu'il se connoissoit, qu'il pria Monsieur le Prince de Conti de le laisser continuer la Comédie... », *La Vie de M. de Molière,* éd. G. Mongrédien (Paris : Michel Brient, 1955), 43. Que le récit soit exact ou non concernant l'offre du poste à Molière, il témoigne des

IOANNES IACOBVS OLIER PRESBITER FVNDATOR ET SVPERIOR SEMINARII S.SVLPITII
Vigore sacerdotali clarus, Pastorali sollicitudine clarior, Zelo restauranda Ecclesiastica disciplina omnium
Denique virtutum aggregatione clarissimus, in animis omnium quos CHRISTO et ECCLESIÆ genuit, vivit mortuus
Anno Dñi 1657 die 2° Aprilis Ætatis suæ anno 48° mense 6° die 11°.

Christianus d'Ellard.P.o   N. Pitau Sculpsit

M. Jean-Jacques Olier, curé de Saint-Sulpice, Bibliothèque Nationale, cl BN

rapports étroits entre le gouverneur et le chef de sa troupe. Voir aussi à ce sujet Armand de Bourbon Prince de Conti, *Les Devoirs des Grands,* éd. J. Dubu (Paris : Communication et Tradition, 1998), 34.

Ces relations privilégiées changèrent du tout au tout en 1656. À la suite d'une maladie grave, due sans doute à sa mode de vie dévergondée, Conti se convertit à une dévotion austère sous l'influence de Nicolas Pavillon, évêque d'Aleth, qui avait des liens suivis avec Port-Royal. Quelques années plus tard, Pavillon publia son *Rituel romain du Pape Paul V à l'usage du diocèse d'Alet* (1667) où il introduisit dans la section de ceux à qui l'on devait refuser l'eucharistie (usuriers, magiciens, sorciers, femmes de mauvaise vie), « les comédiens, farceurs, basteleurs », sans que cet ajout de son cru soit marqué en aucune façon.[28] L'entourage du Prince se ressentit tout de suite des effets de sa conversion : la maison désormais ressembla moins à celle d'un grand seigneur épris du plaisir qu'à un endroit où l'on était en pénitence continuelle :

> La règle obligeait les maîtres d'hôtel d'assister aux exercices de piété, couchait les valets de pied à sept heures, les faisait surveiller dans leurs chambres, les forçait le soir d'aller à la prière, le matin d'entendre la messe, d'apprendre à lire et à écrire ; avertissait les cochers de se retirer à huit heures en été, à sept heures en hiver et, s'ils étaient célibataires, de ne jamais découcher.[29]

Ce changement de vie ne pouvait manquer de se répercuter sur la troupe de Molière, dont la vie devint plus compliquée. Les États de Languedoc, qui avaient tendance à subventionner généreusement les comédiens, prirent la décision de mettre fin aux billets de faveur distribués à leurs membres.[30] À l'avenir, ceux-ci devaient payer leur propre place.[31] Et le Prince rompit avec la troupe de Molière. À l'abbé Ciron, le directeur que Pavillon lui avait assigné, Conti écrivit le 15 mai 1657 de Lyon où il était de passage qu'« il y a des comédiens ici qui portaient autrefois mon nom. Je leur ai fait dire de le quitter, et vous pensez bien que je n'ai eu

---

[28] J. Dubu, *Les Églises...*, 78–79.

[29] *Vie d'Armand de Bourbon, Prince de Conti*, dans *Les Devoirs des grands,* éd. cit., 40.

[30] *Ibid.*, 41 ; voir aussi G. Mongrédien, *Recueil*, I, 94.

[31] Décision inspirée par Pavillon, devenu sur les ordres de l'archevêque de Narbonne président du bureau des comptes pour les États de Béziers (1656–1657), qui, de toute évidence, aspira à y mettre bon ordre. Voir F. Baumal, *Molière et les dévots* (Paris : Bougault, 1919).

garde de les aller voir ».[32] En 1662 il était toujours d'humeur à brûler ce qu'il avait adoré comme le constata Racine à Uzès :

[...] une troupe de comédiens s'étaient venus [sic] établir dans une petite ville proche d'ici, il les a chassés et ils ont passé le Rhône pour se retirer en Provence. On dit qu'il n'y a que des Missionnaires et des Archers à sa queue. Les gens de Languedoc ne sont pas accoutumés à telle réforme, mais il faut pourtant plier.[33]

Il finit par se faire introduire au sein de la Compagnie du Saint-Sacrement en Languedoc. Si celle-ci craignit à juste titre de réchauffer un serpent en son sein en l'ancien libertin,[34] sa qualité et ses relations l'importèrent sur leurs scrupules. Par la suite, il se vit ouvrir l'accès à celle de Paris en 1660, dont il admira l'organisation efficace et la dévotion rigoureuse.[35]

M. Olier meurt en avril 1657. L'ancien pourfendeur des plaisirs mondains parti, Molière pouvait revenir à la capitale en août 1658 dans l'espoir de jouer ses pièces à son aise. Espoir d'autant plus fondé que sa troupe ne tarda pas à prendre le titre de la troupe de Monsieur, frère unique du Roi, et à jouer au Louvre le 24 octobre 1658, devant le Roi même. La *Préface* de l'édition en 1682 des œuvres de Molière nous dit que « plusieurs personnes de considération »[36] avaient promis de le présenter à la cour. Il y a de quoi s'étonner qu'une troupe inconnue de comédiens, fraîchement débarqués des provinces, aient gravité si rapidement vers les cercles ésotériques de la cour. Qui étaient ces personnes si influentes, capables de pousser la troupe de cette façon

[32] G. Mongrédien, *Recueil*, I, 96.

[33] *Lettres d'Uzès,* texte établi, présenté et annoté par Jean Dubu (Nîmes : Lacour S.A., 1991), 101.

[34] *Vie d'Armand de Bourbon, op. cit.*, 40 ; en outre, la Compagnie s'opposa à son entrée parce qu'« [...] elle prévoyait que c'était là le vrai moyen de la faire découvrir et de la rendre suspecte », *Annales*, dans R. Allier, *op. cit.*, 357.

[35] « C'est (le fait de se faire accepter par la Compagnie de Languedoc) ce qui fit que de droit on ne put lui refuser l'entrée de celle de Paris », *Annales,* dans Couton, éd. cit., I, XXV, n. 3 ; voir A. Rébelliau, « Deux ennemis de la Compagnie du Saint-Sacrement : Molière et Port-Royal », *Revue des Deux Mondes,* 53 (15 octobre 1909), 892–93; R. Allier, *op. cit.*, 388; Tallon, *op. cit.*, 26, à la note 21.

[36] *Ibid.*, I, 997.

spectaculaire ? À notre avis, il faut y chercher les noms de La Mothe Le Vayer, père et fils. En 1647 on nomma Le Vayer père précepteur de Monsieur et pendant la période 1652–1656 il exerça seul sa charge, ayant délégué à son fils l'instruction de Monsieur. Rien de plus facile pour l'un et l'autre de servir d'intermédiaires entre l'inconnu Molière et le mécène royal.[37] Quoi qu'il en soit, nous retenons deux faits : la troupe de Molière, malgré le comédien exceptionnel à sa tête, n'avait pas remporté de succès retentissant avant son arrivée à Paris ; et son chef avait tâté de l'opposition d'un Conti devenu dévot, rangé sous la bannière de la Compagnie, sans se sentir pour autant assez fort pour y répondre. Ce fut à Paris qu'il dut faire l'expérience de la haine inexpiable des dévots.

Pour essayer de débrouiller l'écheveau qu'est l'affaire *Tartuffe* il nous semble important de retenir trois facteurs dès le commencement de notre étude :

- seul un dramaturge à succès pourrait déclencher une réaction virulente de la part des ennemis au point de vouloir supprimer sa comédie ;
- seul un dramaturge sûr de sa propre réussite s'enhardirait jusqu'à porter à la scène un sujet aussi controversé que celui de l'hypocrisie religieuse, risquant de se mettre à dos des ennemis de taille ;
- seules l'accumulation progressive des griefs et une opposition implacable à leurs auteurs peuvent fournir la motivation profonde pour vouloir mener à bien une entreprise si osée et ardue que la représentation du premier *Tartuffe*.

Dès le succès de sa première comédie en un acte à Paris, *Les Précieuses ridicules* (1659), Molière nous indique la piste qu'il entend suivre, qui l'amènera fatalement à heurter de front la mentalité dévote. Dans cette petite pièce il se plaît à monter en épingle les contradictions auxquelles sont en proie ceux qui regimbent contre la nature et l'instinct, témoin les deux soi-disant précieuses Cathos et Magdelon, auxquelles le mariage inspire l'horreur : « Comment peut-on souffrir la pensée de coucher contre un homme vraiment nu ? » (Sc. iv). Entre ces « jansénistes de l'amour », selon la description piquante qu'en donne Ninon de Lenclos,

---

[37]   Voir R. Mc Bride, « Un ami sceptique de Molière », *Studi francesi*, 47–48 (1972), 245–61, « Molière et une satire oubliée : *Le Parasite Mormon* », *Studi francesi*, 80 (1983), 269–79, où nous étudions les liens d'amitié qui unissent Molière et les Le Vayer.

grande amie de Molière,[38] et l'empressement dévot à améliorer le langage et les mœurs, il n'y a qu'un pas. Un de leurs successeurs, la précieuse Climène, part en guerre contre la première grande comédie en vers de Molière à Paris, *L'École des femmes* (1662), en des termes que ne désavouerait pas une Madame Pernelle : elle se prétend malade au sortir de la représentation « […] tant j'y ai découvert d'ordures et de saletés », lesquelles « […] n'ont pas la moindre enveloppe qui les couvre, et les yeux les plus hardis sont effrayés de leur nudité ».[39] Les précieuses et les prudes que Molière tourne en ridicule sa vie durant ont beau sembler représenter deux extrêmes dans sa caractérisation des personnages féminins, elles ont en commun une prétendue horreur de la chair tout en subissant une fascination pour elle, hypocrisie que Molière prend un plaisir malin à exposer sous toutes ses formes.[40] Défiance de la chair et désir de la chair vont toujours de pair dans son théâtre.

Le grand succès de *L'École des femmes* ne fit qu'exaspérer davantage les ennemis de Molière de tous bords, amorçant ainsi la bombe à retardement que sera *Tartuffe*. De décembre 1662 à Pâques de l'année suivante, la troupe donna trente et une représentations et trente-deux pendant le second semestre, sans compter celles devant le roi et les visites

---

[38] J. Gaument et L. Chouville, « Ninon, Molière et les dévots », *Mercure de France*, 153,1er janvier 1922, 40; nous savons que Molière lui fit une lecture de son *Tartuffe* : « […] (selon sa coutume de la consulter sur tout ce qu'il faisait), elle le paya en même monnaie par le récit d'une aventure qui lui était arrivée avec un scélérat à peu près de cette espèce », Abbé de Châteauneuf, *Dialogue sur la musique,* 1725, dans G. Mongrédien, *Recueil*, I, 254. Voir l'appendice II, 3.

[39] *La Critique de 'L'École des femmes'* (1663), Sc. iii.

[40] Forme particulière d'hypocrisie qui nourrirait à elle seule une ample étude, voir *Le Tartuffe*, vv. 121–24, *Le Misanthrope*, vv. 942–43, *Les Femmes savantes*, I, 1. On sait que la Compagnie du Saint-Sacrement était grandement troublée par l'immodestie dans la toilette des femmes, témoin le sermon de l'évêque de Marseille, J.-B. Gault, contre « le sein nu des femmes », A. Rébelliau, « La Compagnie secrète du Saint-Sacrement », *Revue des Deux Mondes,* 46, 15 août 1908, 840. Un directeur de la compagnie de Paris eut recours à la même tactique que Tartuffe : « Une fois ayant été mandé par une Dame de haute condition […], il ne voulut jamais lui parler que premièrement elle n'eust mis un mouchoir sur sa gorge », dans A. Tallon, *op. cit.*, 61. La tenue des femmes ne cessa d'exercer des esprits ecclésiastiques bien au-delà de la Compagnie. Voir H. Salomon, *Tartuffe devant l'opinion française* (Paris : Presses Universitaires de France, 1962), ch. 1.

chez les grands. En mars 1663 Molière reçut une « pension du Roi en qualité de bel esprit ».[41] Par une coïncidence curieuse, ce sont les gens de lettres et les dramaturges rivaux de Molière qui prêtent main-forte aux ennemis dévots de son théâtre. Il constate, avant un autre homme de théâtre, « [...] que la république des Lettres était celle des loups, toujours armés les uns contre les autres ».[42] On peut passer sur les égratignures faites aux frères Corneille dans la pièce,[43] comme sur les reproches faits à Molière à son tour de n'avoir pas eu de scrupule à plagier des auteurs et à enfreindre toutes les règles dramatiques que des critiques prudents avaient mis longtemps à établir pour améliorer le théâtre.[44] Quelques vers de Boileau adressés à l'auteur de L'École des femmes et affinés en pointe rendent raison de ces coups d'épingle de la part de ses confrères dramatiques :

> Si tu savois un peu moins plaire,
> Tu ne leur déplairois pas tant.[45]

Le succès même de sa pièce lui attire pour la première fois le reproche non seulement d'avoir employé un langage suspect du point de vue moral, mais aussi de l'enrober des sentiments de nature peu catholique. En ce qui

---

[41]   Mongrédien, *Recueil*, I, 180; Grimarest, éd. cit., 56–57; La Grange nous informe que « Sa Majesté ayant établi en 1663 des gratifications pour un certain nombre de gens de lettres, Elle voulut qu'il y fût compris sur le pied de mille francs », *Préface,* dans Couton, éd. cit., I, 999. Molière continua à toucher la sienne jusqu'en 1671.

[42]   Beaumarchais, *Le Barbier de Séville*, I, i.

[43]   À la fin de l'acte deux, Arnolphe déclame à Agnès un vers de *Sertorius* de Pierre Corneille :
       C'est assez.
       Je suis maître, je parle, allez, obéissez. (vv. 641–42).
       Et Chrysalde se moque du paysan Gros-Pierre qui s'octroie le titre de Monsieur de l'Isle à l'instar de Thomas Corneille. D'Aubignac en parle au grand Corneille, Mongrédien, *Recueil*, I, 187.

[44]   Notamment dans *Zélinde* (1663) par Donneau de Visé (sc. viii, sc. i). Voir aussi *La Critique de L'École des femmes* de la même année pour la riposte de Molière à ses critiques (sc. vi).

[45]   *Stances à M. de Molière, sur la comédie de L'École des femmes, que plusieurs gens frondoient* (1662), *Œuvres,* éd. cit., G. Mongrédien (Paris : Garnier, 1961), 239.

concerne le langage, c'est surtout le célèbre « le » par lequel Agnès indique à Arnolphe ce qu'Horace lui aurait pris (en l'occurrence le ruban qu'Arnolphe lui a donné) qui met les esprits en émoi.[46] Quant à la matière, Molière se montre prêt à risquer plus gros. Sa première grande comédie lui offre en effet la belle occasion de rassembler les objets de son ridicule des pièces précédentes, c'est-à-dire, les défenseurs d'une forme d'éducation autoritaire imposée par des personnages masculins au nom d'une morale répressive alimentée d'une piété ultra-conservatrice.[47] Molière tourne impitoyablement en dérision la façon dont use Arnolphe pour imposer son autorité à Agnès et en particulier le style moralisant du discours où elle est menacée des supplices de Tantale (en l'occurrence des chaudières bouillantes où sont plongées les femmes mal vivantes, vv. 727–28). Juste après, *Les Maximes du mariage ou les devoirs de la femme mariée* (III, sc. iii) provoquent un tollé de la part des bien-pensants, qui y voient une parodie des dix commandements encore qu'Arnolphe commence une onzième en fin de scène.[48] Pour Argimont, dans *Zélinde,* le sermon et les maximes « choquent nos mystères [...] et tout le monde en murmure hautement ».[49] Dans *Le Portrait du peintre* on nous rappelle

[46]   Voir Zélinde, sc. iii, Robinet, *Panégyrique de 'L'École des femmes'* (1663), sc. v, Boursault, *Le Portrait du peintre* (1669), sc. iv, 'Le Boulanger de Chalussay', *Elomire hypocondre* (1670), III, sc. ii. Pour le sort qu'on a fait à ce mot que Molière rend équivoque à dessein, voir Couton, éd. cit., I, 1273–74, n. 1.

[47]   Dans *Sganarelle ou le cocu imaginaire* (1660) Gorgibus, père de Célie, lui recommande comme études édifiantes les *Quatrains* de Pibrac, les *Tablettes* du conseiller Matthieu, *Le Guide des pécheurs* du dominicain Louis de Grenade. La Neufvillaine les qualifie de « quelques vieux livres qui marquent l'antiquité du bonhomme, et qui n'ont rien qui ne parût barbare », *Argument de la scène 1re,* Couton, éd. cit., I, 1225, note à la page 303.

[48]   Molière semble en effet parodier les paraphrases du texte grec des *Préceptes de mariage de saint Grégoire de Naziance envoyés à Olympias le jour de ses noces* publiés en 1640 par Desmarets de Saint-Sorlin. Voir Couton, éd. cit., I, 1275, n. 3, à la page 1275. Quant à la défense par Dorante dans *La Critique de 'L'École des femmes'* « [...] que ces paroles d'*enfer* et de *chaudières bouillantes* sont assez justifiées par l'extravagance d'Arnolphe et par l'innocence de celle à qui il parle » (Sc. vi), pour B.A.Sr.D.R., avocat en Parlement, elle n'est qu'une preuve supplémentaire du libertinage que Molière a introduit progressivement dans le théâtre. *Observations sur le Festin de Pierre,* G. Couton, éd. cit., II, 1202–03.

[49]   Sc. iii.

pieusement qu'« au seul mot de sermon nous devons du respect», et qu'«un sermon touche l'âme et jamais ne fait rire ».[50] Clarice dans *La Vengeance des marquis* se rend de nouveau au Palais-Royal pour voir si Molière n'aurait pas parlé dans ses comédies suivantes des sept péchés mortels ou de quelque office journalier.[51] Dans *Panégyrique de 'L'École des femmes'* on constate que « cette École est pleine d'impiété dans les maximes qu'on destine à l'instruction d'Agnès, et dans le prône qu'on lui fait, où, par une autre faute des plus grossières, on relève tellement le style et les conceptions qu'il n'y a plus rien de proportionné à la simplicité de l'écolière, à qui on parle en théologien ».[52]

Si Conti ne mentionne pas ces maximes dans son *Traité de la comédie et des spectacles* (1666), on doit supposer qu'il avait abandonné sa lecture bien avant l'acte III qui les contient, constatant plutôt « [...] qu'il n'y a rien par exemple de plus scandaleux que la cinquième scène du second acte de *L'École des femmes,* qui est une des plus nouvelles Comédies ».[53] Même accusation hyperbolique chez Bossuet beaucoup plus tard à propos de la même pièce, pour qui Molière a rempli les théâtres « [...] des équivoques les plus grossières dont on ait jamais infecté les oreilles des chrétiens ».[54] Conti et Bossuet s'accordent pour affirmer que le langage et la matière des comédies de Molière ont fait revenir le théâtre au mauvais goût et à la moralité douteuse du passé.[55] L'abbé d'Aubignac, qui avait tant fait pour

[50]   Sc. viii.

[51]   Sc. v.

[52]   Sc. v; en 1665 B.A. Sieur de Rochemont parlera de Molière qui « [...] élève des autels à l'impiété », dont *Sganarelle ou le cocu imaginaire* et *L'École des femmes* sont des exemples scandaleux, *Observations sur le Festin de Pierre*, Couton, éd. cit., II, 1201.

[53]   L. Thirouin, *op. cit.*, 212. Ce traité fut terminé en 1665, à en croire l'aumônier du Prince, Joseph de Voisin, *ibid.*, 187.

[54]   *Maximes et réflexions sur la comédie* (1694), dans *L'Église et le théâtre*, 172. Plus loin dans le même ouvrage il monte une attaque féroce contre Molière et la morale du théâtre qui aboutit à sa perspective à lui de Molière au jugement dernier (185). Nous ne pouvons que faire nôtre la conclusion de Gustave Lanson sur ce triste épisode, à savoir que l'évêque de Meaux « [...] fut en cette occasion plus pharisien que disciple de Jésus », *Bossuet* (Paris : Lecène et Oudin, 1894), 435.

[55]   Il faut ajouter le nom de Racine qui à la fin de sa *Préface* de sa seule comédie *Les Plaideurs* (1668) ne peut se passer de décocher un trait à son ancien

améliorer le statut du théâtre et la condition des comédiens dans une génération précédente, blâme la corruption qui est en train de gagner le théâtre à l'époque de Molière.[56] Une des réformes principales proposée par lui dans les années 40 concernait la nomination d'un directeur, intendant ou grand maître des théâtres et des jeux publics de France qui eût exercé un droit de censure sur les pièces et surveillé l'état de probité des comédiens et des dramaturges.[57] Il n'en fut rien et l'abbé n'obtint pas le droit de regard sur la dramaturgie française qu'il cherchait. Échec dont la postérité n'a qu'à se louer, car une fois D'Aubignac investi de pareille autorité, c'en fût fait sans aucun doute des pièces et de la carrière de Molière, le soi-disant intentant du théâtre lui attribuant le ton et la teneur les moins édifiants de la scène française. À ses yeux ce fut au moyen du *Tartuffe* en particulier que s'introduisit une nouvelle influence malsaine dans le théâtre, renversant tant de sages mesures de réforme tout en ouvrant la voie aux sujets qui ne pouvaient convenir au théâtre, telle la mauvaise dévotion.[58]

En mettant *Tartuffe* sur la scène, Molière allait à contre-courant non seulement de l'église et des dévots, mais aussi de ses confrères dramatiques. Il abordait un sujet tabou pour la comédie, et encourait le risque de se voir mal compris, sinon voué aux gémonies. Si nous avons essayé de tracer les contacts que Molière avait avec l'influence dévote avant *Le Tartuffe,* c'est que nous tenons à éclaircir autant que possible deux points capitaux: les motifs qui pouvaient l'incliner à écrire sa pièce, et les mobiles qui pouvaient fortifier sa résolution de la faire

bienfaiteur Molière : « [...] je me sais quelque gré de l'avoir fait (fait rire le public) sans qu'il m'en ait coûté une seule de ces sales équivoques et de ces malhonnêtes plaisanteries qui coûtent maintenant si peu à la plupart de nos écrivains, et qui font retomber le théâtre dans la turpitude d'où quelques auteurs plus modestes l'avaient tiré ».

[56] De même que B.A. Sieur de Rochemont, dans ses *Observations sur le Festin de Pierre,* qui reproche à Molière de s'opposer à la saine politique du théâtre de Richelieu, G. Couton, éd. cit., II, 1201–02.

[57] *La Pratique du théâtre,* éd. cit., 35–45.

[58] *Ibid.,* chapitre additionnel Manuscrit, dans G. Mongrédien, *Recueil,* I, 233–34. Voir aussi le témoignage de B.A. Sieur de Rochemont, dans la note 56 ci-dessus. Sans doute D'Aubignac se sentait-il visé dans le portrait du pédant Lycidas de *La Critique de 'L'École des femmes',* qui condamne rondement *L'École des femmes* (1662) au nom des règles dramatiques dont Molière aurait fait litière (Sc. vi).

jouer face à une opposition bien concertée et efficace. Nul doute qu'il savait exactement de quoi il retournait. Il savait mieux que personne, surtout après les remous autour de *L'École des femmes*, combien on était sensible au langage de la dévotion sur la scène, même dans la bouche d'un Arnolphe qui en fait un usage grotesque pour ses propres fins. S'il avait mesuré les risques à courir, il lui était impossible d'en prévoir les suites. Il savait bien qu'il avait affaire à des adversaires redoutables et devait s'estimer capable d'y faire face sans céder. D'abord, fort de l'appui du roi, dont il avait reçu une insigne marque de faveur en pleine bataille autour de *L'École des femmes,* une pension comme excellent poète comique. Et il était surtout sûr de son propre talent incomparable et fort de son bon droit autorisant à ses yeux le règlement de compte qu'était pour lui *Le Tartuffe*.

Chapitre II

A

Les dévots, la cour, et le premier *Tartuffe*

S'il est sûr que Molière s'était souvent exposé à la colère des bien-pensants au fil des années, elle s'était révélée surtout incommode et irritante. Il avait réussi à la contourner, de toute évidence, en s'éloignant de Paris ou en trouvant un autre protecteur pour prendre la place du Prince de Conti. Le rigorisme religieux avait beau émettre ses critiques à l'égard de la morale de son théâtre, il n'était point encore parvenu à en infléchir la progression ou à arrêter l'ascension du dramaturge. Il s'était montré de taille à se défendre dans ses préfaces, comme dans des œuvres polémiques telles que *La Critique de 'L'École des femmes'* (1663) et *L'Impromptu de Versailles* de la même année. Et il pouvait aussi se targuer de deux avantages inestimables, qui le mettaient à l'abri des coups des adversaires, son génie et ses relations. Son talent de comédien et de dramaturge, allié à sa maîtrise de la polémique, lui assuraient une supériorité incontestable sur ses détracteurs. Il aurait pu, n'eût-il été dramaturge de choc, se permettre de laisser gronder ses envieux, comme le lui conseillait son ami Boileau.[1] La nature l'ayant au contraire prédisposé à être « dans les combats d'esprit savant maître d'escrime »,[2] il n'était pas du tout homme à laisser passer sans riposte les attaques contre lui et son théâtre. En 1664 il était sous la protection de Monsieur, frère du roi, et le roi venait de lui accorder une pension ; qui plus est, grâce aux épîtres dédicatoires à Madame, femme de Monsieur, et à la reine mère, Anne d'Autriche, dans *L'École des femmes* et *La Critique de 'L'École des femmes'* respectivement, il se croyait sans doute protégé par son accès privilégié

---

[1] *Stances à M. de Molière, sur la comédie de L'École des femmes, que plusieurs gens frondoient* (1662), éd. cit., 239.

[2] Boileau, *Satire* II, À M. de Molière, éd. cit., 26.

auprès des personnes de considération. Celle-ci se trouve citée en exemple comme preuve « [...] que la véritable dévotion n'est point contraire aux honnêtes divertissements ».[3] Somme toute, les chiens aboient, la caravane passe.

Elle s'arrêta net en mai 1664. Le parti dévot sous la forme de la Compagnie du Saint-Sacrement prit bonne note de la préparation du *Tartuffe,* flairant déjà le danger d'une représentation qui risqua fort de compromettre ses activités clandestines ; par conséquent, elle consacra une bonne partie au moins de sa séance du 17 avril 1664 aux moyens de venir à bout de la pièce :

> On parla fort ce jour-là de travailler à procurer la supression [sic] de la méchante comédie de *Tartuffe.* Chacun se chargea d'en parler à ses amis qui avaient quelque crédit à la cour pour empêcher sa représentation et en effet elle fut différée assez longtemps, mais enfin le mauvais esprit du monde triompha de tous les soins et de toute la résistance de la solide piété en faveur de l'auteur libertin de cette pièce [...].[4]

Si la Compagnie eut vent de ce qu'elle devait pressentir comme une attaque imminente trois semaines à l'avance, c'est que la chose était connue à la cour. Seule une telle supposition explique une observation quelque peu ambiguë qu'a rapportée Brossette sur l'autorité de Boileau, ami et confident de Molière : « Quand Molière composait son *Tartuffe,* il en récita au roi les trois premiers actes. Cette pièce plut à Sa Majesté qui en parla trop avantageusement pour ne pas irriter la jalousie des ennemis de Molière et surtout la cabale des dévots ».[5] Il était naturel que la

---

3   'À la reine mère', *La Critique de 'L'École des femmes'*, éd. cit., I, 641.

4   R. Voyer d'Argenson, *Annales de la Compagnie du Saint-Sacrement*, dans Mongrédien, *Recueil*, I, 214. Cette relation, rédigée en 1694 d'après les archives, abîmées par prudence, fut publiée par Dom Beauchet-Filleau en 1900. Entreprise pour réhabiliter une Compagnie tombée dans le discrédit, elle décrit principalement la compagnie parisienne. En ce qu'elle affirme des œuvres de la Compagnie et de la pensée des confrères, elle reste une source relativement sûre, quoique lacunaire, selon son historien le plus récent, A. Tallon, *op. cit.*, 13. Les statuts portent : « L'on s'assemblera toutes les semaines une fois, qui sera d'ordinaire le jeudi à cause du respect que la Compagnie porte au Saint-Sacrement, institué en ce jour », *ibid.*, 26.

5   Note de Brossette (9 novembre 1702) dans *Correspondance entre Boileau et Brossette,* Mongrédien, *Recueil*, I, 290. La concordance des événements nous

Compagnie conclue que le roi agissait de connivence avec son poète, vu la faveur qu'il lui avait montrée, à la suite des controverses autour de *L'École des femmes*. Tout comme la cour de *La Princesse de Clèves*, celle du jeune roi était sans cesse en proie à « une sorte d'agitation sans désordre ».[6] Sa manière libertine de vie, ainsi que son abandon de la reine Marie-Thérèse pour Mlle de La Vallière, allaient à l'encontre de la sagesse préconisée par la reine mère dévote et la rhétorique puissante de Bossuet. Ce dernier, le dimanche des Rameaux 1662 mit carrément son souverain devant ses responsabilités royales :

> Et quoi donc, ô Jésus-Christ, Roi des rois, souffrira-t-on qu'on vous méprise et qu'on vous blasphème, au milieu de votre empire ? Quelle serait cette indignité ? Ah! jamais un tel reproche ne ternira la réputation de mon roi. Sire, un regard de votre face sur ces blasphémateurs et sur ces impies afin qu'ils n'osent paraître, et qu'on voie s'accomplir en votre règne ce qu'a prédit le prophète Amos : « Que la cabale des libertins sera renversée *auferetur factio lascivientum* » ; et ce mot du roi Salomon : « Un roi sage dissipe les impies, et les voûtes des prisons sont leurs demeures, *dissipat impios rex sapiens, et incurvat super eos fornicem* » ; sans égard ni aux conditions ni aux personnes ; car il faut un châtiment rigoureux à une telle insolence.[7]

semble indiquer une lecture faite avant la représentation plutôt que la représentation elle-même, comme le croient Despois et Mesnard, *Théâtre complet* (Paris : Hachette, 1873-1900), IV, 273-74. Ci-après, toute référence à cette édition est abrégée en *G.E.F.*. L'approbation de la part du roi rend raison de la séance de la Compagnie, et de leur inquiétude. Pour Voltaire, le roi et son comédien agissent de connivence contre les dévots, *Siècle de Louis XIV* (Neuchâtel, 1773), III, 40. F. Baumal nous semble avoir envisagé l'enchaînement des événements avec une stricte logique : « Le roi l'a approuvée (la comédie) et louée ouvertement; ainsi les dévots ont appris ce qui se préparait et ils ont tout fait pour supprimer la « méchante comédie » et empêcher sa représentation », *Molière et les dévots*, 154. Voir aussi *Tartuffe et ses avatars*, 196 sqq. du même auteur. G. Michaut tient pour une lecture aussi, *Les Luttes de Molière,* 33.

6   Mme de Lafayette, *Romans et Nouvelles*, éd. A. Niderst (Paris : Garnier, 1970), 253.

7   *Œuvres oratoires*, éd. Lebarcq, IV, 271, dans R. Allier, *op. cit.*, 382. Bossuet lui-même était très engagé dans la Compagnie. A. Adam le qualifie d'« agent dévoué », *Histoire...* V, 87, voir aussi R. Allier, 264-66, 380-83, A. Tallon, 45, 46, 109.

L'air du temps n'est pas pourtant à la dévotion, si éloquente qu'elle soit, plutôt au plaisir. Quatre jours avant la première représentation du *Tartuffe,* ne voilà-t-il pas que le poète chante une autre morale à son roi dans *La Princesse d'Élide :*

> Dans l'âge où l'on est aimable,
> Rien n'est si beau que d'aimer.[8]

Nul doute que les cadences de Bossuet ainsi que les réprimandes des dévots étaient aussi dépouvues de charme pour la jeune cour à ce moment-là que les sermons tonitruants d'Arnolphe pour Agnès. La reine mère au centre de la vieille cour n'était pas d'humeur à cautionner le train de vie de son fils, ni à tolérer que l'on se moquât de la piété rigoureuse à laquelle elle tenait. Ce fut en effet pendant les fêtes des *Plaisirs de l'Île enchantée* qu'elle « [...] sentit les premières douleurs de son cancer » à en croire Mme de Motteville, ce qui ne pouvait que renforcer sa piété.[9] L'auteur des *Observations sur une comédie de Molière intitulée 'Le Festin de Pierre'* (1665), B.A. de Rochemont, fustigea Molière parce qu'« [...] il n'est point honteux de lasser tous les jours la patience d'une grande Reine, qui est continuellement en peine de faire réformer ou supprimer ses ouvrages ».[10] Compte tenu de la part d'exagération que contient cet écrit polémique, et du désir de ramener à sa cause une personne si influente, sa phrase témoigne du clivage entre une morale austère et une morale plus libre dont sa première grande comédie en vers se fait l'écho : à l'objection d'Arnolphe qu'il convient de « chasser cet amoureux désir », Agnès riposte par une question qui n'admet pas de réplique pour elle ni pour une jeune cour avide de licence : « Le moyen de chasser ce qui fait du plaisir ? ».[11] Le groupe à la cour autour du jeune roi qui tenait pour le plaisir et les fêtes ridiculisèrent comme gêneurs les dévots moralisateurs.[12] Le père Rapin

---

[8]   Premier intermède, sc. i.
[9]   *G.E.F.*, IV, 278.
[10]   G. Couton, éd. cit., II, 1203.
[11]   *L'École des femmes,* vv. 1526–37. Voir la remarque pertinente de G. Couton : « Les fluctuations de cette lutte (entre les valeurs d'un jeune roi et celles d'une génération antérieure) expliquent largement les vicissitudes du *Tartuffe* », éd. cit., I, 859.
[12]   C'est-à-dire la comtesse de Soissons, la princesse Palatine, la Duchesse

nous brosse un portrait du parti des dévots pendant les dernières années
du Cardinal Mazarin, qui comprenait « des personnes de qualité » non
moins puissantes que leurs adversaires mondains,[13] « dont le marquis de
Fénelon,[14] le comte de Brancas, le marquis de Saint-Mesme, le comte
d'Albon, tous personnes de qualité et de la cour, [...] (qui) furent les
principaux chefs ».[15] À l'en croire, ils s'étaient ingérés dans les affaires
d'état à tel point que le cardinal ministre prit une revanche bien curieuse
sur eux : « [...] ce qui irrita le cardinal et l'obligea à rendre ces gens
suspects au roi, lequel pour les décrier, les fit jouer quelques années
après, sur le théâtre, par Molière ».[16] Si nous hésitons à suivre la thèse
du bon père au pied de la lettre, il faut admettre que le roi, ainsi que
son premier ministre, pouvait avoir ses raisons à lui de vouloir régler
son compte au parti dévot.[17] Nous savons d'après Brossette que « [...]
quelques prélats, surtout M de Gondrin, archevêque de Sens, s'étaient
avisés de faire au Roi des remontrances au sujet de ses amours (avec
Mlle de La Vallière) ».[18] Le contexte des remarques de Brossette fait

d'Orléans, le comte d'Harcourt, le marquis de Vardes, le maréchal de
Grammont. Voir A. Rébelliau, « Deux ennemis de la Compagnie du Saint-
Sacrement : Molière et Port-Royal », art. cit., 898–99.

[13] *Mémoires,* I, 294, dans R. Allier, 392–93.

[14] Antoine, marquis de la Mothe-Fénelon, oncle de François de Salignac, l'un
des membres de la Compagnie du Saint-Sacrement les plus en vue à la cour,
voir A. Adam, *Histoire,* V, 132–33, R. Allier, *op. cit.,* 325–30 ; il y a sur lui
un passage des plus curieux dans l'anonyme *La Vie de la révérende mère
Madeleine Gautron, prieure du monastère de la Fidélité de Saumur* (Paris :
Antoine Seneuze,1690), 513 : « On disait qu'il était de la cabale et de la
faction des dévots qui étaient alors regardés comme des gens remuants et
dangereux. Quand la comédie du *Tartuffe* parut, on dit à l'auteur qu'il aurait
bien mieux fait de donner une épée qu'une soutane à son faux dévot, on
voulait indiquer M.de Fénelon ». Voir l'appendice II, 1. Pour les membres de
la Compagnie, la Cour représente « [...] le lieu de perdition par excellence,
parce que presque athée », Tallon, *op. cit.,* 108.

[15] R. Allier, *op. cit.,* 391.

[16] *Ibid.,* 392.

[17] Nous nous rangeons à l'avis d'A. Adam qu'il n'est pas impossible que le roi
ait encouragé Molière à les attaquer (*Histoire,* III, 305–06) sans aller aussi
loin que M.L. Lacour, lequel fait remonter la genèse de la comédie au roi.
Voir *Tartuffe par ordre de Louis XIV* (Paris : Claudin, 1877).

[18] G. Mongrédien, *Recueil,* I, 290. Gondrin avait déjà agi de concert avec la
Compagnie du Saint-Sacrement en 1656 pour signaler au pouvoir les

ressortir la grande sympathie du roi pour Molière. Nous remarquons en effet qu'il fallut que les dévots, « gens implacables » menés par l'archevêque de Paris, aient « pressé le roi là-dessus à plusieurs reprises » pour que la pièce soit défendue en public.[19] Le contexte nous invite à croire que le roi, de guerre lasse, finit par céder aux instances des dévots, pour ne plus les avoir à dos. Nulle question pourtant de supprimer la comédie.

contraventions des huguenots à l'édit de Nantes. Voir R. Allier, *op. cit.*, 314. Brossette ajoute le nom de Mme de Montespan qui ne devint la maîtresse du roi qu'en 1667, c'est-à-dire après la liaison avec Mlle de La Vallière, qui date de juillet 1661.

[19]   G. Mongrédien, *Recueil*, I, 290. *Le Premier Placet* (août, 1664) recoupe la relation de Brossette, où Molière fait état de l'appui du roi : « [...] mon malheur, pourtant, était adouci par la manière dont Votre Majesté s'était expliquée sur ce sujet », Couton, éd. cit., I, 890. La relation officielle des *Plaisirs de l'Ile enchantée* est également favorable au poète : « [...] et quoi qu'on ne doutât point des bonnes intentions de l'auteur, il (le roi) la défendit pourtant en public, et se priva soi-même de ce plaisir, pour n'en pas laisser abuser à d'autres, moins capables d'en faire un juste discernement », G. Mongrédien, *Recueil*, I, 215. Il est possible que Molière ou un de ses amis ait mis la main à la rédaction de ce texte, voir *G.E.F.* IV, 92. Le contraste avec la version de *La Gazette* ne saurait être plus flagrant : on y évoque la décision du roi de défendre « [...] une pièce de théâtre intitulée *l'Hypocrite,* que Sa Majesté, pleinement éclairée en toutes choses, jugea absolument injurieuse à la religion et capable de produire de très dangereux effets », G. Mongrédien, *Recueil*, I, 216. Loret, dans sa *Muze historique* du 24 mai use du même sous-titre : « [...] son *Hypocrite/* Pièce, dit-on, de grand mérite », G. Mongrédien, *ibid.*, 217. Une des sources écrites de la pièce est la nouvelle de Scarron, *Les Hypocrites,* 1655, dont on donna une réédition en 1661. Peut-être le souvenir de cette nouvelle était-il alors trop vivant pour faire place tout de suite au titre principal. C. Bourqui fait l'analyse des ressemblances entre comédie et nouvelle dans *Les Sources de Molière, Répertoire critique des sources littéraires et dramatiques* (Paris : Sedes, 1999), 261–63.

B

Le premier *Tartuffe:* pièce complète ou incomplète?

Trois semaines après l'assemblée d'avril, contre vents et marées, la première de la comédie si attendue et si décriée à l'avance eut lieu dans la soirée de lundi le 12 mai, l'avant-dernier jour des fêtes des *Plaisirs de l'Île enchantée.* La *Relation* de Marigny nous laisse une description détaillée du spectacle, qui débute par l'entrée d'Apollon (La Grange) sur un char que mène le temps. À sa suite viennent les siècles, les saisons, Mlle Béjart et Molière habillés en Diane et Pan. Marigny nous fournit en outre un paragraphe sur *La Princesse d'Élide,* comédie mêlée de danses et de musique, de la seconde journée, dont il constate qu'il n'y a qu'un acte et demi en vers. Suit une description de la magnifique loterie où toutes les dames reçoivent des prix, un éloge outré du roi « qui est le grand et le maître ressort qui fait mouvoir la machine » : mais de la première du *Tartuffe,* il ne dit mot.[20] On ne voit que trop bien que Marigny, exactement informé de tout ce qui se passe à Versailles, reste la discrétion même sur

[20]   *Relation de Marigny*, G.E.F., IV, 261–61. L'auteur de cette relation, Jacques Carpentier de son vrai nom, prit le parti des Frondeurs contre Mazarin, cible de ses pamphlets virulents, voir A. Adam, *Histoire,* II,13. Loret se montre fort discret à son tour quand il parle de la représentation le 24 mai, 1664 :

> Je veux encor être en ce cas
> Disciple de Pythagoras,
> Et sur un tel sujet me taire,
> Ne sachant le fonds de l'affaire.

G. Mongrédien, *Recueil,* I, 217. Ce mur de silence autour du *Tartuffe* est vraiment étonnant, vu l'assistance nombreuse aux fêtes : « Ce fut en ce beau lieu, où toute la cour se rendit le cinquième de mai, que le Roi traita plus de six cents personnes, jusques au quatorzième, outre une infinité de gens nécessaires à la danse et à la comédie, et d'artisans de toutes sortes venus de Paris : si bien que cela paroissoit une petite armée », *Relation* des *Plaisirs de l'Île enchantée, G.E.F.,* IV, 109. La remarque éloquente de Voltaire à ce sujet ne fait qu'augmenter notre étonnement : « La plupart de ces solemnités (*sic*) brillantes ne sont souvent que pour les yeux et les oreilles. Ce qui n'est que pompe et magnificence passe en un jour ; mais quand des chef-d'œuvres de l'art, comme le *Tartuffe*, font l'ornement de ces fêtes, elles laissent après elles une éternelle mémoire », *Siècle de Louis XIV,* III, 40.

l'affaire de la maudite comédie. Si la relation officielle des fêtes évoque la
première de la pièce du 12 mai, elle le fait en des termes vagues et
diplomates qui nous laissent aussi sur notre faim :

> Le Soir, Sa majesté fit jouer une comédie nommée *Tartuffe,* que le sieur de
> Molière avait faite contre les hypocrites ; mais quoiqu'elle eût été trouvée
> fort divertissante, le Roi connut tant de conformité entre ceux qu'une
> véritable dévotion met dans le chemin du Ciel et ceux qu'une vaine
> ostentation des bonnes œuvres n'empêche pas d'en commettre de mauvaises,
> que son extrême délicatesse pour les choses de la religion ne put souffrir
> cette ressemblance du vice avec la vertu, qui pouvaient être pris l'une pour
> l'autre et quoiqu'on ne doutât point des bonnes intentions de l'auteur, il la
> défendit pourtant en public, et se priva soi-même de ce plaisir, pour n'en pas
> laisser abuser à d'autres, moins capables d'en faire un juste discernement.[21]

Il est certain que dans cette affaire si délicate qui dut occuper longtemps
les esprits et les langues à la cour tout fut fait pour l'étouffer avec le moins
d'éclat et le plus d'efficacité. Nous savons qu'Hardouin de Péréfixe se mit
à la tête du parti des dévots. Sans être membre de la Compagnie du Saint-
Sacrement, il entretenait d'excellentes relations avec ses membres les plus
influents :[22] « Dans l'Assemblée du 27 de mai, on rapporta que le Roi,
bien informé par M.de Péréfixe archevêque de Paris des mauvais effets
que pouvait produire la comédie de *Tartuffe,* l'avait absolument défendue
[…] ».[23]

Est-ce que Molière donna sa première version sous une forme complète
ou incomplète ? Nous constatons que les procès-verbaux des assemblées
de la Compagnie du Saint-Sacrement du 17 avril comme du 27 mai parlent
de « la (méchante) comédie de *Tartuffe* » sans autre qualificatif plus précis.
Cette description s'explique si nous remettons l'affaire dans son contexte
immédiat. Dans l'atmosphère enfiévrée de telles réunions, peu importe
l'état exact de la pièce. Les membres sont plutôt obsédés par la double
crainte d'être bientôt tournés en dérision par un observateur des plus

---

[21]   G. Mongrédien, *Recueil*, I, 215.
[22]   R. Allier, *op. cit.*, 226. Sans doute le reine mère n'était-elle pas étrangère à
       cette démarche. Elle connaissait bien la Compagnie, s'en servit beaucoup, et
       prit même son parti contre Mazarin, *ibid.*, 341, 361.
[23]   G. Mongrédien, *Recueil*, I, 217. Brossette confirme ces faits, *ibid.*, I, 290.

Hardouin de Péréfixe, archevêque de Paris, Bibliothèque Nationale, cl
BN

pénétrants et de voir leurs activités secrètes étalées au vu et au su de
tous.[24] Déjà ils s'étaient rendus suspects du temps de Mazarin, ce
dernier craignant à juste titre l'influence d'une organisation tentaculaire
qui avait ses filiales partout en France.[25] Ils avaient surtout à cœur
d'éviter la mise au jour de leurs activités secrètes au moyen du ridicule.
Molière n'était que trop conscient du pouvoir du ridicule dans la société
ésotérique de la cour où, de même que dans celle de *La Princesse de
Clèves,* on ne voudrait pour rien au monde déroger aux apparences :
« On veut bien être méchant, mais on ne veut point être ridicule ».[26] Si
les dévots en vue à la cour parlent de « la méchante comédie de
Tartuffe » trois semaines avant la représentation, une telle description
sert surtout à transmettre à tous le message qu'il y a urgence à la
supprimer par tous les moyens. Il n'est nullement dans leur propos de
parler d'une comédie achevée. Une comédie qui les prend pour cible
leur est également haïssable et répréhensible quel que soit son état.

Par contre, La Grange, qui fait partie de la troupe de Molière depuis
1659 et qui commence à tenir son *Registre* cette année-là, y note que « La
Troupe est partie par ordre du Roi pour Versailles et y a séjourné jusques
au 22ᵉ mai. On y a représenté pendant trois jours les *Plaisirs de L'Île*

---

[24]   On a vu avec quelle appréhension la Compagnie avait envisagé l'entrée du
       Prince de Conti parmi eux. Voir la note 34 du premier chapitre. L'auteur
       anonyme, ami de Molière, de la *Lettre sur les observations d'une comédie du
       sieur Molière intitulée 'Le Festin de Pierre'* (1665) souligne les voies
       souterraines que les dévots suivent pour supprimer *Tartuffe* : « Ils n'ont point
       démenti leur caractère pour en venir à bout ; leur jeu a toujours été couvert,
       leur prétexte spécieux, leur intrigue secrète », G. Couton, éd. cit., II, 1228.

[25]   Sa correspondance avec Colbert témoigne de son inquiétude à propos des
       dévots et de leurs acolytes, R. Allier, *op. cit.,* 322-46. Inquiétude non sans
       fondements, vu leur forte implantation dans toutes les provinces de la France,
       surtout pendant la période 1640-1649. Voir A. Tallon, *op. cit.,* 30-32.

[26]   *Préface,* Couton, éd. cit., I, 885. Les habitués de la cour sont à la fois
       sensibilisés au ridicule et impuissants à y trouver une parade. Voir les portraits
       de Célimène dans *Le Misanthrope,* II, v, et la dernière scène de cette pièce où
       il y a lecture des lettres satiriques de la coquette au sujet de ses prétendants.
       « Le ridicule déshonore plus que le déshonneur », prétend La Rochefoucauld
       (*Maximes,* No. 326), éd. J. Truchet (Paris : Garnier, 1967). Pour La Mothe
       Le Vayer, « [...] le mépris [...] accompagné de joie » et l'orgueil à la vue des
       maux d'autrui sont signes accompagnateurs du ridicule, *Lettre sur la comédie
       de 'L'Imposteur',* éd. cit., 103.

enchantée dont *La Princesse d'Élide* fit une journée, qui fut le 6ᵉ de mai, plus *les Fâcheux, le Mariage forcé* et trois actes du *Tartuffe* qui estoient les trois premiers ».[27] Il est évident que La Grange se réfère ici aux trois premiers actes de la pièce définitive de 1669 en cinq actes. Il s'ensuit donc que pour lui le *Tartuffe* de 1664 était une comédie inachevée en trois actes, dont il prévoit en 1664 les deux autres. Nous avons bien noté ci-dessus que la relation officielle des *Plaisirs de l'Île enchantée* parle d'« une comédie nommée *Tartuffe* » : La Grange reprend cette phrase dans l'édition des œuvres de Molière de 1682, mais la modifie et l'accorde avec sa description de son *Registre* : « Le soir, Sa Majesté fit jouer les trois premiers actes d'une comédie nommée *Tartuffe* ».[28] Il est si sûr du contenu de la représentation devant le roi qu'il corrige la description originale. Quelques lignes plus loin, il introduit une modification semblable dans la version de la relation officielle afin de bien souligner le même fait : celle-ci nous informe que quoiqu'on ne doute pas des bonnes intentions de l'auteur de la comédie « [...] il (le roi) la défendit pourtant pour le public ».[29] La Grange ajoute une phrase explicative : « Il défendit cette comédie pour le public jusqu'à ce qu'elle fût entièrement achevée [...] ».[30] Une remarque d'un auteur anonyme qui prend la défense de Molière dans la *Lettre sur les observations d'une comédie du sieur Molière intitulée 'Le Festin de Pierre'* (1665) vient confirmer ce qu'écrit La Grange : pour venir à bout de Molière « [...] ils (les hypocrites) ont cabalé avant que la

---

[27]   *Le Registre de La Grange,* 1659–1685, éd. B.E. et G. Young (Paris : Droz, 1947), 67. Le 20 septembre de la même année : « La Troupe est partie pour Villers-Cotterets et est revenue le 27 dudit mois, a été pendant huit jours en voyage. Par ordre de Monsieur, on y a joué *le Cocu imaginaire, L'École des maris, L'Impromptu de Versailles, Les Fâcheux* et les trois premiers actes du *Tartuffe* », *op. cit.,* 69. Dans l'édition de 1682, préparée par La Grange et Vivot, une petite notice historique précédant la pièce nous apprend que « Les mêmes trois premiers actes de cette comédie ont été représentés, la deuxième fois, à Villers-Cotterets, pour S.A.R. Monsieur, frère unique du Roi, qui régaloit Leurs Majestés et toute la cour, le 25ᵉ septembre de la même année 1664 », *G.E.F.,* IV, 270. Voir la note 35 ci-dessous. On a essayé de mettre en question l'exactitude de son *Registre,* ce que nous estimons et mal fondé et plus que hasardeux. Voir l'Appendice I.

[28]   *G.E.F.,* IV, 231, n. 4.

[29]   *Ibid.,* IV, 232.

[30]   *Ibid.,* IV, 232, n. 1.

Extrait du *Registre* de La Grange, 1664, Bibliothèque Nationale, cl BN

pièce fût à moitié faite, de peur qu'on ne la permît, voyant qu'il n'y avait point de mal ».[31]

Deux témoignages plus récents viennent recouper les affirmations de La Grange : le premier provient de Brossette : « Quand Molière composoit son *Tartuffe,* il en récita au Roi les trois premiers actes ».[32] Que l'on interprète « récita » comme indiquant une lecture ou une représentation, la phrase, tout ambiguë qu'elle est, confirme l'existence en 1664 d'une version incomplète en trois actes.[33] Le second est de Grimarest, dont la vie de Molière, pour avoir été longtemps l'objet du scepticisme, notamment de la part de M. Michaut, n'en repose pas moins sur un fond de recherche et de vérité :[34] « On sait que les trois premiers actes de la Comédie du *Tartuffe* de Molière furent représentés à Versailles dès le mois de Mai de l'année 1664 [...] ».[35]

Nous ne voyons pas de bonne raison de douter de l'affirmation de La Grange, appuyée par d'autres, que le premier *Tartuffe* se composait de trois actes et ne formait pas encore une pièce complète, comme l'ont fait quelques moliéristes.[36] Comme nous l'avons constaté, il a non seulement répété en 1682 ce qu'il avait noté dans son *Registre* concernant la

---

[31] G. Couton, éd. cit., II, 1228 ; force nous est de constater qu'on ne parle pas ici de représentation, mais l'observation est importante dans le contexte de la réunion tenue par les dévots le 17 avril et de leurs démarches auprès du roi qui en résultent.

[32] G. Mongrédien, *Recueil*, I, 290.

[33] Voir la note 5 ci-dessus.

[34] Ce critique qualifia *La Vie de Molière* de « fables », *La Jeunesse de Molière* (Genève : Slatkine, réimpression de l'édition de Paris, 1922–1925), 15. Il est vrai que la biographie a toujours souffert du jugement négatif porté sur elle par un Boileau vieillissant, mais les travaux scrupuleux de Georges Mongrédien nous permettent une vue plus équilibrée. Voir son édition de *La Vie de M. de Molière* (Paris : M. Brient, 1955), 12sqq.

[35] Éd. cit., 88. Grimarest ajoute « qu'au mois de Septembre de la même année, ces trois Actes furent joués pour la seconde fois à Villers-Coteretz, avec aplaudissement », *ibid.*, 88.

[36] Voir G. Michaut, *Les Luttes de Molière,* 64sqq.; H.G. Hall, *Molière : Tartuffe* (London : Edward Arnold, 1960), 27 ; J. Cairncross, *New Light on Molière* (Geneva : Droz, 1956), 1–51, et *Molière bourgeois et libertin* (Paris : Nizet, 1963), 118-64 ; J.D. Hubert, *Molière and the Comedy of Intellect* (Berkeley et Los Angeles : University of California Press, 1962), 93 ; J. Guicharnaud, *Molière une aventure théâtrale* (Paris : Gallimard, 1963), 537–39. Voir notre Appendice I où nous examinons ces théories d'une manière plus détaillée.

représentation de 1664, il ajoute la précision que la comédie avait été défendue jusqu'à achèvement et examen par d'autres, afin d'éviter toute ambiguïté dans l'interprétation. Façon diplomate de prendre son parti de ce qui ne cessait d'être une défaite importante pour la troupe, certes, mais aussi confirmation précieuse de la forme du premier *Tartuffe*. La Grange, compagnon de Molière depuis son début à Paris, en 1664 se vit confier le rôle de l'orateur de la troupe chargé de faire les annonces à la place de celui-ci,[37] se rendit en compagnie de Molière et La Thorillière à Flandres pour essayer de faire révoquer l'interdiction du Premier Président de la deuxième version de la comédie, *L'Imposteur*, en août 1667. Il devint (avec Vivot) le premier éditeur des œuvres de son ancien chef. De ces faits, nous tirons la conclusion que voici : il ne semble pas possible que quelqu'un si intimement impliqué dans la vie de la troupe que La Grange ait pu commettre une erreur de taille à propos d'un événement qui importait tant à tous les comédiens de la troupe. Jacques Scherer s'est exprimé à ce propos avec une vigueur et une lucidité que nous trouvons irréfutables :

La Grange a affirmé pendant dix-huit ans que *Le Tartuffe* de 1664 comprenait les trois premiers actes d'une pièce inachevée. Je ne crois pas qu'un compagnon aussi ancien et aussi fidèle de la troupe que l'était La Grange ait pu commettre une erreur grave sur *Tartuffe*. Les discussions sur *Tartuffe* ont duré cinq ans. La troupe a dû parler de ce problème au-delà de la satiété. La Grange, qui y a été mêlé dès le début, même si peut-être le rôle dans lequel il devait jouer ne figurait pas dans la pièce à l'origine, en a certainement eu les oreilles rebattues. Comment aurait-il pu se tromper sur ce qui, très vite, apparaît comme le fait d'armes le plus glorieux de la troupe ?[38]

Une des raisons avancées contre la version de La Grange et en faveur d'un premier *Tartuffe* achevé est celle qui soutient que Molière n'avait

---

[37]   Couton, éd. cit., I, XLIX.
[38]   *Structures de Tartuffe* (Paris : Sedes, 1966), 48. Même Gustave Michaut, qui proposa un premier *Tartuffe* achevé en trois actes, n'osa rejeter le témoignage de La Grange. Voir *Les Luttes de Molière,* 71–72. Parmi ceux qui acceptent l'autorité de La Grange en la matière se trouvent Despois et Mesnard, *G.E.F.,* IV, 274 ; D. Mornet, *Molière* (Paris : Hatier-Boivin, 1958), 89, 91–93 ; A. Adam, *Histoire,* III, 294 ; G. Couton, éd. cit., I, 834–35.

nullement l'habitude de donner des comédies au public à moins de les avoir terminées.[39] Il est vrai que Molière ne sembla pas laisser des comédies sous une forme inachevée. S'il dut faire appel à Corneille pour compléter *Psyché* (1671), *Mélicerte* (1666), la seule pièce inachevée de Molière, peut former un fragment en deux actes qui se suffit à lui-même. On a vu que plutôt que de laisser *La Princesse d'Élide* inachevée pour *Les Plaisirs de l'île enchantée,* son auteur la termina en prose. Toujours est-il que *Le Tartuffe* fait exception dans tout son théâtre, et par le thème et par les circonstances exceptionnelles qui le virent naître. Dans ses *Placets* de 1664 et de 1667, comme dans sa *Préface* de 1669, il parle longuement de la délicatesse de la matière et du soin avec lequel il l'a traitée.[40] On ne saurait mettre sur le même plan un événement aussi insolite que l'attaque contre des dévots influents, dont bon nombre à la cour, et les autres comédies du même auteur. Ce serait prêter au travail de Molière un rythme invariable et prévisible aux antipodes des faits. En tenant pleinement compte du thème et des circonstances, il nous paraît que l'état inachevé du premier *Tartuffe* peut très bien s'expliquer ainsi :

1. Les personnes bien informées à la cour ne pouvaient ignorer que Molière avait bien l'intention de s'en prendre à des dévots, d'où la réunion convoquée par la Compagnie du Saint-Sacrement du 17 avril et le plan d'action urgent que celle-ci s'empressa de mettre en œuvre.
2. Molière dut se rendre compte très tôt que ces dévots le voyaient d'un mauvais œil. Sans doute eut-il vent de leurs inquiétudes avant la réunion même. Il est inconcevable qu'il ne fût pas aussitôt informé de ce qu'on avait décidé de faire, ou par ses amis influents à la cour ou même par le roi en personne.
3. Il n'est pas difficile d'imaginer les démarches de Molière, en même temps instigateur et victime dans cette agitation fébrile de la cour : il lui importe de se défendre incontinent auprès du roi, que vont bientôt assiéger les dévots enragés. Si ceux-ci se chargent de parler à leurs amis « qui avaient quelque crédit à la cour »,[41] il s'agit pour eux d'en saisir avant tout le roi lui-même. Nul n'avait plus de crédit sur le roi

---

[39]   Voir J. Cairncross, *New Light on Molière,* 7, à la suite de G. Michaut, *Les Luttes de Molière,* 61.

[40]   *Premier Placet,* 1664, G. Couton, éd. cit., I, 890 ; *Préface,* I, 884.

[41]   Note des *Annales de la Compagnie du Saint-Sacrement* du 17 avril, 1664, G. Mongrédien, *Recueil,* I, 214.

que son ancien précepteur, Hardouin de Péréfixe, archevêque de Paris.[42] Il incombait alors pour Molière de signaler au roi dans les plus brefs délais le travail qu'il avait déjà fait et de se défendre auprès de lui contre les bruits et les calomnies dont il était l'objet. Il y eut vraisemblablement une lecture particulière de ce qu'il avait déjà réalisé, c'est-à-dire, les trois premiers actes, la lecture dont parle Boileau en conversation avec Brossette.[43] Autrement dit, Molière est pris de court, à la fois par l'évolution rapide des événements à la cour, l'influence de ses ennemis, la nécessité de parer aux bruits qui courent sur le contenu de sa comédie et de démontrer au roi la transparence de ses intentions. Que la représentation du 12 mai ait eu lieu sur l'instigation du roi ou sur la suggestion de Molière, peu importe. Il importait surtout à Molière de déjouer les intrigues des dévots le plus tôt possible, en exposant au roi l'état où se trouvait cette « méchante comédie » objet de leur haine, dans l'espoir de les devancer aux yeux de leur souverain. Dans le meilleur des mondes possibles, il eût sans doute présenté sa comédie achevée en cinq actes, lui permettant de situer pleinement les personnages et de suivre l'évolution dramatique et le dénouement qui arrange tout. Or cette possibilité ne fut pas donnée à Molière pour les raisons avancées ci-dessus, qui nous semblent tenir compte des faits tels que nous les connaissons. Les trois actes qui s'ensuivent sont à la fois une solution de fortune, une parade nécessaire aux manœuvres hostiles, et une attaque préventive contre les dévots.

La pièce fut jouée incomplète, et on n'est pas fondé à croire que les deux autres actes existaient à ce moment-là sous forme écrite. On peut à la

---

[42]   Nommé précepteur royal en 1642, alors qu'il avait pour titre l'abbé de Beaumont, au détriment de La Mothe Le Vayer, grand ami de Molière qui prit la défense du comique dans sa *Lettre sur la comédie de 'L'Imposteur'* d'août 1667. L'ecclésiastique n'obtint ce poste qu'à la suite des intrigues contre Le Vayer, suspect aux yeux de la reine mère à cause de sa trop grande liberté en matière de religion. Le Vayer assuma le préceptorat royal de 1652 à 1656, parce que l'abbé, devenu évêque de Rodez, eut à s'occuper de ses fonctions paroissiales.

[43]   Voir la note 5 ci-dessus. À quel moment donna--t-il cette lecture ? Fin mars ou commencement d'avril 1664, comme le suggèrent avec vraisemblance J. Gaument et L. Chouville dans « Ninon, Molière et les dévots », *Mercure de France,* 153 (1er janvier 1922), 47.

rigueur les supposer prêts et tenus en réserve par un calcul de la part de Molière. Il est possible qu'il veuille dans ce cas-là ménager l'opinion et ne présenter qu'un échantillon moins capable d'enflammer les dévots. Mais cette hypothèse est plus que fragile vu la réaction déchaînée par les trois actes. Nous préférons nous en tenir aux faits connus, si épars qu'ils soient. Et nous savons que les actes manquants furent ajoutés pour la première représentation de la comédie achevée le 29 novembre 1664.[44]

[44] Selon la notice historique imprimée sur la page de titre et son verso de l'édition de 1682 dont nous citons l'extrait suivant : « Cette comédie, parfaite, entière et achevée en cinq actes, a été représentée, la première et la seconde fois, au château du Raincy, près Paris, pour S.A.S. Monseigneur le Prince, les 29e novembre 1664 et 8e novembre de l'année suivante 1665, et depuis encore au château de Chantilly, le 20e septembre 1668 », G.E.F., IV, 270. (Les éditeurs omettent de mentionner la représentation du 4 mars 1668 à l'Hôtel de Condé, Mongrédien, Recueil, I, 307.) M. Michaut a utilisé quelques allusions épistolaires et contemporaines au Tartuffe pour soulever des doutes à propos des dates que donne La Grange ci-dessus marquant ces deux représentations de la comédie sous sa forme complète (Les Luttes..., 47 sqq) : la première se trouve dans une lettre du 26 février 1666 du secrétaire d'état des affaires étrangères de Lionne au bibliothécaire de la reine Christine de Suède, qui avait dans son palais à Rome un théâtre où elle souhaitait voir jouer la comédie, G. Mongrédien, Recueil, I, 257. D'un bout à l'autre, c'est une lettre du style classiquement diplomate, s'abritant derrière une exquise politesse pour ne pas s'engager dans une affaire trouble. Quoique bien renseigné sur la question du Tartuffe, le ministre se cache néanmoins derrière l'exagération (le roi n'avait jamais supprimé la pièce, ayant simplement conseillé ou défendu à Molière de ne pas la jouer en public), prétextant le coût exorbitant d'un déplacement de la troupe et que l'auteur n'a jamais terminé son travail, moyen sûr de clore le débat et se tirer d'un mauvais pas. La seconde mention est à trouver dans une lettre du duc d'Enghien à un de ses hommes d'affaires, M. de Ricous, d'octobre 1665, pour qu'il presse Molière de venir à Raincy « où Madame la Princesse Palatine ira l'attendre. On y voudrait avoir Molière pour jouer la comédie des Médecins et on y voudrait aussi y avoir Tartuffe. [...] Si le quatrième acte de Tartuffe était fait, demandez-lui s'il ne le pourrait pas jouer », G. Mongrédien, Recueil, I, 249-50. En effet dans son registre à la date du 8 novembre 1665, La Grange écrit que « La Troupe est allée au château du Raincy chez Mme la princesse Palatine par ordre de M. le Prince. On y a joué Tartuffe et l'Amour médecin ». Il n'y est aucunement parlé d'une pièce incomplète, pas plus que dans sa notice historique de 1682. Voir le début de cette note. Enfin, il y a une phrase dans cette même notice qui nous paraît des plus significatives, précédant les entrées pour le 29e novembre 1664 et le

Si Molière se trouva pris de court par l'émoi provoqué contre sa pièce avant sa représentation, il n'y aurait pas de plus grande erreur que celle qui l'imaginerait à court d'idées pour mener à bien son travail interrompu. L'affirmation de MM. Despois et Mesnard nous paraît être des plus justes à ce propos : « Une seule chose ne serait pas croyable, c'est que le plan ne fût pas dès lors arrêté et que l'auteur eût si avant poussé son travail sans bien savoir où il allait ».[45] Il est impossible d'imaginer une représentation des trois premiers actes entreprise sans une connaissance générale de ce qui allait suivre de la part de l'auteur, même si elle ne pouvait comprendre chaque vers. Nul besoin d'ajouter qu'il ne s'agit pas de n'importe auteur, mais de celui qui passait pour le Térence de son siècle.[46] Pour l'agencement des scènes et l'attention au moindre détail, Molière n'avait pas son pareil parmi les contemporains.[47] Le laborieux Boileau lui enviait sa plume leste et son esprit lucide,[48] et, par l'intermédiaire de son correspondant Brossette nous savons que pour Molière concevoir et réaliser un projet était pour ainsi dire une seule et même chose : « Molière remplissait une fois son idée et son plan, après quoi il ne corrigeait plus. Il se laissait entraîner à d'autres idées ».[49] D'ailleurs, l'action est si fortement engagée dans les trois premiers actes qu'elle exige une suite dramatique à l'avenant. Toute l'attente comique créée chez le spectateur repose sur des présupposés qui requièrent une réponse efficace sur le plan dramatique, témoin le soupçon que l'hypocrite aurait un faible pour la femme de son

8e novembre 1665. Là voici : « Cette comédie, parfaite, entière et achevée en cinq actes. » La Grange, au moyen de trois épithètes, chacune à valeur superlative, tient à mettre une fois pour toutes les points sur les i. Peut-on s'exprimer plus clairement ?

[45]   *G.E.F.*, IV, 274–75.

[46]   La Grange, *Préface de l'édition de 1682*, dans G. Couton, éd. cit., I, 1001.

[47]   « [...] un coup d'œil, un pas, un geste, tout y était observé avec une exactitude qui avait été inconnue jusque-là sur les théâtres de Paris », *Préface de 1682*, G. Couton, éd. cit., I, 1001; voir R. Bray, *Molière homme de théâtre*, notamment les belles pages sur l'auteur-acteur, 238–77.

[48]   *Satire* II, à M. de Molière :
       Jamais au bout du vers on ne te voit broncher;
       Et, sans qu'un long détour t'arrête ou t'embarrasse,
       À peine as-tu parlé, qu'elle-même [la rime] s'y place.
       Mais moi [...], éd. cit., 26.

[49]   Notes de Brossette (1703), dans *Correspondance Boileau-Brossette*, dans G. Mongrédien, *Recueil*, I, 335.

hôte, si tant est que ce vers fût présent en 1664.[50] Si nous supposons aussi que la question du mariage entre Valère et Mariane faisait partie, sous une forme ou une autre,[51] de ces premiers actes, elle attend sa solution. Et ayant imaginé de pareils dilemmes pour ses personnages, il va de soi que l'auteur avait déjà la réponse en tête, ne fût-ce qu'en germe.

En outre, peut-on imaginer plus grande folie de la part de Molière que de risquer une partie de sa comédie la plus notoire devant le roi et la cour sans être sûr de la façon dont il allait aménager le dénouement à la satisfaction du monarque et des gens raisonnables ? C'eût été faire le jeu de ses ennemis de jeter ainsi la confusion dans l'esprit du roi, entre les mains duquel Molière remet son sort et dont il attend sa délivrance à en croire son *Premier Placet* en août 1664 :

> [...] les rois éclairés comme vous n'ont pas besoin qu'on leur marque ce qu'on souhaite; ils voient, comme Dieu, ce qu'il nous faut, et savent mieux que nous ce qu'ils nous doivent accorder. Il me suffit de mettre mes intérêts entre les mains de Votre Majesté, et j'attends d'elle, avec respect, tout ce qu'il lui plaira d'ordonner là-dessus.[52]

Il est inimaginable que Molière ne prît la précaution de discuter au préalable avec le roi non seulement sa comédie mais particulièrement le dénouement, tant il tenait à maintenir « [...] ma réputation, et [à] justifier à tout le monde l'innocence de mon ouvrage ».[53] Et rien de plus naturel et de nécessaire de son propre point de vue que d'assurer le monarque que les vrais dévots n'avaient rien à craindre et de lui évoquer le dénouement tout à son honneur. Nous pensons que le dénouement, sans doute sous une forme modifiée,[54] faisait partie de la conception première de la comédie.

---

[50] « Je crois que de Madame il est, ma foi, jaloux », nous dit la servante dans la pièce de 1669 au vers 84.

[51] À ce sujet voir le chapitre suivant, à la section **C**.

[52] G. Couton, éd. cit., I, 891. Le roi a beau être comme Dieu, il a besoin que Molière lui rappelle comment ses droits à lui viennent d'être lésés !

[53] Témoin les remarques élogieuses de La Grange sur la façon discrète dont Molière se comportait à la cour, qui ne nous semblent pas au-delà de la juste mesure, *Préface,* G. Couton, éd. cit., I, 999.

[54] À en croire Brossette, Boileau aurait inspiré à Molière le désir de changer le dernier acte, qu'il croyait trop tragique : « [...] il (Molière) avait en effet changé l'endroit où il donne des louanges au Roi; mais quand Sa Majesté entendit réciter par Molière ce changement, elle lui conseilla de les laisser

En toute chose il faut penser à la fin. Voltaire admira toute la conduite de la pièce jusqu'au dénouement.[55] Loin de n'être qu'un *deus ex machina* postiche que Molière aurait ajouté après coup pour remercier le roi de son aide,[56] nous estimons l'intervention du roi à la fois *logique, poétique,* et *nécessaire* au dessein premier de Molière. *Logique* pour la bonne raison qu'il n'y a point d'autre issue pour « [...] cette pauvre famille dans la dernière désolation par la violence et l'impudence de l'Imposteur, jusques là qu'il paroit que c'est une affaire sans ressource dans les formes, de sorte qu'à moins de quelque Dieu qui y mette la main, c'estadire de la Machine, comme parle Aristote, tout est déploré ».[57] *Poétique,* parce que symbolisant la justice idéale qui vient frapper le malfaiteur au plus haut point de sa puissance, justice qui se dérobe le plus souvent aux mortels, témoin l'indignation d'un Alceste.[58] Ce faisant, Molière comble une attente au théâtre que la vie laisse insatisfaite. Par conséquent, au théâtre cette symétrie nous fait récrier d'admiration avec La Mothe Le Vayer : « [...] le Prince est digne du Poëte, comme le Poëte est digne du Prince ».[59] Et *nécessaire* parce que seule l'intervention royale est à la mesure de l'importance de l'hypocrisie, qui, aux yeux de Molière, parmi tous les vices « [...] sans doute, en est un des plus en usage, des plus incommodes et des plus dangereux ».[60] Objectera-t-on que Molière ne s'exprime ainsi

---

comme elles étaient auparavant », G. Mongrédien, *Recueil*, I, 335.

[55]   « [...] on sent combien il est forcé, et combien les louanges du Roi, quoique mal amenées, étaient nécessaires pour soutenir Molière contre ses ennemis ». Sommaire du *Tartuffe* par Voltaire, édition critique par Samuel S.B. Taylor, *The Complete Works of Voltaire* (Oxford : The Voltaire Foundation, 1999), 448. Pour l'historien Michelet, les actes IV et V « [...] font une autre pièce pour l'apothéose du roi », *Histoire de France,* éd. cit., XV, ch. 7, 114. Pour une discussion plus ample de ses vues, se reporter à l'appendice I. Le jugement de J. Gaument et L. Chouville, qui veut que le dénouement soit « d'une invraisemblance choquante », nous semble aberrante. Voir art. cit., 66.

[56]   *L'Imposteur* de 1667 comprend l'intervention du roi, même si Molière le modifie en 1669 où il y a surcroît d'éloge. Voir *L'Imposteur de 1667,* éd. cit., 43, 219–21.

[57]   La Mothe Le Vayer, *Lettre sur la comédie de L'Imposteur,* éd. cit., 92.

[58]   Qui a besoin d'un paradoxe saisissant pour s'exprimer à ce propos : « J'ai pour moi la justice, et je perds mon procès » (*Le Misanthrope,* V, i, v. 1492).

[59]   *Lettre sur la comédie de L'Imposteur,* éd. cit., 92.

[60]   *Premier Placet,* G. Couton, éd. cit., I, 889.

qu'une fois sa pièce bannie ? C'est faire bien peu de cas des convictions tenaces qui non seulement l'ont amené à concevoir sa comédie, mais qui lui feront maintenir son bon droit cinq ans durant. On peut souvent et avec vraisemblance reprocher à Molière la naïveté et l'erreur. Il est beaucoup plus difficile, nous semble-t-il, d'arguer de son manque de conviction à l'égard de la fausse dévotion : « une peste publique ne pouvait être plus convenablement punie que par la puissance publique ».[61] Sur ce point il se rencontre avec son ami La Mothe Le Vayer qui vingt ans avant le premier *Tartuffe* fustige le même vice de la façon la plus vigoureuse :

> Si la parole de l'homme est l'unique lien de toutes les sociétés civiles, quand elle sert de fidèle interprète à l'esprit, on ne saurait nier qu'elle ne devienne l'instrument de leur destruction et la ruine certaine des Polices, lorsqu'elle s'acquitte mal de sa charge, et qu'elle substitue une chose fausse au lieu de la Vérité [...] entre tous les défauts de notre humanité, il n'y en a point qui soit d'une si grande conséquence que celui du Mensonge.[62]

Ce fut pareille conviction, nourrie au fil des ans des rancunes privées et publiques et de l'encouragement tacite du roi, qui incita Molière à aller au-devant de ses ennemis en osant représenter son premier *Tartuffe* le 12 mai 1664.[63]

---

[61]   *G.E.F.,* IV, 347.

[62]   *Du Mensonge*, dans *Opuscules ou petits traités, Œuvres de François de La Mothe Le Vayer, conseiller d'État ordinaire* (Dresde : M.Groell, 1756-1759), II (1re partie), 5e vol., 125-26.

[63]   Il convient ici d'insister sur un point capital qu'on a tendance à perdre de vue. Au dire de La Grange, « S'il [Molière] fut fort bon humaniste, il devint encore plus grand philosophe », *Préface*, Couton, éd. cit., I, 996. Nous croyons qu'il ne faut pas limiter ces mots à leur sens purement scolaire, comme le fait l'éditeur remarquable qu'était le regretté Georges Couton, éd. cit., I, 1373, n. 4. Grimarest nous assure que « Molière n'étoit pas seulement bon Acteur et excellent Auteur, il avoit toujours soin de cultiver la Philosophie », éd. cit., 101. « Il était philosophe, et il l'était dans la théorie et dans la pratique » écrit avec justesse Voltaire, *Siècle de Louis XIV* (Neuchâtel : sans nom d'éditeur, 1773), I, 183. Antoine Adam affirme avec la perspicacité qu'on lui connaît ce même point de vue, *Histoire*, III, 297.

Chapitre III

Les trois premiers actes de 1664

De tout ce qui précède, nous nous croyons fondé à tirer les conclusions suivantes :

(a) *Tartuffe* est bien l'œuvre d'un homme à convictions, et celles-ci étaient de nature à l'opposer aux croyances et au mode de vie de ceux qui se ralliaient sous la bannière du parti dévot à la cour.

(b) Ayant eu vent de son dessein d'écrire une pièce où ils risquaient de se voir malmener, ils essayèrent par tous les moyens de l'écraser dans l'œuf en cabalant avant qu'il ne l'eût terminée et bien à l'avance de la première représentation.

(c) Molière fut pris de court par l'agitation dévote, si bien qu'il n'arriva qu'à jouer les trois premiers actes devant le roi, à qui il prit soin de les lire, le tenant informé et du progrès et du futur contenu de sa comédie encore incomplète.

(d) Ces trois actes, il les représenta devant le roi comme échantillon et avant-goût du reste de sa comédie, dont il avait l'idée claire en tête sinon sous une forme écrite.

A

La solution de Gustave Michaut

En quel état étaient ces trois actes ? Notre point de départ sera l'enquête menée par Gustave Michaut sur ce qu'il a lui-même nommé « l'éternel problème du *Tartuffe* ».[1] Ce critique eut le grand mérite de poser la question du contenu du premier *Tartuffe*, et sa solution proposée, avec la logique rigoureuse qu'on lui connaît, a facilement entraîné

---

[1]   Tel est le titre de son article dans la *Revue des cours et conférences*, 26:2 (1924–25),122–36, 240–54.

l'adhésion.[2] Si nous exposons librement sa version du premier *Tartuffe*, c'est pour nous permettre de mieux cerner la nôtre, qui en diffère sensiblement sur des éléments importants. Nous tombons entièrement d'accord avec le principe premier qui introduit la construction de son argument, même si nous en tirons des conclusions très divergentes :

> Quand on nous dit : *Ce qui a été joué à Versailles, ce sont les trois premiers actes,* cela n'implique en aucune façon qu'il s'agisse des trois premiers actes actuels, sans changement aucun. Cela implique seulement que, pour l'essentiel, toute la matière traitée dans les trois premiers actes actuels l'était déjà dans les trois actes primitifs.[3]

Pour Michaut, le sujet principal est bien la tentative de Tartuffe de faire main basse sur le bien et la maison de son hôte et de séduire sa femme. Le thème accessoire est celui des amours de Mariane et de Valère, de Damis et de la sœur de celui-ci, traversés par le projet du père de marier sa fille à l'hypocrite. Pour reconstruire le premier *Tartuffe,* Michaut choisit de négliger l'accessoire pour faire terminer la pièce sur le triomphe de Tartuffe à la fin de l'acte III, au moment où le faux dévot se fait donner carte blanche par le mari en ce qui concerne sa femme :

> Non, en dépit de tous, vous la fréquenterez.
> Faire enrager le monde est ma plus grande joie,
> Et je veux qu'à toute heure avec elle on vous voie.
> Ce n'est pas tout encor: pour les mieux braver tous,
> Je ne veux point avoir d'autre héritier que vous,
> Et je vais de ce pas, en fort bonne manière,
> Vous faire de mon bien donation entière.
> Un bon et franc ami, que pour gendre je prends,
> M'est bien plus cher que fils, que femme, et que parents.
> N'accepterez-vous pas ce que je vous propose?

---

[2]   Voir R. Bray, *Œuvres complètes*, V, 350 : « Ce qui à nos yeux ressort du débat est qu'en 1664 *Le Tartuffe* était bien une pièce complète en trois actes, mais que très tôt Molière aurait eu l'idée d'y ajouter deux actes » ; G. Couton, éd. cit., I, 834-5.

[3]   *Les Luttes de Molière,* 64.

TARTUFFE
La volonté du Ciel soit faite en toute chose.

ORGON
Le pauvre homme! Allons vite en dresser un écrit,
Et que puisse l'envie en crever de dépit! (vv.1172–1184)

Et Michaut de tirer la conclusion suivante :

Le rideau peut tomber là-dessus. Le bigot crédule, le personnage grotesque, s'est livré pieds et mains liés ; il remet tous ses biens entre les mains de l'écornifleur, et prépare lui-même, pour son front, l'accessoire obligé des maris de comédie. Nous avons là une de ces pièces au comique âcre, impitoyable, dont *George Dandin* nous offrira plus tard un exemple non retouché.[4]

Remarquons d'abord que la fin actuelle de l'acte III peut facilement servir de dénouement comique sans subir de grands changements. Reste à savoir si un tel dénouement et la matière préparatoire cadrent avec « les trois premiers actes » de La Grange et si pareil dénouement, même provisoire, comportant la victoire de l'hypocrite sur la famille, peut s'accorder avec les intentions du dramaturge, telles qu'il nous les a livrées dans son *Premier Placet* de 1664.

---

[4]   *Ibid.*, 65. L'analogie avec Dandin, pour être tentante, peut nous induire en erreur. Ce héros mal marié est bel et bien l'auteur de son propre malheur conjugal, s'étant allié à la petite noblesse pour s'acquérir un titre. En tant que cocu en herbe, il se rend compte, trop tard, de son erreur, et avoue qu'il n'a qu'à s'en prendre qu'à sa sotte vanité. La situation dans *Le Tartuffe* ne saurait être plus différente : la famille est obligée de supporter les conséquences de l'engouement du père pour l'hypocrite sans y avoir été pour rien. En outre, elle n'est pas dépourvue d'astuce pour détromper le père et entraver le jeu de Tartuffe. *George Dandin* dont la première représentation fut à la cour, comme celle du *Tartuffe,* flatte la qualité des courtisans qui pouvaient se délecter du sort du parvenu Dandin. Par contre, le cocuage d'Orgon, pour mérité qu'il soit, devient l'occasion du triomphe de l'hypocrite. Or, on voit mal Molière assurer le même libre cours à l'hypocrite qu'à ses nobliaux, même dans une comédie en voie d'achèvement.

B

Sujet principal et sujet accessoire selon Michaut

En raison de son interprétation du sujet principal de ces trois actes, nous allons énumérer les traits les plus saillants de sa version, avant de les commenter.

1. Michaut croit pouvoir délester sa version du second acte, lequel comporte les éléments suivants : la scène où Orgon apprend à sa fille Mariane qu'il entend la marier à Tartuffe, qu'elle le veuille ou non, en bon père moliéresque ; la scène suivante avec Dorine qui, étant déjà au courant de la nouvelle de ce mariage, fait des remarques fort désobligeantes sur le futur mari et fait enrager le père, si bien qu'il se voit obligé de se retirer ; ensuite le dialogue entre la servante et la fille où celle-là a beau essayer de la faire résister au décret paternel ; et finalement le dépit amoureux entre Mariane et Valère qui clôture l'acte. Michaut raisonne ainsi : puisque la première partie du rôle de Mariane ressort à l'acte IV (l'annonce d'Orgon à sa fille du mariage, IV, iii, et les scènes 4 et 5 de cet acte où il se cache sous la table sur l'insistance d'Elmire pour prendre Tartuffe en flagrant délit) le rôle n'existait pas en mai 1664. Pour Michaut, Mariane n'existerait pour la première fois que dans *L'Imposteur* de 1667.[5]

2. Damis prend la place de Mariane à l'acte III. Tartuffe veut l'évincer comme l'héritier d'Orgon. La raison en est que Mariane sacrifiée à l'hypocrite comme sa femme serait un spectacle plus insupportable que celui du fils dépossédé et chassé de la maison. L'importance accrue de Damis repose pour Michaut sur quelques vers que déclame le fils dans l'acte I, iii, scène où il rappelle à Cléante qui attend Orgon pour lui en toucher un mot à propos du mariage projeté entre Mariane et Valère que « [...] même ardeur enflamme et ma sœur et Valère, / La sœur de cet ami, vous le savez, m'est chère » (vv.221-2);

3. Le dernier élément dans sa reconstruction a trait à Elmire. D'après les pièces de 1667 et de 1669, nous la savons la jeune femme, ou la

---

5   *Ibid.*, 76-77.

femme jeune, d'un mari plus âgé. Nous savons aussi que pour faire tomber l'hypocrite dans le panneau et pour convaincre son mari obtus de la malveillance du faux dévot, elle est contrainte de feindre la passion pour lui. Se fondant sur les apparences nécessairement ambiguës du jeu de la femme, Michaut conclut à sa nature coquette dans la première version.[6]

C

Observations sur le sujet principal et le sujet accessoire

Cette tentative de reconstruction appelle deux observations d'ordre général. D'abord, nous constatons que l'action du modèle de Michaut se termine sur le triomphe de Tartuffe sur le mari, assistée par la femme complice. Damis ne se voit plus à la periphérie de l'intrigue, mais directement aux prises avec l'hypocrite. Il n'est pas douteux que dans un tel scénario l'action eût été plus abrupte, sinon plus brutale, que dans les trois actes que nous possédons. En outre, les personnages principaux se comporteraient différemment : ce que nous savons être la crédulité d'Orgon se trouverait muée par la force des choses en bêtise rarissime, Mariane s'éclipserait de la scène, Elmire se métamorphoserait en vraie fille d'Ève, et Tartuffe que nous connaissons comme un gueux, se parerait des plumes du paon pour réussir la séduction d'une jeune femme jolie et coquette. On est fondé à demander comment une action différant si sensiblement du contenu de la première partie de la pièce telle que nous la connaissons pourrait être décrite comme comprenant « [...] pour l'essentiel, toute la matière traitée dans les trois premiers actes actuels ».[7]

---

[6]   « Supprimons par la pensée le quatrième et le cinquième acte, elle reste énigmatique », *ibid.*, 79-80; R. Bray le suit dans cette voie : « [...] en 1664, Elmire apparaît comme une femme corruptible [...] », *éd. cit.*, V, 351.

[7]   *Op. cit.*, 64.

Notre seconde observation porte sur la division opérée par Michaut entre « sujet principal » et « sujet accessoire ».[8] Peut-on placer les tentatives de l'hypocrite pour contrôler la maison et tout ce qui appartient à sa dupe, la femme de celle-ci y comprise, au-dessus de l'amour de la fille pour Valère ? À notre avis, il est permis d'en douter. À considérer les choses au niveau de la dramaturgie de Molière, une telle séparation semble arbitraire et peu conforme à la conception coutumière de son sujet comique et de ses personnages. Le sujet moliéresque est fait d'une seule pièce, prenant corps sous la forme d'un intrus ou d'une idée aberrante entraînant fatalement des conséquences qui ne manquent pas de se répercuter sur toute la maisonnée. L'action telle quelle est fonction d'une monomanie qui ne voit la vie de la famille qu'à travers le prisme d'une obsession n'admettant aucun jugement critique.[9] Pour se convaincre du caractère centripète de la dramaturgie moliéresque, il suffit d'examiner les deux comédies dans son théâtre dont la situation dramatique, les personnages et l'intrigue offrent les analogies les plus précises avec *Le Tartuffe,* c'est-à-dire, *Les Femmes savantes* et *Le Malade imaginaire.* Dans la première pièce, l'entrée de Trissotin n'est possible qu'à la faveur de l'engouement de la matriarche Philaminte pour le savoir, ergo pour les savants. En vertu de quoi tout son monde est contraint d'obtempérer à son oukase, qui décrète que l'on épousera le savoir et les savants au propre et au figuré. Le mariage d'Henriette avec son Tartuffe à elle ne fait qu'un avec la vision du chef matriarche de famille. Dans la seconde comédie, les Diafoirus père et fils ne font qu'exploiter ce que le beau-frère d'Argan appelle « la maladie des médecins »,[10] c'est-à-dire, une crédulité à toute épreuve à leur égard : la conséquence inéluctable est le beau projet du mariage d'Angélique avec Diafoirus fils. Dans l'une et l'autre pièce, le mariage d'une fille ne saurait être détaché de la vision d'un parent monomane, parce que, totalitaire, cette vision englobe toute la maison.

---

[8]   *Ibid.*, 64.
[9]   Dans le contexte de l'économie du *Tartuffe*, il est à propos de se rappeler la définition lansonnienne d'un caractère moliéresque : « Un caractère, au sens que le mot a chez Molière, est une nature puissamment unifiée par la domination d'une passion ou d'un vice qui détruit toutes les autres affections et puissances de l'âme, et devient le principe de toutes les pensées et de tous les actes du personnage », G. Lanson, « Molière et la farce », *Revue de Paris* (mai 1901), 145.
[10]   *Le Malade imaginaire,* III, iv.

Pareil mariage de la carpe et du lapin ne fait nullement figure de sujet accessoire ; au contraire, il sert de moyen indispensable de consommer la seule union qui compte aux yeux des héros comiques, à savoir, l'union parfaite avec l'idole, en l'occurrence le savoir et la médecine. Pourquoi en serait-il autrement en ce qui concerne *Le Tartuffe* ?[11] Avoir Tartuffe seulement comme héritier, ce qui se produirait si Mariane n'était pas présente en 1664, serait moins satisfaisant pour le monomane que de l'avoir à la fois héritier et gendre. Le héros moliéresque ne fait pas les choses à moitié. La vision béatifique d'Orgon prévoit la sujétion de la maisonnée à l'autorité de son saint homme, et le mariage avec sa fille se révèle être un élément nécessaire dans son salut qu'il est en train de réaliser en approchant ainsi du ciel. Dans son excellente étude sur la relation entre Orgon et Tartuffe, P.F. Butler a très bien vu le rapport spirituel pour le père entre le mariage de sa fille avec son maître spirituel à lui : « Orgon constamment parle de Tartuffe comme de son « frère » ; l'idée bizarre de le faire entrer dans sa famille ne lui a certainement pas été suggérée par Tartuffe, qui ne marque jamais le moindre intérêt pour Mariane ; elle n'a pu naître que du désir de voir en Tartuffe son fils ».[12] « S'engendrer » d'une belle manière : voilà comment s'approprier le ciel, le savoir, la santé.

Mariane apparaît ainsi comme un pion sur l'échiquier d'Orgon, comme celui l'est sur l'échiquier de Tartuffe.

---

[11] On dira peut-être que Tartuffe s'intéresse à Elmire plutôt qu'à sa belle-fille. Tartuffe vise toutefois plus haut que l'une et l'autre : il en veut au bien de sa dupe. Dans ces trois pièces, ce sont l'amour de l'argent et la crédulité du parent agissant qui mènent l'action. Trissotin ne cède la place à Clitandre qu'après la nouvelle, inventée de toutes pièces à cette fin, que la famille de Philaminte se trouve ruinée. Voir l'acte V, scène dernière des *Femmes savantes*.

[12] « Orgon le dirigé », *Gallica, Essays presented to J. Heywood Thomas* (Cardiff : University of Wales Press, 1969), 118.

D

La jeune fille en passe d'être mariée

À considérer l'importance du thème de la jeune fille à marier contre son gré dans la trame dramatique de ces pièces, il nous semble posséder une résonance et une valeur symbolique qui se retrouvent malaisément dans d'autres sujets. En particulier le thème sert à mettre en valeur comme nul autre

> *le pouvoir arbitraire et despotique du parent agissant* prêt à sacrifier le bonheur de sa fille à sa propre marotte
> *le manque de scrupule des dupeurs* qui ne reculent devant aucune injustice pour arriver à leurs fins
> *la crédulité apparemment infinie de la dupe* fermée à tout argument visant à la dissuader de la folie qu'elle est en train de commettre à l'égard de sa propre enfant
> *l'esprit versatile du parent dupe*, qui, sous l'influence de son dupeur, n'a pas peur de revenir sur une promesse de mariage déjà donnée pour assurer son propre avantage
> *le véritable triomphe du dupeur* sur le bon sens qui le combat, car en tant que gendre de sa dupe il accède à une situation qui lui garantit et impunité et liberté d'agir comme bon lui semble

Ainsi se révèle-t-il comme le moyen théâtral le plus efficace pour nous faire saisir tous les effets nocifs de l'hypocrisie sous sa forme sa plus sensible : abus d'autorité paternelle, perversité de l'hypocrite, crédulité de sa dupe, écarts de conduite et manquements à la parole donnée. Somme toute, un baromètre sensible apte à enregistrer la moindre participation affective des personnages et des spectateurs à l'action.[13]

---

[13] Comme Michaut lui-même est contraint de le reconnaître, quoique indirectement, en avançant ses arguments en faveur de l'absence du rôle de Mariane en 1664 et l'extension de celui de Damis : « Que le fils de la maison soit chassé, déshérité, maudit, [...] c'est supportable encore : Damis est un homme, il saura se tirer d'affaire », *op. cit.,* 76. L'épisode de la jeune fille mariée contre son gré n'est pas qu'un moyen efficace de nous faire participer

Reste l'objection de poids de Michaut à l'existence d'une telle situation en 1664 : « [...] qu'une jeune fille, qui nous a été présentée de manière à nous intéresser et à nous toucher, soit liée à un immonde scélérat, voilà qui, dans une pièce « divertissante », est inadmissible ».[14] Toutefois, à bien considérer la question, il nous semble impossible que Molière ait voulu se priver d'un sujet permettant d'exploiter sous la forme la plus dramatique les dangers de l'hypocrisie, *ce qui serait le cas si le rôle de Mariane était supprimé et remplacé par une extension du rôle actuel de Damis.* Au contraire, en ses mains le sujet devient une puissante arme de persuasion contre ce qu'il fustige en 1664 comme un vice « [...] des plus incommodes et des plus dangereux [...] ».[15] Et dans *Le Tartuffe* de 1669 comme dans *L'Imposteur* de 1667 Molière met l'accent sur la seule solution in extremis qui reste à la disposition d'une jeune mal mariée, *et cela d'une façon plus explicite et colorée que dans toute autre pièce où elle se trouve face au même décret injuste :* elle s'appelle en bon français: le cocuage. Conséquence invariable de l'ingérence du fourbe dans une famille pour exploiter la marotte de son chef, il reste l'ultime défense des vulnérables, partant l'arme la plus tranchante dans la lutte contre l'hypocrisie. Pour mieux se convaincre de l'immense valeur théâtrale du thème, générateur des effets des plus puissants, il suffit de porter un regard sur la façon dont Molière laisse évoluer d'autres situations comparables dans *Le Bourgeois gentilhomme, Les Femmes savantes, Le Malade imaginaire.* Comme le font voir ces trois comédies, la situation de la jeune fille en danger d'être mal mariée, loin d'être un à-côté de farce, fait partie intégrante de la comédie moliéresque. Que le père de famille moliéresque jette son dévolu sur son gendre de choix, c'est-à-dire, un gendre disgracié de la nature et coureur de dot, au grand dam de sa famille, est dans l'ordre des choses. L'épisode tient en cinq éléments communs, répartis au gré de l'action

---

au drame familial. Il constitue un élément très important dans une attaque des plus précises que Molière dirige contre les cibles de sa comédie, dont nous faisons état plus loin dans la section **H** de ce chapitre.

[14]   *Ibid.*, 76 ; voir aussi l'objection de D. Mornet à un tel dénouement : « [...] la pièce aurait ainsi un dénouement qui n'est plus de comédie et que le XVIIᵉ siècle n'aurait pas admis dans une comédie », *Molière* (Paris : Hatier-Boivin, 1958), 92. Objection qui garde tout son poids tant que l'on considère les trois actes de 1664 comme comprenant une comédie achevée en trois actes.

[15]   *Premier Placet*, Couton, éd. cit., I, 889.

dramatique, mais aboutissant fatalement à la crise dramatique comme les fleuves coulent vers la mer.

1. Le gendre proposé fait l'objet de dérision de la part de la famille:

Madame Jourdain se moque vertement du choix d'un « gentilhomme gueux et mal bâti » pour sa fille (*Le Bourgeois gentilhomme*, III, xii). Dans *Les Femmes savantes,* Clitandre accable son rival Trissotin d'injures le qualifiant de « benêt » et de « pédant » (vv.235-6) en son absence, et de « fat » (v.1304) et de « sot » (v.1296) en sa présence, tandis que Martine se contente de l'appeler « jocrisse » (v.1649). Diafoirus s'entend traiter de « l'indigne rival » et de « ce rival ridicule » dans la leçon de chant que Cléante donne à Angélique, destinée par son père au premier (*Le Malade imaginaire*, II, v). Et à Orgon, Dorine parle avec sa gouaille coutumière :

> À quel sujet aller, avec tout votre bien,
> Choisir un gendre gueux ?...(*Le Tartuffe,* II, ii, vv.483-4)[16]

Remarquons en passant que Tartuffe et Trissotin ont ceci en commun qu'ils subissent tous deux un processus de déconsidération plus ample que les personnages correspondants des autres pièces.[17]

2. Le choix d'un mari au gré de la jeune fille

La revendication d'un mari qui lui convienne est faite soit par la jeune fille elle-même, soit par la servante, soit par une parente sympathique :

---

[16]   « *Gueux* : on dit proverbialement, qu'un homme est gueux comme un rat d'Église, gueux comme un Peintre; pour dire qu'il est fort pauvre [...] on appelle aussi un gueux fieffé, un gueux qui s'attache à quelque endroit certain, à quelque coin d'Église pour y attendre l'aumône » (Furetière, *Dictionnaire Universel*, La Haye : 1727).

[17]   Le personnage éponyme de *Monsieur de Pourceaugnac* est aussi en proie à des attaques féroces de la part des meneurs du jeu, mais son cas n'est pas tout à fait comparable aux autres. Il est vrai qu'il nous est présenté comme le futur gendre choisi pour la jeune fille par un père volontaire. Mais celui-ci se révèle être unique parmi les pères moliéresques en renonçant à son choix, à cause d'une maladie mystérieuse attribuée au futur par un faux médecin (II, ii). La fille, en connaissance de cause, feint de s'opposer au décret paternel que lui impose dûment son père par la suite (III, vii).

« Il faut à votre fille un mari qui lui soit propre » dit Madame Jourdain, *Le Bourgeois gentilhomme* (III, xii) ; Martine opine sur le cas d'Henriette :

> [...] Par quelle raison, jeune et bien fait qu'il est,
> Lui refuser Clitandre ? Et pourquoi, s'il vous plaît,
> Lui bailler un savant, qui sans cesse épilogue ?
> Il lui faut un mari, non pas un pédagogue ;
> Et ne voulant savoir le grais, ni le latin,
> Elle n'a pas besoin de Monsieur Trissotin.
>
> (*Les Femmes savantes*, V, III, vv.1655-60)

De son côté, Toinette réclame au nom d'Angélique un mari choisi par elle seule : « [...] votre fille doit épouser un mari pour elle ; et, n'étant point malade, il n'est pas nécessaire de lui donner un médecin » (*Le Malade imaginaire*, I, v). Dorine talonne Mariane pour résister à son père en lui soufflant les mêmes répliques : il importe de

> Lui dire qu'un cœur n'aime point par autrui,
> Que vous vous mariez pour vous, non pas pour lui
> Qu'étant celle pour qui se fait toute l'affaire,
> C'est à vous, non à lui, que le mari doit plaire.
>
> (*Le Tartuffe,* II, ii, vv.591-4)

3. L'imposition du décret parental

Monsieur Jourdain impose son autorité à sa femme et à sa servante quand celle-ci critique son choix de gendre : « Taisez-vous, impertinente. Vous vous fourrez toujours dans la conversation. J'ai du bien assez pour ma fille, je n'ai besoin que d'honneur, et je la veux faire marquise » (*Le Bourgeois gentilhomme,* III, xii) ; Philaminte écrase Chrysale de toute son autorité de femme qui sait quel gendre il faut à Henriette :

> Et moi, pour époux, voici qui je veux prendre :
> Mon choix sera suivi, c'est un point résolu.
>
> (*Les Femmes savantes*, V, iii, 1638-9)

Orgon de même fait preuve de dogmatisme concernant le choix de gendre :

Enfin, ma fille, il faut payer d'obéissance,
Et montrer pour mon choix entière déférence.

(*Le Tartuffe,* II, ii,vv.577–8)

4. Le refus par la jeune fille ou la servante du mari imposé

C'est Lucile qui tient tête à son père avant d'être désabusée sur l'identité du fils du grand Turc qu'il lui propose : « Non, mon père, je vous l'ai dit, il n'est point de pouvoir qui me puisse obliger de prendre un autre mari que Cléonte » (*Le Bourgeois gentilhomme,* V, iv) ; Henriette pour sa part, est assez forte pour s'opposer au mari que lui désigne sa mère lors de leur face-à-face :

Un cœur, vous le savez, à deux ne saurait être,
Et je sens que du mien Clitandre s'est fait maître.

(*Les Femmes savantes*, V, 1, vv.1481–2)

À Argan, Toinette ressasse le refus du mariage avec Diafoirus sur tous les modes : « [...] votre fille n'y consentira point [...] elle n'est point faite pour être Madame Diafoirus ». (*Le Malade imaginaire,* I, v) ; et, dans des vers moins polis, Dorine transmet la même vérité à Orgon :

Votre fille n'est point l'affaire d'un bigot :
Il a d'autres emplois auxquels il faut qu'il pense.

(*Le Tartuffe,* II, ii, vv.480–1)

5. Dernier refuge de la future mal mariée

Acculée aux extrémités, la jeune fille d'émettre un dernier défi au père, au prétendu gendre, et au sort : avant de reconnaître Cléonte sous l'habillement du fils du Grand Turc, Lucile s'écrie « [...] et je me résoudrai plutôt à toutes les extrémités, que de [...] » (*Le Bourgeois gentilhomme,* V, iv) ; et Angélique profite de son chant pastoral avec Cléante pour informer son père sur son intention quant au mari qu'on lui impose :

Plutôt, plutôt mourir,
Que de jamais y consentir ;
Plutôt, plutôt mourir, plutôt mourir. (*Le Malade imaginaire,* II, vi)

Le Tartuffe et *Les Femmes savantes* sont les seules grandes comédies moliéresques en cinq actes où l'injuste décret parental fait naître la menace *spécifique* que la jeune fille mal mariée se vengera sur le gendre qu'on pense lui destiner ainsi que sur le parent en question.[18] L'épisode épouse le mouvement de l'action, intervenant à un point culminant. Dans le dernier acte des *Femmes savantes* Trissotin ne se laisse aucunement ébranler par la fin de non-recevoir que lui oppose Henriette, de même que par sa détermination à n'appartenir qu'à Clitandre. Elle se voit réduite à lui évoquer sans ambages le sort qui hante tout héros moliéresque:

> Mais savez-vous qu'on risque un peu plus qu'on ne pense
> À vouloir sur un cœur user de violence ?
> Qu'il ne fait pas bien sûr, à vous le trancher net,
> D'épouser une fille en dépit qu'elle en ait,
> Et qu'elle peut aller, en se voyant contraindre,
> À des ressentiments que le mari doit craindre ? (V, i, vv.1537–42)

La revanche du cocuage est déjà présente au début de l'acte II du *Tartuffe* à la différence d'avec *Les Femmes savantes*. Autre différence plus qu'intéressante : la façon dont elle est présentée par Dorine. Vu l'absence de l'acte IV et de l'acte V en 1664, Mariane, présente alors, peut très bien devenir l'instrument de la vengeance de Molière et de la famille sur l'hypocrite sans que la charpente essentielle des trois premiers actes soit grandement bouleversée. L'action évolue comme suit dans l'acte II actuel : Orgon propose Tartuffe comme mari pour sa fille au début de l'acte, Dorine entre, insiste pour ne pas prendre l'idée au sérieux. Arrivé au bout de l'argument, elle change brusquement de cap :

> Ferez-vous possesseur, sans quelque peu d'ennui,
> D'une fille comme elle un homme comme lui ?
> Et ne devez-vous pas songer aux bienséances,
> Et de cette union prévoir les conséquences ?

---

[18] Si Valère évoque les « accidents fâcheux » auxquels expose « l'inégalité d'âge, d'humeur et de sentiments » dans le mariage (*L'Avare*, I, v), de même que Chrysalde dans *L'École des femmes* (I, I; IV, viii), leurs paroles ne sauraient avoir la valeur particulière de la répugnance dirigée par Henriette contre Trissotin et par Dorine contre Tartuffe au nom de Mariane.

Sachez que d'une fille on risque la vertu,
Lorsque dans son hymen son goût est combattu,
Que le dessein d'y vivre en honnête personne
Dépend des qualités du mari qu'on lui donne,
Et que ceux dont partout on montre au doigt le front
Font leurs femmes souvent ce qu'on voit qu'elles sont.
Il est bien difficile enfin d'être fidèle
À de certains maris faits d'un certain modèle ;
Et qui donne à sa fille un homme qu'elle hait
Est responsable au Ciel des fautes qu'elle fait.
Songez à quels périls votre dessein vous livre. (II, ii, vv.503–18)

Quand Orgon se laisse aller à sa vision idyllique où Mariane et Tartuffe
vivront « comme deux tourterelles » (v.534), la nouvelle mariée faisant
de son Tartuffe tout ce qu'il lui plaira, Dorine revient à la charge :

Elle ? elle n'en fera qu'un sot,[19] je vous assure.

ORGON
Ouais ! quels discours !

DORINE
Je dis qu'il en a l'encolure,
Et que son ascendant, Monsieur, l'emportera
Sur toute la vertu que votre fille aura. (vv.537–40)

Orgon parti, pour faire sortir Mariane de sa pudeur, et lui faire
comprendre la nécessité d'agir, elle lui dit « Non, vous serez, ma foi !
tartuffiée » (v.674), mot calqué sur Tartuffe et « cocufier ». Il est
significatif que pour déconsidérer son hypocrite, Molière tient à
implanter ce que Ramon Fernandez appelle « cet état de conscience
critique »[20] dans l'esprit du spectateur dès que possible, et à la cultiver

---

[19]   « *Sot* : mari trompé », Furetière. Cf. *Sganarelle*, sc.17, v.448 : « Elles font la
        sottise, et nous sommes les sots », et Arnolphe, « Épouser une sotte est pour
        n'être point sot » (*L'École des femmes*, I, i, v.82) ; Lisette, la servante dans
        L'École des maris, conseille au futur mari de faire confiance à celle qu'il
        épousera (I, i, vv.149–60) ; Chrysalde se range aussi du côté de la servante
        voir *L'École des femmes*, I, i, vv.107–16.
[20]   *La Vie de Molière* (Paris : Gallimard, 1929), 76.

par la suite. Ainsi l'idée de sottise et le rang de sot sont-ils incorporés dans le nom de Trissotin (trois fois sot) comme le cocuage dans Tartuffe. Comment désormais avoir peur des personnages voués par leur nom même au ridicule et à la défaite ?[21] Et il est à remarquer que Molière prend beaucoup plus de soin pour caricaturer ce dernier en « pourceau béat » au cours des trois premiers actes ce qu'il ne fait nullement dans le cas de Trissotin, lequel ne demeure que sot, pédant et intrigant au cours de la pièce.[22]

On nous objectera peut-être que la Mariane telle que nous l'avons nous est présentée comme une jeune fille trop timide et passive pour pouvoir ainsi résister au décret paternel. À quoi nous répondons que toutes les jeunes filles de famille bourgeoise chez Molière, qu'elles s'appellent Mariane, Lucile, Angélique, Isabelle, Agnès, Henriette, ont à leur disposition des ressources plus que suffisantes pour faire face à la volonté despotique d'un père ou d'un tuteur. On remarque que ces ressources leur sont fournies invariablement dans les proportions dont elles ont besoin pour sortir de leur épreuve. Tantôt Molière les dote d'un caractère fort, histoire de mettre en échec un parent à volonté inflexible, comme c'est le cas pour Henriette face à sa redoutable mère. Là il est évident qu'elle n'a nullement besoin de l'appui d'une servante éloquente et rusée, la pauvre Martine n'étant présente que pour pousser les femmes savantes à bout au moyen de sa mauvaise grammaire.[23] Pour la seconder, elle dispose de

---

[21] Molière n'avait pas son pareil pour l'adéquation du nom au caractère du personnage annonçant le sort éventuel de celui-ci. Le personnage le plus intimement associé au cocuage dans son théâtre prend son nom Arnolphe de saint Arnoul, Arnulphius, devenu au Moyen Âge le patron des maris trompés. Voir G. Couton, éd. cit., I, 1271, n.4.

[22] La phrase est de Jules Lemaître, *Impressions de théâtre* (Paris : Lecène et Oudin, 1890), 38; sur l'évolution du pourceau en fourbe, voir notre article « L'Imposteur bipolaire », *Nottingham French Studies*, 33:1 (printemps 1994), 92–100. On a souvent relevé le parallèle entre Tartuffe et Trissotin, sans toujours mettre en lumière ce qui les démarque. Voir G. Reynier, *Les Femmes savantes de Molière* (Paris : Mellottée éditeur, 1962), 181–2 : « [...] sur la figure du rimeur mondain se superpose, en quelque sorte, une image lointaine de Tartuffe » ; A. Adam, *Histoire,* III, 394.

[23] Antoine Adam fait le procès du personnage, comme d'ailleurs de toute la pièce, *Histoire*, III, 392–3. Quant à la qualité des plaisanteries, on ne saurait en disconvenir, mais ne sont-elles si piètres que pour faire enrager les femmes savantes ? Du point de vue dramatique, elles ne réussissent que trop bien.

l'appui du très lucide Clitandre, qui est de taille à dire son fait à l'aventurier Trissotin. Tantôt elles sont secondées par une confidente en mesure de suppléer toute la confiance qui leur manque, comme dans le cas de Mariane. Celle-ci se trouve épaulée par Dorine, qui appartient à la catégorie des servantes possédant non seulement le bons sens mais une franchise et une audacité à toute épreuve.[24] En compagnie de Lisette (*L'École des maris*), et de Toinette, Dorine remplit la fonction d'ange tutélaire de la maison, profondément attachée aux intérêts d'un maître qui s'égare, veillant à ce que sa folie ne lui attire pas la punition que l'on est en droit d'escompter : au chef de la famille qui tâche de s'imposer comme personnage à craindre elle riposte « Et je veux vous aimer, Monsieur, malgré vous-même » (v.545).[25] Avec les personnages raisonnables des pièces, les servantes servent de soutien ultime contre l'intrusion permanente de la folie paternelle dans la maison. Quant à la passivité de Mariane face à son père, il suffirait de très peu pour qu'elle devienne moins vacillante. On admet généralement que la charmante scène du dépit amoureux qui occupe toute la scène 4 du second acte (vv.685–822) ne pouvait figurer intégralement dans les trois premiers actes de 1664.[26] Ressource précieuse où Molière n'hésite pas à puiser,[27] elle sert surtout à mettre en lumière l'esprit capricieux et volage de Mariane, qui prend plaisir à semer le doute dans l'esprit de Valère, averti du projet paternel, sur ses intentions à elle :

VALÈRE
Et quel est le dessein où votre âme s'arrête,
Madame ?

MARIANE
Je ne sais. (II, iv, 693–4)

---

[24]   À ce sujet, voir J.Emelina, *Les Valets et les servantes dans le théâtre de Molière* (Aix-en-Provence : 1958), 54 sqq.

[25]   Même attachement de la part des domestiques au maître ingrat dans *Le Malade imaginaire* (I, v) et dans *L'Avare* (II, i).

[26]   Voir G. Michaut, *op. cit.,* 76.

[27]   Molière en a donné trois versions, *Dépit amoureux,* IV, iii–iv, *Le Bourgeois gentilhomme,* III, viii–x.

La scène disparue ou écourtée, le caractère de la jeune fille perdrait facilement sa versatilité, et l'on est en mesure d'envisager un dénouement très différent de celui qu'a proposé G. Michaut suivant le modèle de *George Dandin*. Pour mieux constater les avantages de ce dénouement alternatif, il est temps d'examiner dans le détail la solution avancée par ce critique, citée au début de ce chapitre.

E

La bêtise bafouée ou le trompeur trompé ?

On sait que pour G. Michaut le premier *Tartuffe* consistait essentiellement d'une farce dans le style de *George Dandin,* axé donc sur l'imminent cocuage d'Orgon. Tel son éminent successeur il serait le dindon de la farce. Nous avouons que cette thèse attrayante, avancée avec la vigueur que l'on connaît à ce commentateur, n'entraîne pas notre adhésion pour les raisons suivantes. D'abord, il ne nous semble pas qu'une analogie, si plausible qu'elle soit, équivaut à la preuve, à moins que les analogues en question ne partent d'une commune conception dramatique et idéologique, ce qui est loin d'être le cas ici. Or nous savons que la comédie de *George Dandin* fut présentée pour la première fois dans le cadre du grand divertissement royal de Versailles en 1668, encadrée d'une pastorale. Molière conçoit son œuvre pour la cour, ce dont le sujet ne témoigne que trop. Riche paysan parvenu, le héros s'affuble du titre grotesque de Monsieur de la Dandinière à l'avenant de ses prétentions. Il se trouve marié à Angélique de Sotenville, homologue aristocrate de Trissotin : cette déniaisée est en mal d'homme de qualité comme le poète calculateur est en mal d'argent. Ainsi Molière cherche-t-il à flatter les préjugés de la cour en leur faisant voir le spectacle d'un paysan « cocufié » par un homme de vraie qualité, partant au-dessus de blâme en la matière.[28]

---

[28] Comment ne pas penser aux vers de Jupiter dans *Amphitryon* de la même année, destinés à réconforter le cocu qu'est devenu Amphitryon : « Un partage avec Jupiter/ N'a rien du tout qui déshonore » (III, x, vv.1898–9).

Il convient d'emblée de noter qu'il n'y a pas de commune mesure entre l'entêtement de qualité qui talonne Dandin et ce qui est à la fois cause et résultat de l'intrusion de l'hypocrite chez Orgon, sa cécité, même si les deux vices s'alimentent de la même source, la crédulité. Nous sommes fondé à croire que Molière ne les considéra pas du même œil. Ne parle-t-il pas dans son *Placet* d'août 1664 du devoir de la comédie de s'en prendre aux vices, dont l'hypocrisie religieuse « [...] est un des plus en usage, des plus incommodes et des plus dangereux » ?[29] Faisons tout de suite la part du parti-pris et d'exagération dans un *Placet* convaincu de l'immense injustice qu'est l'interdiction de jouer la comédie qu'ont obtenue ses ennemis. Il n'en reste pas moins vrai qu'en 1664 Molière s'était attaqué à forte partie, comme en témoignent les cinq années de luttes qui s'ensuivirent. Un dénouement aux trois actes de 1664 qui rend Orgon cocu peut-il cadrer avec la conviction puissante qui sous-tend et comédie et *Placet*? Les tenants d'une telle vue rendent la première version plus un exposé de l'imbécillité du père qu'une attaque contre l'hypocrisie.[30] Dans ce cas-là, on comprend mal que les dévots se soient tellement émus et que Molière se soit obstiné à attribuer tant d'importance à une vulgaire farce. Des farces à la *George Dandin* n'ont vraiment pas de quoi faire trembler les bien-pensants, et de faire réagir aussi vigoureusement les pouvoirs ecclésiastiques et séculiers.

Nous pensons que la fin de l'acte III de Michaut n'est envisageable que tant que les deux autres actes y font suite. Certes, Orgon bafoué en 1664 ne ferait que récolter ce que mérite amplement sa bêtise.[31] Mais ce dénouement comporte un double inconvénient, et non des moindres : celui de provoquer la ruine de sa famille et le triomphe avec impunité de Tartuffe. La déconfiture de Dandin est autrement mesurable : il n'est que l'auteur peu glorieux de sa propre chute, secondé par deux élégants et amoraux gens de qualité. En ce qui concerne ses dénouements, tout vice y semble permis aux yeux de Molière, *sauf* celui de l'hypocrisie religieuse. En effet, à bien considérer le genre de personnage auquel est accordé le

---

[29]   G. Couton, éd. cit., I, 889.
[30]   Notamment G. Michaut, *op. cit.,* 81–82, R. Bray, éd. cit., V, 350–1.
[31]   Comme ne manquent pas de constater G. Charlier, *Le Premier Tartuffe,* 35, G. Michaut, *op. cit.,* 65 : « Encore George Dandin pourrait-il nous émouvoir, parce qu'il s'aperçoit, lui, de son malheur ; [...] Mais qui plaindrait le stupide Orgon, dupé, dépouillé, prêt à être trompé, faisant de son mieux pour l'être ... et content ? » ; R. Bray, éd. cit., V, 351.

triomphe dans ses dénouements, il semblerait avoir deux poids et mesures. Qu'on regarde le lubrique Sganarelle, mari de Martine de *Le Médecin malgré lui* (1666), et ce menteur invétéré qu'est l'irrésistible Scapin des *Fourberies de Scapin* (1671), ou le personnage en qui brillent toutes les qualités de séduction, de cynisme élégant, Jupiter, d'*Amphitryon* — tous se tirent indemnes d'affaire à cause d'une fourberie attrayante qui provoque l'admiration sinon l'imitation. Il n'y a pas à dire : dans ce domaine, il y a fripons et fripons. Quoi qu'il en soit, il n'y a pas un seul exemple dans son théâtre du triomphe d'un hypocrite religieux à la fin. Si nous voyons d'un autre œil l'essor d'un hypocrite tel que Tartuffe et Dom Juan, c'est que Molière prend soin de nous les présenter sous des couleurs peu flatteuses, histoire de façonner notre jugement à leur égard. C'est lui-même qui conforte cette interprétation de son premier *Tartuffe* quand il prétend n'avoir utilisé dans sa peinture « [...] que des couleurs expresses et des traits essentiels qui font reconnaître d'abord un véritable et franc hypocrite ».[32] Ce n'est nullement dans ses habitudes de laisser triompher ses faux dévots effrontés, même s'il fait preuve d'indulgence envers ses éternels lutins et espiègles.[33] Même si l'Elmire de 1664 était la proie qu'Orgon jette dans les bras de l'hypocrite, nous voyons mal Molière laisser trompher un personnage qui symbolise tout ce qu'il prétend détester au détriment d'une famille aux valeurs raisonnables. Comment oser expliquer après coup qu'il n'avait l'intention que d'exposer un grave vice social ? Même si on fait abstraction de l'argument du castigat ridendo mores du *Premier Placet*, du moins est-on contraint d'admettre qu'il tenait à démolir les hypocrites dans sa comédie. Pourquoi y assurerait-il leur triomphe en 1664 ? Pour ce faire, il faudrait être ou cynique ou bête au possible.

Comment donc ont pu se terminer les trois actes de 1664 ? À notre avis, de la même manière dont se termine le troisième acte tel que nous l'avons maintenant, à une différence critique près, c'est-à-dire : une fois découvert par Damis en train de conter fleurette à sa belle-mère, Tartuffe retourne la situation en sa faveur en feignant l'humilité, avant de déclarer

---

[32] *Premier Placet* (août 1664), Couton, éd. cit., I, 890.

[33] Daniel Mornet a très bien exprimé cette objection capitale au dénouement proposé par G. Michaut : « Triomphe du méchant ; désastre des bons ; c'est sans doute, si l'on veut, ce qui, dans la réalité, devrait terminer bien des pièces de Molière mais ce qui sur la scène ne les termine jamais et ne termine jamais une comédie du XVIIe siècle », *op. cit.,* 92.

haut et fort ne plus vouloir fréquenter Elmire. Sur quoi, Orgon de tomber
dans le piège, lui donnant carte libre et le qualifiant d'un « [...] bon et
franc ami, que pour gendre je prends » (v.1179).[34] Pour assurer une fin
comique à son dénouement provisoire, Molière n'eut qu'à recourir au
procédé consacré de la farce qu'a décrit Raymond Lebègue : « À la fin des
farces, un des personnages adresse quelques mots au public. Cet usage se
retrouve à la fin de *Sganarelle* et de *L'École des maris* qu'il avait déjà
exploité avant *Le Tartuffe* ».[35] Ainsi la leçon rudimentaire se dégage-t-elle
de façon à rehausser l'effet de cette comédie « fort divertissante » selon la
description de la *Relation*. Et comme nous l'avons vu plus haut, Molière
n'a pas à plaquer un tel avertissement sur le dénouement de 1664. Au
contraire, il sort naturellement des propos que nous venons d'entendre
dans la bouche de l'ange tutélaire de la jeunesse en danger, la servante.
Une telle conclusion, Molière l'avait sous la main, dans les vers de Dorine
à Orgon à l'acte II en 1669 quand elle anticipe l'action de la jeune fille
face au mariage avec Tartuffe :

> Elle? elle n'en fera qu'un sot, je vous assure. (v.537)
> Et je lui ferais voir bientôt après la fête
> Qu'une femme a toujours une vengeance prête. (vv.565-6)

Il suffirait de réintroduire ces mêmes ou de pareils vers pour que le
public se remémore le fantoche qu'est le père et le sort mérité de
l'hypocrite, et que l'acte se termine sur une note de franche hilarité. Un
tel dénouement se conformerait à un des principes esthétiques et
séculiers de la farce résumé en des proverbes tels que « À trompeur
trompeur et demy », « Tel est pris qui croyait prendre » qui reste au

---

[34]   Vers qu'omet Michaut : « Je croirais, pour ma part, que, non seulement on ne
        parlait pas de marier Mariane à Tartuffe, mais même que la jeune fille ne
        paraissait pas », *op. cit.,* 76.
[35]   « Molière et la farce », *Cahiers de l'Association internationale des études
        françaises*, 16 (mars 1964), 196 ; voir les derniers vers de *Sganarelle ou le
        cocu imaginaire*, *L'École des maris*, vv. 1113-14; Molière introduit cette
        espèce de conclusion dans d'autres comédies ; voir la fin de *Les Précieuses
        ridicules*, *George Dandin*. Dans *L'École des femmes* l'avertissement se trouve
        intériorisé et extériorisé à la fois par Chrysalde, juste avant la fin, s'adressant
        à Arnolphe et à qui veut l'entendre (vv.1762-3).

cœur de la comédie de Molière.[36] Outre la déconfiture du faux dévot, ce dénouement comporte à nos yeux un autre avantage majeur par rapport à celui avancé par Michaut, celui de faire partie du répertoire comique de Molière, d'être le recours sûr des servantes avisées dont la vocation consiste à défendre la jeunesse contre les méfaits du despotisme parental. Qui plus est, l'idée constitue un élément important de l'arsenal de ruses de Dorine, dont elle parle beaucoup dans la version en cinq actes, qui, pour cause, est destiné à ne jamais avoir de suite. Cet élément nous semble un reste primitif du premier *Tartuffe,* superflu et gratuit dans la version actuelle, telle une branche qui traîne et qu'on n'a pas eu le temps d'élaguer lors des remaniements ultérieurs.

F

Le cas d'Elmire

Un tel dénouement ne nous entraîne pas à élucubrer des hypothèses alambiquées à propos du caractère d'Elmire. Pour vouloir construire le dénouement conforme à la description du premier *Tartuffe* comme comédie « fort divertissante » Michaut dut la supposer attirée par les blandices de Tartuffe. Il fonde cette supposition sur quelques phrases de la *Lettre de la comédie sur L'Imposteur,* du 20 août 1667, qui décrivent les réactions de la Dame, comme Le Vayer l'appelle, au discours de Panulphe pendant leur premier entretien :

> Il (Panulphe) s'étend admirablement là-dessus (la fragilité de la chair) et lui fait si bien sentir son humanité et sa foiblesse pour elle, qu'il feroit presque pitié, s'il n'étoit interrompu par Damis, qui, sortant d'un cabinet voisin d'où il a tout ouï, et voyant que la Dame, sensible à cette pitié, promettoit au Cagot de ne rien dire […].[37]

---

[36]   Voir B. Rey-Flaud, *Molière et la farce* (Genève : 1996), 19–20. Ce principe se trouve à la base de mainte fable de La Fontaine, témoin *Le Coq et le renard* qui se termine ainsi : « Car c'est double plaisir de tromper le trompeur», II, 15.

[37]   Éd. cit., 83; Michaut, 78–79.

Nous remarquons que cette interprétation d'une Elmire coquette ne repose que sur la perception, qui s'avère erronée par la suite, du beau-fils, Damis, lequel n'a pas plus la réputation de se conduire avec poids et mesure en 1667 qu'en 1669. Vraie tête sans cerveau dès le début, en mal d'action directe, Dorine doit le remettre au pas, tant il gêne l'action familiale en menaçant d'en venir aux mains avec l'hypocrite.[38] Le jeu dans lequel Elmire s'engage pour sauver la famille est de longue haleine, et Damis n'a ni la patience pour attendre le résultat ni la confiance qu'il faut avoir en sa belle-mère pour la laisser le mener à bien. Dans la *Lettre,* d'ailleurs, Le Vayer ne tarit pas d'éloges sur la belle-mère, qui à ses yeux reste jusqu'à la fin, « [...] une vraye femme de bien, qui connoist parfaitement ses véritables devoirs, et qui y satisfait jusqu'au scrupule ».[39] À dire vrai, il nous semble que l'interprétation d'Elmire comme femme volage doit beaucoup à l'importance attribuée par Michaut à l'histoire de Charpy de Sainte-Croix dont il fait état comme source de la pièce.[40] Il convient d'ajouter d'ailleurs que le thème du faux dévot qui s'établit chez la dupe et essaie d'en séduire la femme demeure un sujet archicommun tant dans les canevas de la *commedia* italienne que dans la littérature française et européenne avant Molière. Claude Bourqui qui dans un ouvrage remarquable en a fait l'inventaire, résume le cadre commun comme suit: « Dans tous les cas, il s'agit de l'« impatronisation » d'un personnage duplice auprès d'un puissant naïf. L'hypocrite en profite pour courtiser la femme de sa dupe. Il est finalement démasqué ».[41] Si Molière s'en était tenu à cette trame fort simple, il se serait épargné bien des soucis ! Son malheur consiste à s'être fixé d'autres buts plus controversés et ambitieux, comme il le constate lui-même dans son *Premier Placet* où il met en avant le fléau social qu'est l'hypocrisie religieuse. Son apport à ses sources consiste à faire voir les ravages qu'elle produit au sein d'une famille, ainsi que les inquiétudes et les manœuvres auxquelles celle-ci est réduite pour s'en défaire. Il n'est guère possible, nous semble-t-il, d'exagérer l'importance que revêt le rôle d'Elmire dans cette peinture. Il suffit de se représenter les conséquences pour la comédie d'une Elmire

---

38   Voir l'acte III, i, en 1667 et en 1669.
39   Éd. cit., 11, et notre introduction,13.
40   *Op. cit.,* 65–66. Sur le personnage, voir l'appendice II, 4.
41   *Les Sources de Molière, répertoire critique des sources littéraires et dramatiques* (Sedes : 1999), 247; voir aussi *G.E.F.,* IV, 348 sqq., G. Michaut, *op. cit.,* 86 sqq., A. Adam, *Histoire,* III, 299 sqq.

volage, sensible aux avances de l'hypocrite. Pour ce faire, il faudrait supposer l'Elmire de 1664 d'un goût si peu exigeant en matière d'amant pour pouvoir rendre Orgon (qui, pour être bête n'en reste pas moins riche bourgeois) cocu au moyen de ce gueux « gros et gras le teint vermeil » tel qu'on nous le dépeint à l'acte II en 1667 et en 1669 se goinfrant et rotant au bout de la table. En cédant à Tartuffe, elle punirait la bêtise de son mari de la façon la plus palpable certes, sinon de la plus élégante pour une dame de bien : mais ce faisant, Molière ne ferait-il que légitimer en quelque sorte sa poursuite par l'hypocrite, détournant notre attention de sa papelardise ? À nous faire voir ainsi son essor au détriment de la famille, ne contribuerait-il pas à atténuer l'hypocrisie en présentant le faux dévot sous un jour plus attrayant ? Le « véritable et franc hypocrite » du *Premier Placet* se fût mué en fourbe à la Scapin.

Il faut avoir une belle crédulité pour penser un seul instant que Molière eût pu faire quoi que ce soit qui risquât de valoir à Tartuffe la moindre sympathie, même tacite. On dirait plutôt une sottise de sa part, confinant à l'imbécillité d'Orgon, de rendre des armes contre lui-même à ceux qu'il estime issus d'une sub-culture odieuse :

> [...] comme l'hypocrisie, sans doute, en (des vices) est un des plus en usage, des plus incommodes et des plus dangereux, j'avais eu, Sire, la pensée que je ne rendrais pas un petit service à tous les honnêtes gens de votre royaume, si je faisais une comédie qui décriât les hypocrites, et mît en vue, comme il faut, toutes les grimaces étudiées de ces gens de bien à outrance, toutes les friponneries couvertes de ces faux-monnayeurs en dévotion, qui veulent attraper les hommes avec un zèle contrefait et une charité sophistique.[42]

À relire ce passage, on n'a pas de peine à saisir le caractère très fort du langage, porteur d'une haine et d'un mépris sans limites. Elmire présentée autrement que comme une femme de bien eût tôt fait de déconsidérer la position moraliste que Molière ne craint pas de prendre ici, ravalant ses trois actes au niveau de *Scaramouche ermite*, comédie donnée quelques jours après l'interdiction de *Tartuffe*, où une femme mariée reçoit un ermite dans sa chambre, dont parle Molière à la fin de sa *Préface* de 1669 :

---

[42]   *Premier Placet*, G. Couton, I, 889-90.

Huit jours après qu'elle (la première version du *Tartuffe*) eut été défendue, on représenta devant la Cour une pièce intitulée *Scaramouche ermite ;* et le roi, en sortant, dit au grand prince que je veux dire (le grand Condé) : « Je voudrais bien savoir pourquoi les gens qui se scandalisent si fort de la comédie de Molière ne disent mot de celle de *Scaramouche ;* à quoi le prince répondit : « La raison de cela, c'est que la comédie de *Scaramouche* joue le ciel et la religion, dont ces messieurs-là ne se soucient point ; mais celle de Molière les joue eux-mêmes ; c'est ce qu'ils ne peuvent souffrir. [43]

Somme toute, une Elmire ambiguë dans le premier *Tartuffe* eût dilué et obscurci son attaque contre les hypocrites, contribuant ainsi à lui couper très efficacement l'herbe sous pied. [44] Nous ne croyons pas Molière, engagé à fond dans un corps à corps avec des ennemis de taille, capable de pareille maladresse.

---

[43] *Éd. cit.,* I, 888. Voltaire ajoute un précieux commentaire à la *Préface* : « Pendant qu'on supprimait cet ouvrage (*Tartuffe*) qui était l'éloge de la vertu et la satire de la seule hypocrisie, on permit qu'on jouât sur le Théâtre-Italien *Scaramouche ermite,* pièce très-froide si elle n'eût été licencieuse, dans laquelle un ermite vêtu en moine monte, la nuit, par une échelle à la fenêtre d'une femme mariée, et y reparaît de temps en temps en disant : *Questo è per mortificar la carne.* On sait sur cela le mot du grand Condé : « Les comédiens italiens n'ont offensé que Dieu, mais les français ont offensé les dévots ». *Vie de Molière,* éd. cit., 446–7. Le témoignage contemporain du grand Condé sur la véritable raison de la colère du parti dévot, qu'il attribue à l'attaque de Molière contre eux, sert à infirmer la thèse que le premier *Tartuffe* fut axé sur la bêtise d'Orgon plutôt que dirigé contre l'hypocrisie.

[44] Pour ces raisons, nous avons de la peine à suivre l'argument de C. Bourqui qui constate que la mansuétude de la femme d'Orgon à l'égard du dévot séducteur n'est pas à trouver dans les sources (*op. cit.,* 15). Quant au silence d'Elmire sur le compte de Damis, c'est la seule garantie de son action en faveur de la famille. Prendre parti pour ce dernier devant l'hypocrite serait le vrai moyen de se rendre suspecte auprès de Tartuffe : pour que sa ruse à elle réussisse, elle se doit de ne pas montrer la moindre trace de sympathie pour ce beau-fils importun, qui a failli gâcher son long travail d'approche lors du premier entretien. Le sort de sa famille dépend de ce silence : elle peut s'en prévaloir lors du second entretien avec le faux dévot en faisant état histoire de dissiper ses soupçons. Voir ses vers 1425 sqq. D'ailleurs, Molière confie à Cléante la mission de défendre la cause de Damis devant l'hypocrite (dans l'acte IV, i), ce qui contribue à l'équilibre dramatique.

G

Cléante: le rôle existait-il en 1664 ?

Faisait-il partie du *Tartuffe* de 1664 ? À nos yeux il est beaucoup plus probable qu'il était présent dans les trois premiers actes inachevés que dans une comédie achevée en trois actes où il aurait été à l'étroit. Nous pensons que la question peut s'éclairer à la lumière du *Premier Placet* de 1664 et de la *Préface* de 1669. Nous remarquons en effet des analogies entre le second paragraphe du *Placet* et le troisième de la *Préface* dans lesquels Molière s'efforce de nous persuader de l'honnêteté de ses intentions. Deux points d'analogie sont à noter : le soin avec lequel Molière prétend avoir traité son sujet et la distinction de l'hypocrise de la vraie dévotion. Nous mettons en italique les éléments communs :

1. *Préface*

> Si l'on prend la peine d'examiner de bonne foi ma comédie, on verra sans doute que mes intentions y sont partout innocentes, et qu'elle ne tend nullement à jouer les choses que l'on doit révérer ; *que je l'ai traitée avec toutes les précautions que me demandait la délicatesse de la matière;*[45]

> *Placet*
> Je l'ai faite, Sire, cette comédie, avec *tout le soin, comme je crois, et toutes les circonspections que pouvait demander la délicatesse de la matière;*[46]

> Élément commun : le soin que Molière prétend avoir pris et la délicatesse de la matière en question.

2. *Préface*

> *[...] et que j'ai mis tout l'art et tous les soins qu'il m'a été possible pour bien distinguer le personnage de l'hypocrite d'avec celui du vrai dévot.*[47]

---

[45]   Éd. cit., I, 884.
[46]   Éd. cit., I, 890.
[47]   Éd. cit., I, 884.

Placet

[...] et pour mieux conserver l'estime et le respect qu'on doit aux vrais dévots, *j'en ai distingué le plus que j'ai pu le caractère que j'avais à toucher. Je n'ai point laissé d'équivoque, j'ai ôté ce qui pouvait confondre le bien avec le mal* [...].[48]

Élément commun : la distinction de l'hypocrisie d'avec la vraie dévotion.

3. *Préface*

J'ai employé pour cela deux actes entiers à préparer la venue de mon scélérat. Il ne tient pas un seul moment l'auditeur en balance ; on le connaît d'abord aux marques que je lui donne ; et, d'un bout à l'autre, il ne dit pas un mot, il ne fait pas une action, qui ne peigne aux spectateurs le caractère d'un méchant homme [...].[49]

Placet

[...] *et ne me suis servi dans cette peinture que des couleurs expresses et des traits essentiels qui font reconnaître un véritable et franc hypocrite.*[50]

Élément commun : Molière a peint son personnage sous des traits si peu ambigus qu'on ne saurait se méprendre sur son vrai caractère.

4. *Préface*

[...] et ne fasse éclater celui du véritable homme de bien que je lui oppose.[51]

Placet

Ici, aucune mention « du véritable homme de bien » de la *Préface,* vraie pierre de touche pour connaître la vraie dévotion et les intentions honnêtes de Molière. Par contre, dans le *Placet,* s'il manque la mention explicite d'un porte-parole de l'auteur, il y a l'auteur lui-même qui remplit la fonction de Cléante de 1669 et du beau-frère de 1667. À la fin du premier paragraphe du

---

48   Éd. cit., I, 890.
49   Éd. cit., I, 884.
50   Éd. cit., I, 890.
51   Éd. cit., I, 884.

Placet, Molière écrit « [...] j'avais eu, Sire, la pensée que je ne rendrais pas un petit service à tous les honnêtes gens de votre royaume, si je faisais une comédie qui décriât les hypocrites, et mît en vue, comme il faut, toutes les *grimaces étudiées de ces gens de bien à outrance, toutes les friponneries couvertes de ces faux-monnayeurs en dévotion, qui veulent attraper les hommes avec un zèle contrefait et une charité sophistique.*[52]

Cléante et son prédécesseur en 1667 ne font-ils pas prolonger et amplifier toute cette dernière partie en italique du *Placet* de 1664 ? Cléante est plus que sensible aux apparences grimacières qui font la différence entre vrais et faux dévots :

> Les bons et vrais dévots, qu'on doit suivre à la trace,
> Ne sont pas ceux aussi qui font tant de grimace. (vv. 329–30)[53]

Plus loin il parle de « la sacrilège et trompeuse grimace » (v. 362) qui caractérise les hypocrites.[54] Si Molière fustige « ces gens de bien à outrance » en 1664, Cléante en 1669 déplore la tendance des hommes à dépasser les bornes du raisonnable :

> La raison a pour eux des bornes trop petites ;
> En chaque caractère ils passent ses limites ;
> Et la plus noble chose, ils la gâtent souvent
> Pour la vouloir *outrer* et pousser trop avant. (vv. 341–4)[55]

Il est à remarquer que ces trois éléments relevés ci-dessus sous la plume de Molière en 1664 (« grimaces », « gens de bien », « friponneries ») se retrouvent en 1669 non seulement dans la bouche de Cléante mais dans un même discours. Dans la première scène de l'acte V en 1669, Cléante les enchaîne dans une même envolée quand il essaie d'empêcher Orgon de mettre tous les dévots dans le même sac, après que Tartuffe s'est démasqué, de même que Molière en 1664 :

---

[52]   Éd. cit., I, 889-9.
[53]   Vv. 341–2 dans notre reconstruction de *L'Imposteur*.
[54]   En 1669 ce vers fait partie de son second discours à Orgon, tandis qu'en 1667 le beau-frère le prononça dans I, 3.
[55]   Les italiques sont de moi. Vv. 353–6 dans *L'Imposteur*.

Mais pour vous corriger, quelle raison demande
Que vous alliez passer dans une erreur plus grande,
Et qu'avecque le cœur d'un perfide vaurien
Vous confondiez les cœurs de tous les *gens de bien* ?
Quoi ? parce qu'un *fripon* vous dupe avec audace
Sous le pompeux éclat d'une austère *grimace,*
Vous voulez que partout on soit fait comme lui,
Et qu'aucun vrai dévot ne se trouve aujourd'hui ? (vv.1613–20)[56]

En outre, si en 1664 Molière qualifie les faux dévots de « faux-monnayeurs en dévotion », Cléante s'étonne qu'Orgon puisse

Estimer le fantôme autant que la personne,
Et *la fausse monnaie* à l'égal de la bonne ? (vv. 337–8)[57]

L'idée de mettre à contribution la dévotion pour battre monnaie revient plus loin quand le même personnage flétrit la conduite mercenaire des faux dévots :

Ces gens qui, par une âme à l'intérêt soumise,
Font de dévotion métier et marchandise,
Et veulent acheter crédit et dignités
À prix de faux clins d'yeux et d'élans affectés,
Ces gens, dis-je, qu'on voit d'une ardeur non commune
Par le chemin du ciel courir à leur fortune (vv.365–70)[58]

De cette comparaison entre *Placet* et *Préface* nous retenons deux faits : en 1664 Molière met en vue le « zèle contrefait » des faux dévots au moyen des mêmes images et du même vocabulaire dont use Cléante en 1669 pour flétrir ceux qui affichent « le dehors plâtré d'un zèle spécieux » (v.360).[59] Ce qui est encore plus significatif c'est qu'en 1664 comme en 1669 il était conscient de la nécessité d'établir clairement la distinction entre la vraie et la fausse dévotion. (Nous laissons de côté la question de savoir s'il l'avait bien comprise ou non. L'essentiel c'est qu'il en

---

[56]   *L'Imposteur*, vv.1451–8.
[57]   *L'Imposteur*, vv.349–50.
[58]   *L'Imposteur*, vv.77–83.
[59]   *L'Imposteur*, v.72.

comprenait bien l'importance dès 1664 et croyait à tort ou à raison l'avoir faite autant en 1664 qu'en 1669.) Si la forme de son discours prend une plus ample tournure en 1669 le fond en demeure ferme et intact comme nous venons de le constater.

Nous concluons donc que les éléments communs des deux textes démontrent que les *idées* de Cléante existaient déjà en 1664 dans l'esprit de Molière qui n'hésite pas à les exprimer sous une forme ramassée et forte dans son *Premier Placet* pour démarquer la vraie d'avec la fausse dévotion. Existaient-elles aussi sous une forme ou une autre dans le premier *Tartuffe* ?

Le contexte dans lequel l'auteur les exprime dans son *Premier Placet* mérite un examen des plus détaillés. Dès le premier paragraphe, Molière nous fait remonter à son dessein premier, histoire de mieux se défendre contre les dévots qui viennent de faire interdire la représentation publique de sa pièce. Dès le premier paragraphe, il se fait son propre avocat, se réclamant de la notion classique selon laquelle il est du devoir de la comédie de corriger les hommes en les divertissant. En vertu de quoi il le croit utile et nécessaire d'attaquer les vices contemporains, dont l'hypocrisie est un des plus connus et dangereux. Ensuite, il nous fait part de son intention première : « [...] j'avais eu, Sire, la pensée que je ne rendrais pas un petit service à tous les honnêtes gens de votre royaume, si je faisais une comédie qui décriât les hypocrites [...] ». Suit sa description très péjorative des adversaires suivant les critères et les termes de Cléante comme nous l'avons remarqué plus haut. L'important, c'est que cette description, telle qu'elle s'exprime sous sa plume, ne fait qu'un avec son dessein primaire. Le passé descriptif de « si je faisais une comédie » qui présente l'évaluation négative de la fausse dévotion au moyen du pronom relatif suivant, remonte au même moment exprimé par le plus-que-parfait du verbe précédent « j'avais eu ». D'où nous concluons que son évaluation haute en couleur et à la Cléante de la fausse dévotion faisait déjà partie de son intention primitive en écrivant son premier *Tartuffe sans qu'elle lui soit venue à l'esprit après interdiction des trois actes de Versailles.* Tel était mon propos ferme dès le début de l'affaire, nous dit-il. Comme nous l'avons constaté, l'ensemble de cette évaluation de la fausse dévotion, évaluation qui a déjà pris corps avant la rédaction du *Premier Placet*, recoupe celle du personnage du beau-frère comme de Cléante au fil des années 1667–1669. Vu la correspondance précise entre son intention première, l'évaluation si hostile de la fausse dévotion du *Premier Placet* comme de la *Préface*, et les idées du beau-frère et de Cléante entre 1667–

1669, comment ne pas conclure qu'intention et évaluation prirent une forme dramatique, quelle qu'elle fût, en 1664 ?

René Bray, dans le sillage de Gustave Michaut, a déclaré au sujet de Cléante que « le rôle est d'un raisonneur, qui justifie les intentions de l'auteur. Il n'a de sens qu'après l'interdiction de la pièce ».[60] Nous tombons pleinement d'accord avec la première partie de cette citation, et la concordance étroite entre *Premier Placet*, *Préface* et personnage de 1669 la confirme. Mais la seconde ne tient aucun compte du dessein de l'auteur exprimé dans le *Premier Placet dans les mêmes termes que Cléante et remontant, à en croire Molière, à l'origine de sa satire.* L'erreur de Bray et de Michaut nous semble résulter du désir de vouloir à tout prix faire une pièce achevée en trois actes des trois premiers actes de 1664, en dépit des témoignages réitérés de La Grange à ce sujet. D'où ils concluent, avec une logique parfaite tirée d'une fausse prémisse, que Cléante ne pouvait y tenir de place. Une fois la mauvaise prémisse disparue, on est libre d'accepter les témoignages de La Grange qui se tiennent parfaitement, et de considérer la valeur d'autres faits contemporains que cite Molière au sujet de sa première version confirmant l'existence des idées de Cléante en 1664. Le fait, par exemple, que Molière ne cesse n'insister de 1664 à 1669 qu'il attaque des cibles spécifiques nous paraît de la plus grande importance à cet égard. Déjà en 1664 il parle de ces « tartuffes » qui ont réussi à s'insinuer auprès du roi, ces « originaux [qui] ont fait supprimer la copie ».[61] Dans son *Second Placet* d'août 1667 il fait état du jeu duplice des « célèbres originaux »[62]: ils n'ont dit mot des comédies avant *Tartuffe* où l'on se moquait de la religion pour la raison suivante :

Celles-là n'attaquaient que la piété et la religion, dont ils se soucient fort peu ; mais celle-ci [*Tartuffe*] les joue eux-mêmes, et c'est ce qu'ils ne

---

[60]   Éd. cit., V, 351. Bray, à vrai dire, renchérit sur Michaut, qui laisse ouverte la possibilité d'un Cléante en 1664, avant d'ajouter ce qualificatif judicieux : « Dans ce cas, on peut douter qu'il tînt dès lors tous les discours qu'il tient dans la rédaction définitive. Beaucoup des paroles qu'il prononce sont des ripostes évidentes aux accusations des ennemis de Molière », *op. cit.,* 81.

[61]   Éd. cit., I, 890.

[62]   Éd. cit., I, 892.

peuvent souffrir. Ils ne sauraient me pardonner de dévoiler leurs impostures aux yeux de tout le monde [...].[63]

Et il répète ces attaques contre eux au premier et au dernier paragraphes de la *Préface* de 1669.[64] Nous laissons de côté la question de l'identité de ces soi-disant hypocrites et le point de vue qui les veut des créations de sa propre imagination.[65] Si Molière visait des adversaires aussi redoutables qu'il les dépeint au cours de ses trois versions, capables à ses yeux de mener une action concertée et efficace contre lui, il avait surtout besoin d'un porte-parole de taille pour employer le langage si fort à leur intention des *Placets* et de la *Préface*. À la lumière du langage acéré et tranchant dont il use à leur égard dans le *Premier Placet*, une simple servante, toute forte en gueule qu'elle était, n'eût pas fait le poids face à des ennemis jugés si implacables. D'où nous concluons à l'existence d'un Cléante en 1664. La fonction crée l'organe.

Il va de soi que le rôle de Cléante — quel que soit le nom que Molière lui ait attribué en 1664 — ne pouvait prendre les mêmes dimensions qu'en 1667 et en 1669. Nous avons vu qu'en 1669 Molière lui avait donné le caractère d'un véritable honnête homme. Là, il se présente en fait comme le sage de la pièce: respectueux envers Madame Pernelle, dont les insultes ne parviennent pas à le faire se départir de sa maîtrise de lui-même, il s'évertue à faciliter la compréhension entre elle et la famille (I, i), se révélant juste et ferme dans sa défense de la famille contre les racontars dont elle lui fait part. Diplomate mais franc dans ses relations avec son beau-frère, il s'occupe avec dignité, ténacité

---

[63] Éd. cit., I, 892.

[64] Au début de sa *Préface,* Molière met en contraste l'attitude des objets de raillerie dans ses comédies précédentes et celle des hypocrites en ce qui concerne *Tartuffe*. À l'opposé des premiers, « [...] les hypocrites n'ont point entendu raillerie ; ils se sont effarouchés d'abord, et ont trouvé étrange que j'eusse la hardiesse de jouer leurs grimaces et de vouloir décrier un métier dont tant d'honnêtes gens se mêlent. C'est un crime qu'ils ne sauraient me pardonner; et ils se sont tous armés contre ma comédie avec une fureur épouvantable », éd. cit., I, 883. Cette attaque, il la renouvelle à la fin, sous la forme de l'anecdote du grand Condé au sortir de *Scaramouche ermite,* en mai 1664, citée plus haut dans ce chapitre, section F.

[65] Il en sera question dans la section H de ce chapitre et dans l'Appendice III.

et modération des crises familiales que représentent le mariage projeté de Mariane avec Tartuffe, le renvoi de Damis, et l'ordre de vider la maison.

Dans *L'Imposteur* de 1667, où il est appelé le beau-frère par la seule source de l'unique représentation que nous avons, la *Lettre sur la comédie de L'Imposteur*, on a affaire à un personnage à caractère différent. Il est combatif à l'égard de la Vieille, comme Madame Pernelle s'appelle en 1667.[66] Celle-ci n'a pas plutôt loué les insignes mérites de son Panulphe que le prédécesseur de Cléante commence à tourner les bigots en dérision en s'en prenant aux faux dévots. Plus loin, il dévoile avec un malin plaisir les mobiles intéressés de la conduite prude, qui sont à chercher dans la jalousie, l'envie, et le refus du plaisir à autrui.[67] Il est surtout moins diplomate, à la réponse plus cinglante. On peut l'imaginer en 1664 plus près de son successeur de 1667, plus proche du caractère vif de Dorine, ne mâchant ses mots ni à Orgon ni à sa mère, dont le refus de voir ce que ne constate que trop clairement autrui l'exaspère. Certainement moins soucieux que son successeur de 1669 de l'image de modération et de contrôle que l'histoire de la pièce l'oblige à assumer, moins porté aux long discours, plus mêlé à l'action commune contre Tartuffe. En 1667, il y avait plusieurs conseils de famille au cours des trois premiers actes (I, ii, II, v). En 1664 ils auraient offert à Molière des moyens de prolonger la satire contre les hypocrites. Si nous nous laissons guider par le ton et la teneur du *Premier Placet* de 1664, la fonction de Cléante eût consisté sans aucun doute moins à proposer des modèles de vraie dévotion, comme il ne manquera pas de faire en 1667 et en 1669, qu'à abattre des sépulcres blanchis. Il est à envisager comme la cognée que Molière se plaît à mettre à ce parasitisme qu'est la fausse dévotion.

---

[66]   À propos de « ce ravissant caractère » selon la description de Le Vayer (éd. cit., 75), nous pensons à la définition spirituelle du puritanisme d'H.L. Mencken : « Être tourmenté par la crainte qu'il puisse se trouver quelque part sur la terre quelqu'un d'heureux », *The Oxford Book of Humorous Prose,* éd. F. Muir (Oxford : Oxford University Press, 1990), 525.

[67]   *Lettre,* éd. cit., 73–74. Comme Molière l'avait déjà fait dans *L'Impromptu de Versailles* (1663), au moment de donner des conseils à sa femme sur la manière dont il faut jouer le rôle de prude (sc. ii).

H

Et Tartuffe ?

Du miroir de la société à la satire sociopolitique et religieuse

Qu'est-ce que nous savons de ce rôle en 1664 dont l'anticipation agita les esprits autant que son exécution ? Comment était-il devenu si lourd de sens au point de faire planer tant de menace sur les ennemis de Molière à la cour qu'ils n'eurent de cesse d'en différer la représentation ? Nous constatons d'abord que le sens et l'importance contemporains du rôle sont tels que Molière se voit tout de suite contraint, malgré lui, de désavouer sa profession de foi antérieure quant à la portée satirique que pouvaient contenir ses pièces. Si nous remontons à *La Critique de 'L'École des femmes'* donnée en 1662 nous voyons Molière engagé dans les controverses autour des prétendues cibles de la satire de *L'École des femmes*. C'est un de ses défenseurs les plus éloquents et spirituels, Uranie, qui le tire d'un mauvais pas avec brio :

> Pour moi, je me garderai bien de m'en offenser et de prendre rien sur mon compte de tout ce qui s'y dit. Ces sortes de satires tombent directement sur les mœurs, et ne frappent les personnes que par réflexion. N'allons point nous appliquer nous-mêmes les traits d'une censure générale ; et profitons de la leçon, si nous pouvons, sans faire semblant qu'on parle à nous. Toutes les peintures ridicules qu'on expose sur les théâtres doivent être regardées sans chagrin de tout le monde. Ce sont miroirs publics, où il ne faut jamais témoigner qu'on se voie ; et c'est se taxer hautement d'un défaut, que se scandaliser qu'on le reprenne. (Sc. vi)

Le miroir de la société qu'est le théâtre ne nous renverrait que des images d'une peinture sociale qu'il ne faut pas prendre pour soi. En octobre de la même année, devant la hargne accrue des marquis en butte à la raillerie, son porte-parole Brécourt hausse le ton dans *L'Impromptu de Versailles* en citant les plaintes de Molière à ce sujet :

> Il disait que rien ne lui donnait du déplaisir comme d'être accusé de regarder quelqu'un dans les portraits qu'il fait ; que son dessein est de peindre les

mœurs sans vouloir toucher aux personnes, et que tous les personnages qu'il
représente sont des personnages en l'air, et des fantômes proprement, qu'il
habille à sa fantaisie, pour réjouir les spectateurs ; qu'il serait bien fâché d'y
avoir jamais marqué qui que ce soit; et que si quelque chose était capable de le
dégoûter de faire des comédies, c'était les ressemblances qu'on y voulait
toujours trouver, et dont des ennemis tâchaient malicieusement d'appuyer la
pensée. (Sc. iv)

Si Molière soutient de nouveau cette fiction de n'être qu'un simple
peintre de mœurs, c'est qu'elle l'a très bien servi face aux attaques de
ses ennemis. N'était la défense de 1664 de représenter la comédie en
public, nul doute que le dramaturge eût trouvé la même parade aux
critiques dévots du *Tartuffe*. Les trois actes défendus, et le satirique
attaqué à son tour, les rôles se renversent, parade devient justification.
In angustia veritas. En effet, dans son *Premier Placet* Molière n'hésite
pas à s'attaquer aux « originaux qui ont fait supprimer la copie ».[68]
Quand il est question de sauver sa pièce, la prudence n'est plus de mise.
Il est important de soulever la question de l'identité de ces originaux du
premier *Tartuffe* pour pouvoir s'en faire une idée même approximative.
Nous ne sommes pas sans savoir que la chasse aux sources du
personnage éponyme a pris les dimensions d'une véritable industrie au
cours des siècles. Recherche stérile et futile, nous semble-t-il, à moins

---

[68]   Éd. cit., I, 890. Le *Second Placet* parlent des « célèbres originaux du portrait
que je voulais faire », éd. cit., I, 890. Le premier et le dernier paragraphes de
la *Préface* de 1669 continuent à les attaquer, éd. cit., I, 883, 888. La *Lettre
sur les observations d'une comédie du sieur Molière intitulée 'Le Festin de
Pierre'* (1665), de la plume d'un ami, mentionne « [...] les originaux dont
Tartuffe n'est qu'une copie », éd. cit., II, 1228. Cette évidence nous paraît
concluante, mais Michaut, poussant le scepticisme à la négation systématique,
nie le sens évident du mot « originaux », et une logique aberrante l'amène à
l'interprétation suivante : « Il (Molière) dit : *Je peins les mœurs de mon
temps ; certains ont fait supprimer ma comédie ; ils se sont donc reconnus et
ainsi se déclarent eux-mêmes les originaux de mon fourbe* », traduire :
*Certains ont fait supprimer ma comédie ; ce sont précisément eux qu'en effet
j'avais eus en vue*, c'est forcer et fausser le sens de sa phrase », « L'Éternel
'problème du *Tartuffe*' », *Revue des Cours et Conférences*, 26:2 (1924–1925),
128–9. Nous concluons que ce ne peut être que le critique lui-même qui force
et fausse le sens de la phrase.

de nous éclairer sur le caractère du personnage et sur l'importance de la pièce aux yeux de Molière et de ses contemporains.

« *Un crime qu'ils ne sauraient me pardonner* »

Ce que Molière nous dit des « célèbres originaux » [69] de sa comédie est confirmé par un écrivain contemporain de Molière, Charles Perrault, écrivant une trentaine d'années plus tard sur *Tartuffe* : « Cette pièce lui [à Molière] fit des affaires parce qu'on en faisait des applications à des personnes de grande considération [...] ». [70] La *Relation* de la première représentation nous parle d'« [...] une comédie nommée *Tartuffe*, que le sieur de Molière avoit faite contre les hypocrites [...] ». [71] Il est intéressant que cette relation, qui encadre les premières éditions de *La Princesse d'Élide* et à laquelle la main de Molière n'est pas peut-être étrangère, n'utilise pas un terme générique comme l'hypocrisie, mais plutôt « les hypocrites », description qui paraît désigner une faction socio-politique et religieuse plus spécifique. Nous avons constaté plus haut l'efficacité bien rodée avec laquelle les dévots se concertèrent sur « la méchante comédie de Tartuffe » pour en saisir le roi. [72] Cette impression est confirmée par ce que nous dit Molière dans le *Premier Placet*. Après nous avoir parlé du danger social qu'ils représentent, il évoque son dessein premier de faire une comédie « [...] qui décriât les hypocrites, et mît en vue, comme il faut, toutes les grimaces étudiées de ces gens de bien à outrance, toutes les friponneries couvertes de ces faux-monnayeurs en dévotion [...] ». [73] Il s'en dégage l'impression d'un groupe exhibant la même conduite, marchant au pas, impression renforcée plus loin dans le même texte par le succès de leur manœuvre auprès du roi : « Les tartuffes, sous main, ont eu l'adresse de trouver grâce auprès de Votre Majesté ». [74] Ces mêmes tartuffes font preuve de leur efficacité lors de l'unique représentation de *L'Imposteur* le 5 août 1667 : Molière n'a pas plus tôt présenté la seconde version au public du Palais-Royal que « la cabale s'est réveillée aux simples conjectures qu'ils ont pu avoir de la chose. Ils ont

---

[69]   Voir la note précédente.
[70]   *Les Hommes illustres* (1696), dans Mongrédien, *Recueil*, II, 701.
[71]   *G.E.F.*, IV, 231.
[72]   Chapitre II, section **A**.
[73]   Éd. cit., I, 889.
[74]   Éd. cit., I, 890.

trouvé moyen de surprendre des esprits qui, dans toute autre matière, font une haute profession de ne se point laisser surprendre ».[75] Notons en passant que Guillaume de Lamoignon, alors premier président au Parlement de Paris, responsable de l'interdiction, était depuis longtemps un des membres les plus influents de la Compagnie du Saint-Sacrement.[76] Dans la *Préface* de 1669, Molière fait exprès d'opposer la faction des hypocrites aux précieuses et aux médecins. Tandis que ces derniers ont supporté que l'on se moque d'eux, les premiers ont agi de concert, « et ils se sont tous armés contre ma comédie avec une fureur épouvantable ».[77] Il est clair qu'aux yeux de Molière et de ses défenseurs ce qui fait la force des hypocrites ennemis de la pièce est à trouver dans leur sens de cohésion et d'organisation secrète. En ce qui concerne l'interdiction du premier *Tartuffe*, « [...] leur jeu a toujours été couvert, leur prétexte spécieux, leur intrigue secrète ; ils ont cabalé avant que la pièce fût à moitié faite [...] » au dire d'un des défenseurs du dramaturge.[78] Dom Juan devenu hypocrite au début de l'acte V de sa pièce loue cette action concertée qui se poursuit dans le secret, lui permettant de se retrancher dernière la cabale (V, ii).

Au cours de la lutte pour faire jouer sa comédie, il est remarquable que Molière ne se départe jamais de son intention primaire de débucher l'ennemi, de faire sortir les agissements des hypocrites de la clandestinité dont ils bénéficient. Dans le *Premier Placet* d'août 1664 il s'agit de *mettre en vue* « les friponneries couvertes de ces faux-monnayeurs en dévotion »;[79] dans le *Second Placet* d'août 1667 de « *dévoiler* leurs impostures aux yeux de tout le monde »;[80] et dans la *Préface* de février 1669 de « *découvrir* le fond de leur âme ».[81]

Nous avons vu plus haut dans la section **G** comment l'intention de Molière telle que révélée dans le *Premier Placet* prend la forme d'une attaque cinglante contre les hypocrites et se retrouve, à dose variable, dans la bouche du beau-frère en 1667 et de Cléante en 1669. Cléante est

---

[75]   Éd. cit., I, 892.
[76]   Sur ses activités en tant que membre, voir R. Allier, *op. cit.*, 244–6, 371–3, 405–07.
[77]   Éd. cit., I, 883.
[78]   *Lettre sur les observations d'une comédie du sieur Molière intitulée 'Le Festin de Pierre'* (1665), éd. cit., II, 1228.
[79]   Éd. cit., I, 889.
[80]   Éd. cit., I, 892.
[81]   Éd. cit., I, 883. C'est moi qui souligne.

l'instrument de choix pour mettre en lumière le jeu cachottier des tartuffes. Le rôle a beau subir des changements radicaux de 1667 à 1669 : n'empêche que dans ces deux versions son plaidoyer en faveur de la bonne dévotion, qui est du coup un réquisitoire contre la fausse, demeure le même. En ce qui concerne les vrais dévots « point de cabale en eux, point d'intrigues à suivre » (v.397).[82] La transparence qui doit caractériser la vraie dévotion est du coup la mise en cause de la fausse, entreprise sous le manteau de la vraie religion. Là nous paraissent résider le sens essentiel et le vrai scandale des trois premiers actes du *Tartuffe*, qui se composent d'une démolition brutale d'une force secrète qui use de son influence pour manipuler et diriger autrui à leur insu, l'assujetissant à la politique arrêtée du groupe. N'en déplaise à MM. Michaut et Bray, l'évidence démontre que la tentative de l'hypocrite pour séduire Elmire n'est pas ce qu'il y a de plus essentiel et d'irréductible dans les trois actes de 1664. Ce n'est là que la mise en scène d'un épisode archicommun à l'époque et pour choisir un modèle de Tartuffe séducteur Molière avait vraiment l'embarras du choix.[83] Pour Molière, Tartuffe est avant tout le produit d'une certaine

---

[82]   Ce vers occupait une place différente en 1667, où il faisait partie du discours du beau-frère à la vieille dans l'acte 1, sc. ii, v.189 dans notre reconstruction. Garaby de La Luzerne, poète normand et contemporain de Molière dont il sera question plus loin, devance ce trait de Cléante : dans sa satire *Les Pharisiens du temps ou le dévot hypocrite* (*c*.1661) il passe en revue les carrières différentes qui s'offrent. Celle du dévot l'attire, pourvu qu'on s'entende sur le sens qu'il donne au mot :

> Je n'entends pas dévot de ces gens sans cabale
> Qui, sur leur preud'hommie appuyant leur morale
> Suivent tout simplement les loix que Jésus-Christ,
> Dans son Saint Évangile à ses enfants prescrit,
> Ce monde là n'est bon, en ces temps de finesse
> Qu'à fournir d'auditeurs le Prône de la Messe.

Dans F. Baumal, *Molière et les dévots*, 83. Remarquons en passant les termes péjoratifs et quelque peu sinistres qu'il applique à la Compagnie bien avant que Molière s'en occupe à son tour : « cabale », 83, 84, « parti », 84, 90, 95, 98, « ligues », 85, « Sect », 87. Cette constatation est d'une importance capitale, démentant le point de vue qui considère la prétendue cabale des dévots comme une simple invention de la part de Molière et plus tard de Raoul Allier. Voir la note 85 ci-dessous.

[83]   Voir la remarque pertinente d'Antoine Adam à propos des prétendues sources de l'hypocrite de Molière : « La vérité toute simple, c'est qu'il y avait beaucoup de Tartuffes dans la France de 1660 », dans son édition de Tallemant

subculture sociopolitique et religieuse où se développe et fleurit une cabale
forte au point de se croire tout permis. On n'en veut pour preuve que la
dénonciation d'Orgon par Tartuffe auprès du Prince et la prétention de
Dom Juan qui s'est fait Tartuffe de détenir « le vrai moyen de faire
impunément tout ce que je voudrai » (V, sc. ii). L'épisode Tartuffe-
Elmire, pour être un des points les plus comiques et dramatiques de la
pièce, ne constitue à lui seul ni l'essentiel ni le sujet principal du premier
Tartuffe. Molière ne fait que le laisser émerger de cette subculture
ténébreuse où l'hypocrisie se revêt du manteau de la religion pour se
garantir l'impunité en matière d'adultère. Comme tel, l'épisode s'avère
produit et exemple éclatants du sujet principal, qui est la mise au jour des
méfaits sociaux d'une cabale religieuse dont la pratique secrète la soustrait
à l'examen d'autrui. Voilà précisément ce dont les faux dévots font grief à
Molière, engagé qu'il est dans ce qui leur semble un métier maudit étalant
sur la scène une conduite ambiguë. Et Molière, non content de mettre le
doigt sur la plaie au vu et au su de tous, y retourne le fer à plaisir. Lui-
même ne se montre que trop conscient de tout ce qu'ils ont intérêt à
supprimer dans sa comédie : « C'est un crime qu'ils ne sauraient me
pardonner ».[84]

Les véritables originaux du premier Tartuffe

À l'opposé de ce qu'a prétendu Michaut, nous pensons que cette version
est essentiellement mais peut-être non pas exclusivement une satire féroce
contre cette société secrète qu'était la Compagnie du Saint-Sacrement,
écrite d'un point de vue rationaliste.[85] Nous avons vu plus haut (chapitre

des Réaux, *Historiettes*, II, 1565, n.3. Sur quoi Cléante opine du bonnet en
1669 : « De ce faux caractère on en voit trop paraître », v.381.

[84]   *Préface* (1669), dans éd. cit., I, 883.

[85]   Ce commentateur influent a tout mis en œuvre pour nier les liens entre la
comédie et cette Compagnie, alléguant sa dissolution dès 1660 par un arrêt du
Parlement. Voir « L'Éternel 'problème' du *Tartuffe* », 131. Il est vrai qu'un
arrêt du Parlement de Paris rendu le 13 décembre de cette année défendit
« [...] *à toutes personnes de faire aucunes assemblées, ni confréries,
congrégations et communautés en cette ville, ni partout ailleurs, sans
l'expresse permission du Roi* », Allier, 364. Il faut noter que la Compagnie n'y
est pas mentionnée expressément. Elle n'en poursuivit pas moins sa voie
souterraine, comme en témoigne l'ordre du roi transmis par Colbert à M. de

II, section **A**) comme le P. Rapin fit un lien entre « la secte des dévots » et l'origine du *Tartuffe*, et en donna pour chefs à la cour le marquis de Fénelon, le comte de Brancas, le marquis de Saint-Mesme, le comte d'Albon, tous membres de la Compagnie du Saint-Sacrement.[86] À l'en croire, ceux-ci « commencèrent à se liguer pour exterminer les duels dans

Harlay en 1671, procureur général au Parlement de Paris, l'avisant de l'existence des assemblées des particuliers « [...] qui se sont qualifiées d'œuvres fortes, lesquelles, quoique animées de zèle et de bonne intention, sont néanmoins contraires aux ordonnances du royaume [...] », Allier, 430. Comme le dit ce dernier, « Il est impossible de dire à quelle date précise la 'cabale des dévots' a pris fin », mais on en trouve des traces jusqu'en 1687, *op. cit.*, 434–5. Son influence se prolonge bien au-delà des années 60. Voir aussi F. Baumal, *Tartuffe et ses avatars*, 185 sqq. On a suggéré que le pasteur Allier avait ses raisons à lui pour exagérer le rôle de la Compagnie dans l'histoire religieuse du siècle, vu l'intérêt qu'il porta à la question des huguenots. On a aussi prétendu que le secret était la condition nécessaire à la bonne marche de ses œuvres. Voir A. Tallon, *op. cit.*, R. Triboulet, *Gaston de Renty 1611–1649 un homme de ce monde — un homme de Dieu* (Paris: Beauchesne, 1997), 177 sqq. Sans vouloir aucunement qu'Allier ait dit le dernier mot sur le mouvement (dont l'ouvrage reste pour Tallon « l'ouvrage de référence sur la Compagnie », *op. cit.*, 13), nous faisons l'observation suivante : l'aspect clandestin et les moyens secrets de la Compagnie font bien l'objet des commentaires, et non des plus favorables, des contemporains de Molière, tels Boileau (voir ch. II, section **B**), l'abbé Charles Dufour, le père Yves de Paris, Guy Patin, et La Luzerne parmi d'autres, dont il sera question plus loin. L'histoire d'une prétendue cabale n'est donc nullement l'apanage de l'imagination d'Allier, comme se plaît à le suggérer Triboulet, *op. cit.*, 178–9. Elle l'est encore moins de celle de Molière. La cabale qu'il pourfend dans ses *Placets* de 1664 et de 1667 comme dans sa *Préface* de 1669 est loin d'être une pure fiction dont il grossit les effectifs et l'influence à plaisir pour la circonstance, comme semble le suggérer R. Picard, « *Tartuffe*, 'production impie'? », *Mélanges d'histoire littéraire (XVIᵉ–XVIIᵉ siècles) offerts à Raymond Lebègue* (Paris : Nizet, 1969), 227. Les critiques de la Compagnie de la part des contemporains de Molière nous semblent dues au moins autant à la nature cachée de l'organisation qu'au parti pris des observateurs. Et la question du secret fournit à Molière dans ses *Placets* comme à Cléante dans ses discours leur cheval de bataille, et *l'on peut malaisément leur donner tort a priori*. Voir l'Appendice III, *De l'esprit du secret et de l'esprit du christianisme*.

[86]   Sur le marquis de Fénelon, voir la note 14 du chapitre II.

le royaume et pour détruire le blasphème parmi les gens de qualité ».[87]
Avec Olier, directeur de Fénelon, ils voulaient assurer une présence
dévote et ferme à la cour, réprimer tout ce qu'ils estimaient contraire à
leur définition et pratique de l'évangile. *Placets*, *Préface* et Cléante
convergent dans leur condamnation de la conduite couverte des hypocrites
marquée du sceau du secret : y a-t-il en fait une correspondance intime
entre la description des hypocrites dans ces écrits, cette compagnie et le
premier *Tartuffe* ?[88]

Afin d'y répondre, il convient de comprendre la nature et l'envergure
de la Compagnie du Saint-Sacrement telle que René Voyer d'Argenson
nous la décrit.[89] En 1627 le duc de Ventadour eut l'inspiration de créer une

---

[87] R. Allier, 391; Furetière donne un sens péjoratif au mot *liguer* : « Se dit des
      particuliers qui font des cabales, et se joignent ensemble pour détruire ou faire
      réussir quelque chose. [...] *ligue* se dit aussi du complot et des cabales que
      plusieurs particuliers font ensemble pour quelque dessein ». Le satirique
      Garaby de La Luzerne écrit à propos de la Compagnie du Saint-Sacrement qu'
              Ainsi de ville en ville unis par de fortes ligues,
              Ils remplissent bien tost tout un pays d'intrigues.
      Les Pharisiens du temps ou le dévot hypocrite, dans F. Baumal, 85.

[88] Nous ne sommes pas le premier à soulever la question, tant s'en faut. Depuis
      la mise au jour de l'histoire de la Compagnie en 1902 dans l'ouvrage
      remarquable de Raoul Allier, la question ne cesse d'agiter les esprits. Voir les
      travaux d'A. Rébelliau, de F. Baumal, de P. Émard, de G. Couton, d'A.
      Adam, d'H. Salomon, d'A. Tallon, de R. Triboulet, entre autres. Si le sujet
      demeure en suspens aujourd'hui, c'est plutôt faute d'une évidence détaillée et
      concluante. Nous le croyons utile d'aborder de nouveau la question, espérant
      fournir de nouvelles données là-dessus.

[89] Ce dernier fit partie de 1656 à 1663 de la Compagnie, et nous en a fait le
      portrait dans les *Annales de la Compagnie du Saint-Sacrement* (1694–1695), la
      principale source attenant à l'organisation nationale et la compagnie
      parisienne, selon Tallon, *op. cit.*, 13. Connu pour être un grand dévot à la
      cour, il rédigea ce document pour « [...] laisser à la postérité une *justification*
      solide, en faveur de cette Compagnie que la calomnie a tant décriée » (*ibid.*,
      13), et dans l'espoir d'inspirer l'archevêque de Paris, le cardinal Noailles, à
      ressusciter une Compagnie dont les succursales en province commencèrent à
      mourir avant celle de Paris. Sa demande n'eut pas de suite. Celle de Paris
      commença à se disperser pour de bon à partir de 1666, mais les assemblées
      trouvèrent moyen de se réunir sous une forme ou une autre. En mars 1671
      Colbert écrit à M. de Harlay, procureur général au Parlement de Paris, au
      sujet de prétendues assemblées, donnant ordre « [...] que vous vous informiez
      avec soin si ces assemblées sont véritables, et en ce cas que vous fassiez

société d'action catholique dans le but de déraciner l'ivraie d'hérésie de la
France, c'est-à-dire, de détruire la puissance des huguenots, de renverser
le torrent d'impiété, de libertinage et de blasphèmes au profit de la seule
vraie religion catholique.[90] Il fit part de cette vision à trois hommes, au
capucin F. Philippe d'Angoumois, au jésuite le P. Suffren, ainsi qu'à
l'oratorien et disciple de Pierre Bérulle, le P. de Condren. Leurs deux
buts, « [...] d'entreprendre tout le bien possible et d'éloigner tout le mal
possible en tous temps, en tous lieux et à l'égard de toutes personnes »[91]
accomplissant le tout pour la gloire de Dieu en honorant le saint
sacrement, furent admirables à tout point de vue. Par une coïncidence
curieuse, ce sont les mêmes que se fixe Tartuffe, c'est-à-dire, la poursuite
du bien et la chasse au mal qui le poussent à agir « pour la gloire du Ciel
et le bien du prochain » (v.1248), à publier que « c'est contre le péché que
son cœur se courrouce » (v.77), et à s'acquitter de façon pointilleuse de
« certain devoir pieux » (v.1267).[92] Pour réaliser leur dessein, il importait
à la Compagnie de recruter autant de membres efficaces que possible,
mais la prudence et la discrétion étaient toujours de rigueur.

En effet, on a soin de les trier sur le volet et de leur cacher le fait qu'ils
font partie d'une organisation tentaculaire. La raison en est qu'ils arrivent
plus sûrement à leurs fins au moyen du secret et de la discrétion, condition
même de leur existence. Le caractère secret de la Compagnie est présenté
aux adeptes comme un moyen de pratiquer l'humilité et de travailler à sa

connaître à ceux qui les composent que Sa Majesté ne désire point qu'il se
fasse aucune assemblée sans son autorisation et sa permission », R. Allier, *op.
cit.*, 430. Mais la Compagnie, d'une manière ou d'une autre, continua jusqu'à
une date inconnue.

[90]   Voir A. Tallon, *op. cit.*, 107.

[91]   R. Allier, *op. cit.*, 18. En veine de raillerie, Garaby de La Luzerne s'en fait
écho, dans sa satire *Les Pharisiens du temps*, dont il sera question plus loin
dans cette section : « Ils disent ne vouloir combattre le mal », dans F. Baumal,
op. cit., 86. La phrase suivante de ce « manifeste » de la Compagnie peut
sembler manquer singulièrement d'humilité chrétienne en mettant en valeur
leur particularité : « Ce qui met une grande différence entre tous les autres
corps qui sont bornés dans les lieux, dans les congrégations et dans les
œuvres », Triboulet, *op. cit.*, 182.

[92]   « Faire la guerre au diable », voilà comment le chevalier de La Coste décrit la
lutte entreprise par la Compagnie, Tallon, *op. cit.*, 116. En pestant contre le
genre de vie sociale de la famille, qu'elle attribue au « malin esprit » (v.152),
Madame de Pernelle participe à la même campagne.

propre édification. Il est certain qu'elle a inspiré les fidèles à pratiquer de bonnes œuvres mais son caractère secret a dû préoccuper Molière comme les gens de nos jours :[93] il est censé leur offrir le moyen de « se revêtir des livrées d'un Dieu véritablement caché », de « se conformer à la vie cachée de Jésus-Christ au très Saint-Sacrement ».[94] En réalité, le mystère entretenu nous semble servir à creuser un écart entre ceux qui mènent et ceux qu'on mène. On est même tenu de taire le nom des personnes qu'on consent à admettre comme membres. On veille surtout à ne pas admettre des personnes suspectes ni à se réunir dans des locaux qui peuvent faire naître les soupçons.[95] On prend soin de n'agir qu'en son propre nom et de ne jamais engager la Compagnie ou de découvrir l'œuvre dont on fait partie. De même qu'un individu n'a pas l'impression de faire partie d'un grand réseau en dehors de sa propre section de la Compagnie, de même l'organisation des différentes succursales demeure compartimentée. Les compagnies des villes par exemple n'ont pas le droit de correspondre entre elles. La communication entre les succursales risque de découvrir le secret de la société, de détruire cet esprit de subordination qui seul peut faciliter

---

[93]   Pour A. Tallon, la pratique du secret est un moyen de rendre leur action charitable plus efficace et « [...] de se conformer à la vie cachée de Jésus-Christ au très Saint-Sacrement », *op. cit.*, 66. Et R. Triboulet cite un texte de la Compagnie d'Angers formulant le même vœu de « [...] se conformer à la vie cachée de Jésus-Christ au très Saint Sacrement à qui toutes les Compagnies qui portent ce nom doivent tâcher de ressembler par le secret et leur silence », *op. cit.*, 179. Soit, mais c'est se condamner d'avance à l'incompréhension de la part d'autrui, dont il leur sied mal de se plaindre, pareille incompréhension s'inscrivant dans leur propre logique de dévots. Gaston de Renty, onze fois supérieur de la Compagnie, soutient que « [...] le secret est le maintien de sa force, que sans lui elle se perdra, ou par la louange, ou par le mépris : l'un ou l'autre anéantit les fruits de la Compagnie », *ibid.*, 179. Nous pensons au contraire que c'est cet attachement au secret qui a fini par déconsidérer la Compagnie pour de bon, parce que faisant mauvais ménage avec l'esprit du christianisme. Voir l'Appendice III.

[94]   R. Voyer d'Argenson, *Annales...*dans Tallon, *op. cit.*, 66 ; Triboulet, *op. cit.*, 77 sqq.

[95]   « Ces messieurs s'assemblent d'ordinaire tous les jeudis, non pas toujours en même lieu, de peur d'être découverts, mais toujours chez quelqu'un des confrères, tantôt chez l'un, tantôt chez l'autre », Charles Du Four, *Mémoire pour faire connaître l'esprit et la conduite de la Compagnie établie en la ville de Caen et appelée l'Hermitage*, s.l. (1660), 1. Sur cet ennemi acharné de la Compagnie, bien renseigné sur ses activités, voir la note 100 ci-dessous.

la réalisation des objectifs. Il n'y a que les officiers de la Compagnie à Paris qui remuent les fils et font fonctionner la machine. On pousse le secret jusqu'à communiquer les règlements de la société sous forme manuscrite, veillant à ce qu'ils ne soient pas gardés trop longtemps par des particuliers, avant d'être ramenés au dépôt. Pour assurer la bonne marche de leurs activités (assistance aux pauvres, missions, conversion des hérétiques) on a besoin d'importantes sommes d'argent distribuées avec une discrétion extrême. On craint surtout que des papiers si importants ne s'égarent. Ils sont mis dans un coffre, mais en cas de décès d'un confrère, il faut éviter que le dépôt ne tombe dans les mains des profanes.[96] On s'avise d'y apposer un écriteau : « Le coffre et tout ce qui est dedans appartient à M. N. qui en a la clef et qui me l'a donné en dépôt ».[97] Il n'est guère surprenant de lire dans les *Annales* que « La première des voies qui forment l'esprit de la Compagnie et qui lui est essentielle, c'est le secret ; sans lui les Compagnies ne seraient plus Compagnies du Saint-Sacrement, mais des confréries ou autres associations de piété ».[98] Vu l'obsession du secret et de la clandestinité, il n'est pas difficile de comprendre comment la dévotion et l'humilité, pour avoir été privilégiées au départ, puissent vite tourner à l'esprit d'arrogance et d'exclusivité. Malgré son horreur de tout scandale, il arrive parfois que la Compagnie attire l'attention sur elle-même par une conduite indiscrète, comme dans le cas de certains membres farfelus de la succursale de Caen,[99] qui en 1660 se lancent dans

---

[96] Comment ne pas penser à ce scrupuleux à la conscience si tendre qu'est l'hypocrite de 1667 et de 1669, lequel ne saurait restituer le bien du fils dépossédé parce que craignant « Que tout ce bien ne tombe en de méchantes mains ? » (v.1244, version 1669).

[97] R. Allier, ch. II, Une ligue secrète, et A. Rébelliau, « Un épisode de l'histoire religieuse du XVIIe siècle », 49–82.

[98] *Annales*, 113, dans R. Allier, 33.

[99] Fondée en 1642 par M. de Renty, elle avait pour directeur M. de Bernières-Louvigny, trésorier de France à Caen, dont le livre postume, *Le Chrétien intérieur*, connut un très grand succès. Voir H. Bremond, *Histoire du sentiment religieux...*, VI, 229 sqq. Le livre de M. Souriau, *La Compagnie du Saint-Sacrement de l'autel à Caen : deux mystiques normands au XVIIe siècle : M de Renty et Jean de Bernières* (Paris : Perrin et Cie, 1913), est d'un parti pris évident et ne dépasse guère le niveau de l'hagiographie au sujet de Renty, mais se révèle parfois pénétrant sur Bernières et la Compagnie à Caen. De même le livre de Triboulet sur Renty, tout occupé à réfuter la thèse d'Allier, nous le peint comme un supérieur exemplaire de la Compagnie et un chrétien

une action maladroite contre les jansénistes. Débraillés, se livrant à une conduite grotesque, ils parcouraient les rues criant à qui les voulait entendre que tous les curés, sauf deux, étaient des fauteurs de jansénisme. L'affaire, qui s'étendit à Argentan, tourna mal, les responsables comparaissant devant un magistrat, donnant à Charles Du Four, abbé d'Aulnay et sympathique au jansénisme, l'occasion de dévoiler au public et les objectifs et les méthodes suspects de la Compagnie.[100]

La Compagnie réussit à pénétrer dans les strates différentes de la vie en France. Les évêques y ont une place d'honneur, on leur montre beaucoup de déférence, et en fait c'est en partie à cause de l'inquiétude de ces derniers que la Compagnie disparaîtra un jour.[101] Par contre, on écarte les

parfait, à l'abri de tout soupçon de persécution contre les huguenots, au-dessus du zèle souvent inconsidéré de ses confrères, *op. cit.*, 198–9.

[100] *Mémoire pour faire connaître l'esprit et la conduite de la Compagnie établie en la ville de Caen et appelée l'Hermitage*, dans R. Allier, 347 sqq. Pour Du Four, le scandale est dû au fait que « [...] de simples laïques qui n'ont ny science, ny prudeance, ny qualité entreprennent de conduire les autres, de régler leurs mœurs et leurs créances, de juger de leur foy et de s'establir les arbitres des affaires de la Religion », *Préface*. Dès sa fondation, en 1649, on vivait en communauté, à mi-chemin entre un hospice et un hôpital, et une vie mystique intense se développa, ayant pour centre la prière. Voir Souriau, 199–207. Du Four reconnaît combien la succursale de Caen diffère de la Compagnie fondée par Renty : « [...] ces Messieurs ont bien dégénéré de la modération de leur institut ; car au lieu de s'appliquer uniquement au soin des pauvres, ils ne s'occupent à présent qu'à contrôler, qu'à syndiquer, qu'à quereller, qu'à décrier et condamner les autres, semant partout la discorde, la division, les haines et les défiances, au grand préjudice du repos et de la tranquillité publique », M. Souriau, *op. cit.*, 54. Les mobiles de Du Four dans son attaque contre la fondation de Bernières semblent sectaires, inspirés par son opposition aux jésuites auxquels l'Ermitage est acquis. On dit que son *Mémoire* fut écrit en collaboration avec Antoine Le Maistre et Pierre Nicole. Ce dernier fait mention de l'incident dans la première des *Visionnaires* (1665). Pour ne pas être sans prévention, le témoignage de Du Four sur la Compagnie à Caen reste néanmoins exact et se trouve confirmé par Garaby de La Luzerne qui évoque ce scandale dans sa satire *Les Pharisiens du temps ou le dévot hypocrite*, de 1661 ou 1662 selon F. Baumal, dans *Molière et les dévots*, 81–100.

[101] Pour Triboulet, la vraie cabale des dévots fut constituée par des prélats influents, dont le cardinal de Gondi, cabale « [...] qui, après avoir intrigué contre elle (la Compagnie) à Rome, a obtenu de la cour du jeune roi que son soutien politique lui manquât », *op. cit.*,185.

religieux de bonne heure, craignant qu'ils n'y introduisent l'esprit de leur ordre à eux. On exclut « tous les religieux et tous les prêtres soumis à un général », mais on admet des ecclésiastiques séculiers, qui ne sont pas attachés à une communauté religieuse.[102] En revanche, une place privilégiée revient aux laïques, qui sont à trouver dans les couches administratives. L'avancement de Guillaume de Lamoignon à la place du Premier Président du Parlement de Paris en novembre 1658, et qui en tant que tel interdira la représentation de *L'Imposteur* en août 1667, est accueilli avec beaucoup de joie, et la Compagnie ordonne des messes et des communions à son intention.[103]

À voir et à écouter le début du *Tartuffe* actuel, il saute aux yeux qu'il y a quelque chose d'anormal dans ces scènes de la vie familiale qui nous intrigue et irrite à la fois. Au-delà des critiques de la mère d'Orgon à l'intention de ses petits enfants, de leur oncle et de sa belle-fille, que l'on mettrait volontiers sur le compte du fossé des générations, il règne un climat de malaise au sein de la famille. On dirait une écharde dans la chair familiale qui se fait sentir à tout moment et dont on ne saurait se défaire. Habilement, Molière nous fait percevoir les effets de la présence envahissante de Tartuffe impatronisé chez son hôte, rehaussant l'impression de mystère et de tension qui remplit les actes précédant son apparition. Mystère d'abord sur la nature du personnage dont l'avènement transforme le cours de vie pour chaque membre de la famille. Le poisson commençant à pourrir par la tête, il convient de parler d'emblée du chef de la famille. Au contact de Tartuffe, Orgon a subi un changement des plus radicaux, à en croire Dorine : de bon citoyen raisonnable (vv.181-2) il s'est mué en coiffé de Tartuffe au point de se laisser aliéner de sa famille :

> Il l'appelle son frère, et l'aime dans son âme
> Cent fois plus qu'il ne fait mère, fils, fille, et femme.
> C'est de tous ses secrets l'unique confident,
> Et de ses actions le directeur prudent. (vv.185-8)

---

[102]   *Annales*, 21, dans R. Allier, 37. Pour de plus amples précisions sur la structure, voir A. Tallon, *op. cit.*, 23 sqq.

[103]   R. Allier, 39-40. Encore que Tallon nous rappelle que la Compagnie n'est pas une association de laïcs mais une organisation mixte, *op. cit.*, 25.

C'est lui-même qui nous confie que Tartuffe l'a détaché de toute autre amitié humaine (vv.275 sqq.). Quant au mariage projeté entre sa fille Mariane et Valère, qu'il a lui-même approuvé, Damis est le premier à flairer un obstacle :

> J'ai soupçon que Tartuffe à son effet s'oppose,
> Qu'il oblige mon père à des détours si grands; (vv.218-9)[104]

Quand nous assistons aux tergiversations du père en face des questions directes de Cléante à ce sujet (I, v), nous constatons avec lui que nous avons affaire à un pantin dont un tiers tire les fils, tant ses réponses sont évasives.

Cette métamorphose du bon père de famille en agent d'une puissance qu'on devine mystérieuse et omniprésente vicie tous les aspects de la vie familiale. Si Orgon dit à son beau-frère que Tartuffe reprend tout dans la maison (v.301) la famille ne le sait que trop. Le train de vie change du tout au tout au profit d'un régime d'austérité : on veut mettre fin aux visites comme aux sorties, aux conversations spontanées et aux dépenses pour les vêtements, au nom de la discrétion et de la peur du qu'on-dira-t-on.[105] Somme toute, c'est l'évangile de Tartuffe qui commence à prendre racine. Quand l'auteur de cet évangile apparaît, il est tout mystère, la discrétion en personne. En tête-à-tête avec Elmire, il se révèle comme le confident à qui l'on peut tout confier, sûr de garder le secret de la galanterie qu'il lui propose, regardant de haut ces évaporés qui parlent au premier venu de leurs conquêtes (vv.995-1000). Rien ne lui tient tant à cœur que d'éviter le scandale, à l'exemple de la Compagnie du Saint-Sacrement. Même découvert par Damis à la fin de l'acte III, son unique souci est de s'assurer l'impunité de toute action future aux yeux d'Orgon, ce à quoi il réussit brillamment. Plus tard, à l'acte IV, il prétextera le soin de sa réputation et la peur de scandale comme motifs qui l'empêchent

---

[104]   Selon la *Lettre sur la comédie* en 1667 les membres de la famille « [...] ne sachant quelle peut estre la cause de ce retardement, ils l'attribuent fort naturellement au principe général de toutes les actions de ce pauvre homme coëffé de Monsieur Panulphe, c'est-à-dire à Monsieur Panulphe mesme, sans toutefois comprendre pourquoy ny comment il peut en estre la cause », éd. cit., 75.

[105]   Voir les instructions de Madame Pernelle, I, i, vv.7-12, 25-32, 33-40, 85-92, 151-62.

d'effectuer la réconciliation avec Damis et la restitution de la donation.[106] Et sa phrase « les gens comme nous » (v.995) utilisée à l'intention d'Elmire pour le distinguer des galants peu discrets nous laisse deviner ses acolytes qui ne manqueront pas de se manifester sous la forme représentative de M. Loyal dans le dernier acte des versions de 1667 et de 1669.

Nul doute que Tartuffe se sentirait tout à fait à son aise en compagnie des confrères de la Compagnie où l'on regarde avant tout à la discrétion et au secret, conditions optimales pour le noyautage des familles et des sections de la société. Est-il possible d'établir des ressemblances d'ordre plus spécifique entre les trois premiers actes tels que nous les avons et l'activité de la cabale des dévots ? Nous croyons pouvoir le faire au moyen de deux textes écrits contre la cabale et antérieurs au premier *Tartuffe*. Il s'agira du *Mémoire* de Pierre Du Four, abbé d'Aulnay, de 1660, que nous avons mentionné plus haut dans le contexte du scandale de Caen, et surtout du poème satirique *Les Pharisiens du temps ou le dévot hypocrite* de Garaby de La Luzerne, membre de l'Académie de Caen, de 1661-1662.[107]

Nous avons noté plus haut comment les *Annales* d'Argenson font ressortir l'organisation tentaculaire de la Compagnie. La Luzerne prend bien note de leur activité trépidante qui se poursuit partout en France :

> Ainsi de ville en ville unis par de fortes ligues,
> Ils remplissent bien tost tout un pays d'intrigues :
> Par tout mettent le nez :[108]

---

[106]   Vv.1203–16, 1229–32.

[107]   Dans une lettre du 10 février 1670 à M. de Sainte-Clair le poète parle « de mon *Tartuf* aisné de celui de Molière de sept à huit ans. Vous en ferez la justification par la lumière que vous avez de ces sortes de gens dont la conduite m'a fourni de pensées, car je puis vous asseurer que j'ay travaillé après le naturel sans sortir de Caen », dans F. Baumal, *op. cit.*, 103.

[108]   *Op. cit.*, 85; pour le sens péjoratif s'attachant au mot « ligues » voir la note 87 ci-dessus ; le poète propose à son lecteur « [...] le choix d'une façon de vivre/Que pour profession un homme doive suivre », et conclut que « [...] tu n'as qu'à te pourvoir d'un estat de Dévot », *ibid.*, 81–82, tout comme Dom Juan qui est d'avis que « la profession d'hypocrite a de merveilleux avantages », *Dom Juan*, V, ii. Du Four nous livre de précieux détails sur l'organisation comme sur l'étendue de leur opération : « Les assemblées de cette Compagnie sont conduites et modérées par des officiers qui sont un

Nous avons bien vu comment Tartuffe a laissé entendre à Elmire dans l'acte III qu'il n'est pas le seul de son espèce. Son successeur, Dom Juan, vantera quelques mois plus tard les bienfaits que confère l'appartenance à la cabale :

> On lie, à force de grimaces, une société étroite avec tous les gens du parti. Qui en choque un se les jette tous sur les bras [...]. Que si je viens à être découvert, je verrai, sans me remuer, prendre mes intérêts à toute la cabale, et je serai défendu par elle envers et contre tous.[109]

Et le bon monsieur Tartuffe pourra compter sur l'aide de son fidèle complice Monsieur Loyal pour mettre la famille sur le pavé en bonne et due forme. Le Vayer commente l'apparition en 1667 de ce personnage si peu ragoûtant de la façon la plus pertinente pour nous :

> Ce personnage est un supplément admirable du caractère bigot, et fait voir comme il en est de toutes professions, et qui sont liez ensemble bien plus étroitement que ne le sont les gens de bien ; parce qu'étant plus intéressez, ils considèrent davantage et connoissent mieux combien ils se peuvent estre utiles les uns aux autres dans les occasions, ce qui est l'âme de la cabale.[110]

Il n'exagère pas du tout ici, car La Luzerne avait déjà noté qu'« [...] estre accusé de l'un c'est pécher contre l'autre ».[111] Ce dernier

---

président (supérieur), un directeur, des conseillers et un secrétaire; le directeur est toujours un ecclésiastique, mais les autres officiers peuvent être laïques... Ils ont union et correspondance avec d'autres semblables Compagnies du Saint-Sacrement qui se sont établies depuis quelques années dans plusieurs grandes villes du royaume, où elles se fortifient beaucoup », *Mémoire*, 2.

[109] *Dom Juan*, V, ii.

[110] *Lettre*, 91. Dans sa satire de la vie contemporaine, *Prose Chagrine* (1661), Le Vayer s'attaque à l'art de cabaler : « N'est-ce pas une chose honteuse que cet art règne aujourd'hui dans toutes sortes de professions ; et que celles mêmes qui témoignent le plus d'intégrité, et qui en font leçon aux autres, soient souvent sujettes aux cabales commes les autres », *Œuvres*, III (1re partie), 5e vol., 256. Dans son *Second Placet* d'août 1667, Molière admire l'adresse des faux dévots qui réussissent à mettre de leur côté « [...] de véritables gens de bien, qui sont d'autant plus prompts à se laisser tromper qu'ils jugent d'autrui par eux-mêmes », éd. cit., I, 892.

[111] *Op. cit.*, 85.

annonce la critique chez Molière et Le Vayer au sujet de cet esprit de solidarité secrète qui fait leur force et les rend des ennemis si redoutables :

> Ils forment un parti, d'intérests ils s'unissent,
> Par un commun support leur crédit establissent.[112]

Il compare l'esprit dévot à celui des bandes mercenaires en maraude, poussées uniquement par leur seul intérêt, la jalousie et la gloire qui font qu'ils n'interviennent que là où ils épient de quoi gagner. Tout occupés à leurs déprédations, telle la dévote hargneuse de Boileau, ils croient que « c'est aimer Dieu que haïr tout le monde ».[113] De toute évidence La Luzerne connaît bien le *Mémoire* de Du Four qui décrit le sort qui attend ceux qui ont la hardiesse de s'opposer à leurs desseins :

> Si on apporte la moindre résistance à leurs entreprises, quoique injustes et violentes, ils s'opiniâtrent plus que jamais de venir à bout de ce qu'ils ont arrêté entre eux, ils unissent toutes leurs forces pour les faire réussir ; et pour cet effet, ils réclament le secours de tous ceux qui leur sont unis à Paris, à Rouen et ailleurs, pour décrier, pour diffamer, et pour perdre ceux qui leur résistent et qui veulent s'opposer au cours de leurs violences et de leurs injustices ; de sorte qu'on peut assurer avec vérité que cette Compagnie a dégénéré en une cabale et une faction dangereuse et pernicieuse, tant à l'Église qu'à leur Patrie, étant certain que depuis peu d'années ils ont excité beaucoup de troubles et de divisions dans le clergé et même en plusieurs autres lieux de la Basse-Normandie [...].[114]

Ce n'est qu'à cause de leur réseau de succursales qui s'étendent à travers le pays que les dévots peuvent maintenir leur imposture. Une phrase de la *Lettre sur la comédie* laisse deviner jusqu'à quel point Le Vayer estima la France pénétrée du fléau : résumant le discours que tient l'Officier en 1667 où il parle des bienfaits du règne de Louis, on lit que « [...] l'hypocrisie est autant en horreur dans son esprit qu'elle est accréditée parmy ses sujets ».[115] En 1667 et 1669 nous apprenons que la

---

[112]   *Ibid.*, 84.
[113]   *Ibid.*, 86 ; Boileau, *Satire* X.
[114]   F. Baumal, *Tartuffe et ses avatars*, 294.
[115]   Éd. cit., 92.

carrière brillante de l'hypocrite n'est possible qu'à cause de sa double
identité, dont, chose admirable à dire, le Prince ennemi de la fraude était
déjà informé.[116] La Luzerne commente aussi cette capacité de
dédoublement des confrères si bien soudés face aux hordes païennes « qui,
sous nom différent, menants pareille vie », semblent omniprésents.[117]

Forts de cet appui, La Luzerne les voit « passer sur tout leur
inquisition », et compter « l'infaillibilité/Entre les attributs de leur
Société ».[118] Il n'y a pas jusqu'au plus jeune qui ne se croie supérieur au
commun des mortels. Pour La Luzerne, les confrères de la Compagnie

> [...] sont ces Réformés, spirituels filous
> Qui veulent s'ériger en Apostres chez nous.[119]

Même disparité pour La Luzerne et Molière entre la prétention à
l'autorité et le vrai caractère du faux dévot. Madame Pernelle ne tarit
pas d'éloges sur Tartuffe, « un homme de bien qu'il faut que l'on
écoute» (v.42), et pour son fils il n'existe pas de mots à la mesure de

---

[116] vv.1923–4 en 1669.
[117] *Op. cit.*, 85.
[118] *Ibid.*, 85.
[119] *Ibid.*, 100; ils ont la prétention de vouloir faire la loi aux autorités
ecclésiastiques, à en croire Du Four : « Il y va principalement de l'intérêt de
NN. SS. les Evêques de s'opposer aux progrès de ces cabales dont les
entreprises continuelles sont autant d'attentats [...] et de conspirations contre
l'autorité sacrée. Car [...] il y en a plusieurs parmi ceux qui composent ces
assemblées, qui sont si présomptueux et si extravagants que de s'imaginer
qu'ils sont plus sages, plus éclairés et plus zélés que les évêques, et que Dieu
les a suscités pour suppléer aux défauts, aux négligences et aux manquements
des prélats. [...] Ils entreprennent de mettre des curés et des prêtres dans les
paroisses, des supérieurs et des supérieures dans les monastères, des
prédicateurs dans les chaires, des précepteurs dans les collèges et les écoles,
des séminaires ; ils s'ingèrent de vouloir établir de nouveaux monastères, de
réformer les anciens, de faire ériger des confréries, de faire faire des missions,
de suggérer des testaments, de dispenser les aumônes des autres et de censurer
les évêques... », *Mémoire*, 30, 34. Cela étant, il n'est guère étonnant que la
Compagnie se soit fait mal voir de maints ecclésiastiques comme l'atteste la
note 101 ci-dessus.

l'excellence spirituelle de Tartuffe (vv.270 sqq.). Par contre, la famille se scandalise

> [...] qu'un cagot de critique
> Vienne usurper céans un pouvoir tyrannique. (vv.45–46)

Et Damis le qualifie de « pied plat» (v.59). Comme d'habitude, c'est Dorine qui renchérit sur ce que disent les autres, ne mâchant pas ses mots à Madame Pernelle :

> Il passe pour un saint dans votre fantaisie :
> Tout son fait, croyez-moi, n'est rien qu'hypocrisie. (vv.69–70)

Ce qui ajoute à la frustration de la famille, c'est précisément que cette autorité pèse sur elle telle une chape de plomb, tout en restant inattaquable et invisible dans son essence. Si Damis touche juste en soupçonnant l'influence de Tartuffe derrière le mariage retardé de sa sœur et Valère, la raison lui en échappe :

> J'ai soupçon que Tartuffe à son effet s'oppose,
> Qu'il oblige mon père à des détours si grands ; (vv.218-9)

Nous voyons en effet jusqu'à quel point le père a assimilé le comportement évasif de son maître quand Cléante s'évertue (en vain) à lui tirer une réponse claire concernent ce mariage (I, v). Les ter-giversations dévotes sont monnaie courante en pareille occurrence : La Luzerne à son tour parle « de cent délays subtils » dont sont payés ceux qui ont affaire aux membres de la Compagnie comme nous allons le constater.[120] Le commentaire de Le Vayer sur la conduite du père dans cette scène en 1667 est révélatrice :

> l'autre (le beau-frère) le (le père) retient pour luy parler de l'affaire du mariage, sur laquelle il ne luy répond qu'obliquement sans se déclarer, et enfin à la manière des bigots, qui ne disent jamais rien de positif, de peur de s'engager à quelque chose, et qui colorent toujours l'irrésolution qu'ils témoignent de prétextes de Religion.[121]

---

[120]   *Op. cit.*, 91.
[121]   Éd. cit., 78.

En 1669 Tartuffe se dérobe sans plus de difficulté aux efforts de
Damis comme de Cléante pour lui faire dire la vérité sur sa conduite,
dans l'espoir d'obliger le fils à quitter la maison (III, vi, IV, i). Le
beau-frère en effet a beau le raisonner sur le devoir d'un chrétien qui
consiste à se réconcilier avec le fils et à lui restituer son héritage.
Commentant la façon magistrale dont l'hypocrite met fin à cette
dernière scène où le beau-frère le presse de restituter la donation au fils,
en prétextant les vêpres de trois heures et demie, Le Vayer met en
lumière

> La manière dont il met fin à la conversation [qui] est un bel exemple de
> l'irraisonnabilité, pour ainsi dire, de ces bons Messieurs, de qui on ne tire
> jamais rien en raisonnant, qui n'expliquent point les motifs de leur conduite, de
> peur de faire tort à leur dignité par cette espèce de soumission, et qui, par une
> exacte connoissance de la nature de leur interest, ne veulent jamais agir que par
> l'autorité seule que leur donne l'opinion qu'on a de leur vertu.[122]

De toute évidence, Molière s'efforce ici de nous montrer un échantillon
de l'arsenal des faux-fuyants que Tartuffe sait mettre en œuvre à tout
bout de champ pour tenir autrui à distance. Frustré, Cléante quittera la
partie, à l'instar de tout personnage dans la pièce qui, de bonne foi, a
affaire aux dévots. La Luzerne l'avait déjà fait voir : dans sa description
des efforts que l'on fait pour récupérer la somme prêtée à son faux
dévot, le prêteur en sera fatalement pour son argent :

> De plus qu'un confident l'ait fait dépositaire
> De nombre de deniers attendant quelque affaire
> Et que l'occasion d'en faire le remploy
> Luy persuade alors que d'aussi bonne foy
> Et non moins promptement il les luy voudra rendre
> Comme de bonne grâce il avait sceu les prendre,
> Je luy baise les main. Il aura beau prier
> De cent délays subtils il le pourra payer
> D'absence de logis, de défaite diverse ;
> Jetant quelqu'accident exprez à la traverse
> Pour empescher l'effet de ce qu'il aura dit

---

[122]   *Ibid.*, 85.

Et cependant toujours en faire son profit.[123]

Cette puissance des confrères sur laquelle on n'a pas de prise parce qu'agissant de façon oblique se révèle être le fruit d'une technique longuement mûrie et perfectionnée que décrit excellemment Du Four :

> Ils tâchent d'éviter la haine de ceux qu'ils attaquent, en agissant avec tout le secret qui leur est possible ; car, après avoir jeté la pierre, ils cachent le bras, afin que l'on ne voie point d'où vient le coup. Par exemple, s'ils ont résolu de pousser à bout un ecclésiastique, parce qu'ils le croyaient de mauvaises mœurs ou de doctrine suspecte, s'ils pensent pouvoir le faire punir par les voies de la justice ordinaire, ils lui susciteront un dénonciateur qui l'accusera, sans faire aucunement paraître qu'ils prennent part à cette poursuite. Que s'ils jugent qu'il n'y a pas moyen de perdre un homme par les formes ordinaires de la procédure, ils tâchent par le moyen de leurs intrigues de le décrier auprès des puissances, afin [...] de surprendre quelque ordre, qui tende ou à l'éloigner ou à le priver de sa liberté ou à l'interdire de ses fonctions et le rendre inutile en flétrissant sa réputation de quelque nature d'infamie.[124]

On remarque comment la tactique est assortie à la personne qu'on veut perdre. La Compagnie travaille patiemment par voie excitative,[125] ne

---

[123]   *Op. cit.*, 91. Là nous paraît se trouver la source probable de l'épisode où Orgon confie à Tartuffe sa cassette contenant le dépôt qu'Argas a remis à Orgon qui risque de les compromettre politiquement aux autorités, V, i, vv. 1579-83.

[124]   *Mémoire*, 3, 35.

[125]   Du Four a observé justement les voies d'agir de la Compagnie, témoin l'article 17 des Annales où est décrite « [...] la huitième et dernière voie qui est la voie excitative. Comme la Compagnie n'agit point de son chef ni avec autorité, ni comme corps, mais seulement par ses membres, en s'adressant aux prélats, à leurs officiers et aux supérieurs pour les choses temporelles, elle garde toujours son secret qui est son particulier caractère. Mais elle excite sans cesse à entreprendre tout le bien possible et à éloigner tout le mal possible ceux qu'elle juge propres à ces fins, sans se manifester elle-même et n'ayant pour but que la charité ; toutes ses voies doivent être simples, secrètes, douces, prudentes, excitatives et charitables », dans Emard, *op. cit.*, 84. Pour Triboulet, Renty aurait toujours privilégié la voie excitative (qu'il rend synonyme d'« incitative » à l'égard de la conversion des hérétiques protestants, en conformité avec sa sainteté personnelle), *op. cit.*, 198. On voit que le terme

perdant jamais de vue la fin qu'elle se propose, mais en faisant en sorte que la main qui exécute demeure invisible. Les agissements de Tartuffe et de ses acolytes suivent le même chemin. Prenant Orgon de biais, après l'avoir bien étudié, on adapte parfaitement les apparences aux exigences de la situation et du personnage à duper. Aussi le comportement grimacier devant Orgon diffère-t-il tout à fait de la conduite combien mesurée et discrète devant Cléante (IV, i). La mise en demeure à la famille de quitter la maison dont se charge Loyal est tout à fait dans les formes : la main de fer dans un gant de velours qu'incarne Monsieur Loyal, comme nous le décrit Le Vayer :

> [...] cet homme qui a tout l'air de ce qu'il est, c'est-à-dire du plus rafiné fourbe de sa profession, ce qui n'est pas peu de chose, cet homme, dis-je, y fait l'acte du monde le plus sanglant avec toutes les façons qu'un homme de bien pourroit faire le plus obligeant ; et cette détestable manière sert encore au but des Panulphes, pour ne se faire point d'affaires nouvelles, et au contraire mettre les autres dans le tort par cette conduite si honnête en apparence, et si barbare en effet.[126]

Et le plus souvent, pour toute fin de ces manœuvres, comme nous informe Du Four, il y a la dénonciation sournoise aux autorités temporelles ou ecclésiastiques des victimes « [...] sans les examiner, sans les entendre et sans aucune forme ni figure de procès ».[127] On n'aura pas de peine à reconnaître les mouvements silencieux et feutrés du sieur Tartuffe, aboutissant à la dénonciation de la famille auprès du roi, réduite qu'elle est à ce que Le Vayer appelle « [...] la dernière désolation par la violence et l'impudence de l'Imposteur ».[128]

Pour le pharisien de La Luzerne et le faux dévot de Molière, la maîtrise des apparences est de la plus haute importance, l'apanage indispensable de celui que Le Vayer qualifie de « l'âme de toutes la plus concertée ».[129] Le premier nous décrit le comportement combien modeste et humble qui caractérise le faux dévot :

est interprété selon que l'on se fait l'apologue ou le détracteur de la Compagnie.
[126] Éd. cit., 91.
[127] *Mémoire*, 35.
[128] Éd. cit., 92.
[129] *Ibid.*, 81.

> On voit ces cagots, baissant la crête,
> Faisant semblant que tout volontiers leur échappe. [130]

C'est par les mêmes simagrées que Tartuffe attire l'attention de sa future dupe à l'église. Pour être si opposés, Tartuffe et Cléante ont un point important en commun, c'est-à-dire une exacte appréciation de la nature d'Orgon. Après avoir écouté le discours rhapsodique où son beau-frère s'extasie sur les mérites insignes de son nouveau confident, Cléante n'hésite pas à le qualifier de fou qui se moque du monde (vv.311-13). Il le sait porté à l'excès par son naturel, et a beau tâcher de le lui faire toucher du doigt en faisant état de la tendance des hommes à tout exagérer :

> La raison a pour eux des bornes trop petites ;
> En chaque caractère ils passent ses limites ; (vv.341-2)[131]

La réussite de l'hypocrite chez Orgon n'est possible qu'en raison de la plus exacte appréciation du caractère de ce dernier. Aussi, le jaugeant du coup d'œil du maître à l'église, choisit-il à bon escient de jouer son rôle en charge, se lançant avec un zèle de néophyte dans une prière des plus ferventes :

> Il attirait les yeux de l'assemblée entière
> Par l'ardeur dont au Ciel il poussait sa prière,
> Il faisait des soupirs, de grands élancements,

---

[130]   *Op. cit.*, 83.

[131]   Jean de Bernières se fût rangé sans conteste du côté d'Orgon, témoin cet éloge de la foi du charbonnier : « C'est une pratique admirable pour un chrétien que de ne juger, de n'estimer, de n'aimer, ni de rechercher aucune chose que par la seule foi, et *crever par ce moyen les yeux de sa raison* », dans Souriau, *op. cit.*, 191. Ce faisant, il tombe dans le premier des deux excès blâmés par Pascal : « exclure la raison, n'admettre que la raison», *op. cit.*, no. 183, 534. Ailleurs, à propos des puissances trompeuses, il situe la cécité intellectuelle aux antipodes du christianisme : « Notre propre intérêt est encore un meilleur instrument pour nous crever les yeux agréablement » (no. 44, 505). Aux effusions lyriques et peu avisées d'Orgon sur le compte de son saint homme Cléante répond sèchement :
> Voilà de vos pareils le discours ordinaire :
> Ils veulent que chacun soit aveugle comme eux.(vv.318-319)

Il baisait humblement la terre à tous moments ; (vv.285-9)

Nous savons, grâce à La Luzerne, que cette méthode de prier est particulièrement goûtée par les confrères de Caen et ne manque pas de frapper les crédules, qui se laissent entraîner par la nouveauté :

> Tout nouveaux en conduite, en prières, en zèle,
> Ils ne font qu'aux Béats d'impression nouvelle.[132]

Comme Tartuffe, ils tournent le dos aux rites plus traditionnels et mesurent la qualité de l'adoration selon des critères purement sensoriels : ce ne sont en effet

> [...] qu'actions méritoires
> Élévations d'âmes et vœux jaculatoires,
> Adorants en esprit, de la mesme façon
> Qu'aux parfaits le Sauveur en donna la leçon,
> Ils quittent, pour ce fait, aux âmes plus grossières
> L'usage accoustumé des communes prières,
> Comme sur tout au monde ils sçavent rafiner.[133]

Il n'est guère surprenant que, des trois formes de prière décrites par Furetière, ils fassent choix de celle qui est la plus démonstrative : « On distingue trois sortes d'oraison : la *vocale* qui est l'ordinaire qu'on prononce de bouche ; la *mentale* qu'on fait de la pensée en méditant ; la *jaculatoire* qui se fait par une vive et prompte aspiration du cœur ».[134] Jean de Bernières, chef de la coterie dévote à Caen, avoue qu'il se sent transporté dans certains états mystiques à tel point que « [...] l'on perd le goût des prières vocales, quoique très saintes ».[135] Il n'est guère surprenant

---

[132]   *Op. cit.*, 100.

[133]   *Ibid.*, 99.

[134]   Furetière, *Dictionnaire universel*, à l'article de l'oraison. Le Vayer s'inscrit en faux comme Cléante contre ceux qui manquent de retenue dans l'adoration, faisant mine de vouloir « écheler le Ciel avant que d'y être appelés », *De la religion*, *Œuvres*, III (2ᵉ partie), 6ᵉ vol., 424.

[135]   H. Bremond, *Histoire littéraire...*VI, *La Conquête mystique*, 234. Le biographe de Bernières, M. Souriau, pose la question : « On perd donc le goût du *Pater* ?; et Jean de Bernières n'est pas effrayé de voir que sa méthode éloigne de la prière que Jésus-Christ a enseignée ! », *op. cit.*, 264. À quoi

que cette espèce de dévotion spontanée et irraisonnée fasse dire de ses pratiquants à La Luzurne que « [...] par route de traverse aux astres ils s'élèvent ».[136]

Derrière l'opération de Tartuffe, se dessine ce que nous appellerions toute *une théologie de la persuasion au moyen de la séduction mise au point au préalable.* Avant d'en faire l'analyse, mesurons d'abord l'effet du faux dévot sur sa dupe. Tel qu'Orgon le décrit à son beau-frère, le faux dévot arbore un air doux (v.283), ne cesse de baiser humblement la terre (v.288), rend avec modestie une partie de l'argent que lui donne Orgon, prétextant son peu de mérite qui l'en rend indigne (vv.293-6). Plus tard, il ne saura soutenir la vue du décolleté de Dorine (vv.860-62).[137] Derrière la mine doucereuse se cache un esprit auquel n'échappe la moindre vétille. Dorine nous dit qu'« il contrôle tout, ce critique zélé » (v.51). De même les cagots de La Luzerne ne manquent pas « [...] au gré de leur ambition/ [de] faire passer sur tout leur inquisition ».[138] En particulier, ils finissent par imposer, mine de rien, un régime hypocrite à leurs dupes : « De soupçons scrupuleux remplissent leurs esprits / Et s'en font un jouet après

---

Bremond répond que « [...] c'est l'action même de la grâce qui met parfois le mystique dans l'impuissance de réciter des prières vocales », *ibid.* Soit, mais en pratique cette méthode de prière plus ostentatoire est destinée, qu'on le veuille ou non, à faire déconsidérer une dévotion plus intérieure et moins spectaculaire aux yeux des pratiquants sinon des assistants, ce qui constitue le nœud du grief du poète normand comme de Cléante. Les critiques sévères de celui-ci portent sur ces « fanfarons de vertu », qui font montre de « ce faste insupportable » (vv.388-9). Nous souscrivons au jugement de M. Souriau : « Il y a là une témérité spéciale au directeur de l'Ermitage, et qui rappelle le quiétisme », *ibid.* En 1675, Du Four revient à la charge contre la théologie de l'Ermitage, fustigeant ceux « [...] qui se sont trop bandé l'esprit à vouloir pénétrer les secrets de la théologie mystique, et ont tâché de s'élever à ces degrés sublimes d'oraison dont parlent les Contemplatifs », *ibid.*, 339. Cette dernière phrase est à rapprocher de celle de Le Vayer dans la note 134 et de la phrase suivante de La Luzerne dans le texte.

[136]   *Op. cit.*, 99.
[137]   Dès 1634 la Compagnie était partie en guerre contre « les nudités de gorge ». Voir A. Rébelliau, « Un « épisode de l'histoire religieuse du XVIIe siècle » », I, *Revue des Deux Mondes*, 16 (1er juillet 1903), 65. Cette mode avait d'ailleurs plus de critiques que les confrères de la Compagnie. Voir le chapitre I, à la note 40.
[138]   *Op. cit.*, 84.

qu'ils les ont pris ».[139] Voilà l'état de dépendance où Tartuffe aspire à réduire la famille. Écoutons Dorine à ce sujet :

> S'il le faut écouter et croire à ses maximes,
> On ne peut faire rien qu'on ne fasse des crimes. (vv.49-50)

Il n'y a pas jusqu'à son valet qui ne se croie autorisé à enlever des bibelots de femme sous le prétexte qu'ils appartiennent aux parures du diable (vv.204 sqq.). C'est dans ces scrupules ridicules que Tartuffe puise le moyen de dominer Orgon, qui trouve de quoi s'extasier dans le remords étalé par l'hypocrite au souvenir d'avoir tué une puce avec trop de colère (vv.305-10).[140] Orgon hypnotisé de la sorte, Tartuffe peut le tourner comme un morceau de cire, lui imprimant la forme qui lui plaît. Au dire de Dorine, suite à l'ascendant de son saint homme « [...] il est devenu comme un homme hébété » (v.183). Peu après, nous constatons à quel point Orgon est tombé sous le charme de son imposteur, quand il entame un hymne de gloire à celui qui donne une nouvelle orientation à sa vie :

> Qui suit bien ses leçons goûte une paix profonde,
> *Et comme du fumier regarde tout le monde.*
> Oui, je deviens tout autre avec son entretien ;
> *Il m'enseigne à n'avoir affection pour rien,*
> *De toutes amitiés il détache mon âme ;*
> *Et je verrais mourir frère, enfants, mère et femme,*
> Que je m'en soucierais autant que de cela.(vv.273-9)[141]

---

[139] *Ibid.*, 89.

[140] L'exemple n'est pas si exagéré que l'on peut le croire. Jean de Bernières pousse le scrupule jusqu'à faire un péché de sa joie éprouvée « dans la compagnie de plusieurs saintes personnes » : se rendant chez une personne de qualité, où l'on allait toucher un instrument de musique il s'inquiète qu'un ami y prenne plaisir, M. Souriau, *op. cit.*, 179, 191. Argan nous fournit un merveilleux exemple de la tyrannie des scrupules, demandant un conseil à Monsieur Diafoirus : « Monsieur, combien est-ce qu'il faut mettre de grains de sel dans un œuf ?
MONSIEUR DIAFOIRUS : Six, huit, par les nombres pairs ; comme dans les médicaments, par les nombres impairs », *Le Malade imaginaire*, II, vi.

[141] C'est moi qui souligne. En 1643 M. de Renty, éminent membre de la succursale de Caen, qui voit sa femme en train de mourir éprouve une joie si

Ce ne sont pas là de simples paroles destinées à nous révéler
l'imbécillité d'Orgon, dont on ne saurait douter, d'ailleurs. Les mots
que nous soulignons témoignent plutôt *de cette théologie de la
persuasion au moyen de la séduction* et *d'une tactique bien rodée par la
Compagnie*, déjà tournées en ridicule par La Luzerne, qui décrit
comment le faux dévot choisit une victime impressionnable (« une âme
timorée ») et en fait sa créature à lui à force de lui exposer cette
théologie si attrayante :

> Qu'il sente riche et propre à se trouver leurrée
> Il la mettra bien tost en l'estat sans souci
> *D'attendre tout du Ciel, n'ayant plus rien icy.*
> Tant il est mal aisé, luy dit-il à toute heure,
> Qu'un riche en seureté de conscience demeure,
> Son zèle est tel pourtant en cela pour aultruy
> *Qu'il est près de se faire anathème pour luy.*[142]

Être convaincu que le monde est à rejeter et qu'il faut tout attendre du
Ciel et rien d'ici-bas conduit au dépouillement de l'une et de l'autre
dupe. Mais les dupeurs ont déjà feint de les devancer dans la voie de la
pauvreté. Le serviteur de Tartuffe a pris bon soin d'informer Orgon de
l'indigence de son maître à l'église (v.292),[143] et le bourgeois ne

vive à la pensée de sacrifier ce qu'il a de plus cher au monde à Dieu que « [...]
si la bienséance ne m'empêchait, je la ferais éclater au dehors, et en donnerais
des témoignages publics », M.Souriau, *op. cit.*, 38. Il dit qu'« [...] il se
trouvait, par la divine miséricorde, dans un état de mort si entière, qu'il n'y
avait ni anges, ni hommes, ni renversement de sa famille, ni la mort de
Madame sa femme ou de ses enfants, bref que, quand le Ciel et la Terre se
fussent renversés, qu'il serait demeuré insensible à tout cela », dans A. Tallon,
op. cit., 98. Pour R. Picard, à travers Orgon, Molière atteint « [...] la
séparation radicale qui est au cœur du christianisme », art. cit., 234, tandis
que, pour J. Cairncross, Molière attaque dans le personnage « [...] le
catholicisme le plus orthodoxe », « 'Tartuffe' ou 'Molière hypocrite' », *Revue
d'Histoire Littéraire de la France*, no. 5–6, Molière (septembre–décembre
1972), 900. Nous avons de la peine à suivre cette interprétation si bien ancrée
dans la tradition qui soutient que *Le Tartuffe* attaque la religion. Voir
l'appendice III.
[142]   *Op. cit.*, 90–91. C'est moi qui souligne.
[143]   Dorine le décrit comme

demande qu'à croire à ces titres de sainteté qu'il vante à Mariane et à
Dorine :

> [...] S'il n'a rien
> Sachez que c'est par-là qu'il faut qu'on le révère.
> Sa misère est sans doute une honnête misère ;
> Au-dessus des grandeurs elle doit l'élever,
> Par son trop peu de soin des choses temporelles,
> Et sa puissante attache aux choses éternelles. (vv.484-9)

Tartuffe se fait gueux à l'intention d'Orgon et le pharisien de La
Luzerne est prêt à se faire anathème pour celui qu'il veut tromper au
même jeu des apparences dévotes. Il y a pauvreté hypocrite et pauvreté
évangélique : la pratique des deux peut être d'une ressemblance si
parfaite qu'on comprend que Molière n'ait pas pu ou voulu en différer
la distinction jusqu'au jugement dernier, n'en déplaise à Bourdaloue.
Toutes deux étaient bien capables de fleurir dans l'atmosphère fervente
de la Compagnie du Saint-Sacrement. En particulier, dans la succursale
de Caen on respire un air grisant de mysticisme qui, pour peu qu'on n'y
prenne pas garde, bascule dans le fanatisme, sinon dans l'hypocrisie.[144]
Elle a pour chef Jean de Bernières, trésorier de France à Caen,
richissime, mais qui renonce à l'usage de ses biens pour vivre dans le
dépouillement. À vrai dire, il ne pouvait en être autrement pour ce
disciple du Père Jean-Chrysostome, inspirateur du groupe normand et
directeur de conscience de Bernières. C'est de lui que Bernières tient sa
pratique de l'oraison passive et mystique et son amour de la pauvreté.[145]
Le Père Chrysostome, dont on ignore le nom de famille, tant il avait
voulu tout oublier de sa naissance selon la chair, pousse très loin

> [...] un gueux qui, quand il vint, n'avait pas de souliers
> Et dont l'habit entier valait bien six deniers. (vv.63-4).

Et Damis le traite de « pied-plat » (v.59), que Furetière définit comme « un
rustre, un homme de rien qui a des souliers tout unis, et tout plats, comme en
portent ordinairement les paysans ».

[144]   Si d'une part Allier fait le relevé des petits côtés de la Compagnie, Tallon et
Triboulet de l'autre sont peu disposés à voir comment la pratique des confrères
met en danger l'esprit du christianisme.

[145]   L'oraison passive, où l'esprit en repos parfait ne fait que subir l'action divine,
fut enseignée par Bernières à ses disciples de l'Ermitage à Caen.

l'ascétisme. Si Tartuffe fait mention de sa haire et de sa discipline (v.853), le bon père ajoute à son cilice « [...] des chaînes de fer, une ceinture garnie de pointes recourbées qui s'enfoncent dans son corps, et amènent des plaies suppurantes ».[146] Il fonde la Société de la Sainte Abjection, et fait vœu de jeûner cent jours si le mépris de la part du monde ne lui échoit pas. Se joignent à lui « [...] plusieurs personnes fort spirituelles et très dégagées de la matière ».[147] Il fait précéder son livre *De la sainte abjection* par une phrase dont pourrait se rebuter le lecteur moyen : « Si vous êtes possédé de l'esprit humain et mondain, ne lisez pas ce livre, car il vous ferait mal au cœur, et vous n'y comprendriez rien ».[148] Il travaille à la « désoccupation » de l'esprit, pour employer son grand mot, histoire de faire place au seul intérêt de Dieu.[149] À cette fin, il fait répéter à ses disciples, à l'issue de l'eucharistie, ces vœux :

> Je me consacre et me donne sans réserve à l'esprit et aux dispositions de Jésus, mon Seigneur et mon Sauveur, pour entrer en la communion de tous les différents états et pratiques de mépris et d'abjection de sa vie voyagère, et pour aimer purement et souffrir patiement toute abjection, tout mépris, rebut, délaissement, toute persécution, injure et calomnie de qui que ce soit, sans exception, promettant, ô mon Dieu ! d'en remercier votre divine Providence, comme d'une faveur très particulière.[150]

C'est lui qui annonce à Bernières que « [...] je vous trouverai très propre à faire un parfait pauvre et un parfait méprisé, même dans votre

---

[146] Souriau, *op. cit.*, 131.

[147] *Ibid.*, 137. M. de Renty, fondateur de la compagnie à Caen, éprouva continuellement le désir de pratiquer la sainte abjection : « J'aurais grand plaisir, s'il m'était permis, de m'en aller tout nu en chemise, courir par les rues de Paris, pour me faire mépriser et estimer un fol », M. Souriau, 38. Une dizaine d'années plus tard il ne fut plus question d'une telle retenue avec l'équipée des disciples de Bernières à Caen au grand étonnement des Caennais, et La Luzerne et Molière y trouvèrent encore un prétexte pour discréditer davantage la Compagnie. Voir le paragraphe suivant de ce chapitre.

[148] *Ibid.*, 138.

[149] H. Bremond, *Histoire...*,VI, 236-7. Si l'on retrouve le même but chez Descartes (*Discours de la méthode*, ch. 1, Montaigne, éd. cit., II, 12, 562, et Le Vayer (*Dialogue sur la divinité*)), l'intention, du moins en ce qui concerne les deux derniers, reste moins évidente.

[150] Souriau, *op. cit.*, 138.

ville. [...] Je vous trouverais très heureux si vous étiez réduit dans cet
état. Dieu tout bon vous veut pauvre évangélique ».[151] Henri-Marie
Boudon, qui fait aussi partie de ce groupe normand, et deviendra
archdiacre d'Évreux, vit d'aumônes toute sa vie, comme Tartuffe, et
étudiant en théologie, mendie à la porte de Notre-Dame.[152] Gueux aussi
les jeunes disciples de Bernières qui se produisent dans les rues de Caen
en tenue déboutonnée, hurlant qu'il faut réformer le clergé à tendance
janséniste; et, plus tard, en partance pour Argentan munis de renforts,
ramassant l'ordure des animaux, s'en barbouillant le visage, poussant la
pénitence au point d'en manger, roulant dans les bourbiers pour mieux
se mortifier la chair.[153] Le pharisien de La Luzerne comme le Tartuffe
de Molière font leurs toutes ces pratiques pieuses de la pauvreté et de la
mortification, les revêtissant d'une intention dont on n'aura pas la
mauvaise foi de soupçonner ceux qu'ils singent. Sous le couvert des
mêmes apparences d'abjection et de mortifications dévotes, tous deux ont
mis au point une stratégie complexe destinée à soutirer les biens à leur
dupe et à les détacher des siens. Elle comporte cinq étapes :

(a) *l'attraction* : pour l'un et l'autre, il s'agit d'emblée de s'attacher à un
riche. Mais c'est tout un métier que de savoir attacher le grelot !
D'abord, il est question de se mettre à l'affût de son riche. Il y a riches
et riches. Et encore faut-il que la proie soit dévote en même temps que
riche. Et non seulement riche dévot, mais d'un tempérament à se laisser
prendre aux apparences : à cette fin, il faut absolument que le pharisien
ait du flair, pour repérer « [...] une âme timorée/ Qu'il sente riche et

---

[151]   *Ibid.*, 135. Comme le P. Saint-Jure déclare Renty un exemple proposé par
        Dieu « [...] à toutes les personnes mariées qui sont dans l'Église, comme un
        patron parfait et achevé de toutes les vertus nécessaires à l'État de mariage »,
        Triboulet, *op. cit.*, 82.
[152]   H. Bremond, *Histoire*...VI, 235. Sur Henri-Marie Boudon, voir l'appendice
        II, 5.
[153]   Allier, *op. cit.*, 347 sqq. La Luzerne leur consacre plusieurs vers à la fin de sa
        satire, et les considère comme des détraqués :
            Car pour ces pauvres fous qui, les épaules nues,
            En pèlerin de grève à pié courent les rues,
            Leur cervelle me semble un peu trop de guingois
            Pour les oser placer au rang de ces narquois,
            Sinon qu'ils veuillent bien en ce bel équipage
            Passer pour Harlequins du dévot bastelage. (*Op. cit.*, 100)

propre à se trouver leurrée » au dire de La Luzerne.[154] Même flair
génial chez Tartuffe. Si l'imbécile Orgon nous raconte que

> Chaque jour à l'église il (Tartuffe) venait, d'un air doux,
> Tout vis-à-vis de moi se mettre à deux genoux. (vv.283–4)

il ne voit que des yeux : c'est Tartuffe qui, en fin psychologue, a vu
venir de loin sa dupe et, par conséquent, lui en met plein la vue.

(b) *les dispositions prises en vue de la conquête.* Il n'est question que de
laisser opérer le charisme du saint homme et pauvre sur le riche dévot.
Chez Orgon, le travail s'accomplit instantanément : quelques simagrées
tant à l'intérieur de l'église (l'agenouillement en face d'Orgon, la prière
jaculatoire accompagnée de force effets de voix, l'action réitérée
d'embrasser la terre, l'eau bénite offerte en hommage à Orgon, le jeu
de vouloir rendre une partie de l'aumône à celui-ci) qu'à l'extérieur (la
distribution de cet argent aux pauvres sous le regard émerveillé du
donateur), suffisent pour convaincre le riche dévot qu'il ne saurait vivre
sans ce saint homme (vv.284–99). « Et depuis ce temps-là tout semble y
prospérer » (v.300) conclut le suffisant bourgeois. Les confrères de la
Compagnie sont conscients des bénédictions individuelles et collectives
qui leur échoient de leur vocation sainte. Élus par la providence, c'est
le Saint-Esprit qui répand ses grâces sur eux et à travers leurs actions.[155]
Rien n'était plus facile pour Molière et La Luzerne que de jeter le
discrédit sur de telles prétentions. Le faux dévot de ce dernier a tôt fait
d'hypnotiser son riche à lui en le mettant « [...] en l'estat sans souci
d'attendre tout du Ciel ».[156] Il ne reste plus qu'à poursuivre le travail du
conditionnement en vue du gain escompté.

(c) *les leçons de Tartuffe.* Si le jeu abrégé du théâtre ne nous permet pas
d'en suivre le progrès minutieux réalisé au jour le jour à l'école du faux
dévot, nous n'en constatons pas moins les résultats, tels que les autres
nous les décrivent, ou comme le disciple nous les explique lui-même.
Chez ce dernier, ils se traduisent par « une paix profonde », provenant

---

[154]   *Ibid.*, 90.
[155]   Voir A. Tallon, *Les charismes, op. cit.*, 71–74.
[156]   *Op. cit.*, 90.

du rejet du monde comme autant de « fumier » et de la perte de toute affection pour sa famille (vv.274-9). Que n'eût-on pas donné pour recevoir ces mêmes enseignements de la bouche du maître-filou ! Pourtant, vu le changement des plus radicaux opéré chez Orgon, les leçons du maître sont faciles à restituer. Elles nous semblent tenir en deux parties, l'une générale, l'autre on ne peut plus spécifique. Les propos du catéchumène à la Tartuffe ont bien leur origine dans le Nouveau Testament. D'abord, dans l'allusion de Saint Paul à ses avantages de statut religieux, social et civique, avantages dont il jouissait avant sa conversion et qu'elle lui fait réévaluer :

> Mais tous ces avantages dont j'étais pourvu, je les ai considérés comme un désavantage, à cause du Christ mon Seigneur. À cause de lui j'ai accepté de tout perdre, je considère tout comme déchets, afin de gagner le Christ et d'être trouvé en lui, n'ayant plus ma justice à moi, celle qui vient de la Loi, mais la justice par la foi au Christ, celle qui vient de Dieu et s'appuie sur la foi.[157]

Le fait qu'Orgon se vante de « n'avoir affection pour rien » a aussi son origine, par l'intermédiaire de Tartuffe, dans quelques paroles de Saint Paul, que nous citons dans leur contexte :

> Du moment donc que vous êtes ressuscités avec le Christ, recherchez les choses d'en haut, là où se trouve le Christ, assis à la droite de Dieu. Songez aux choses d'en haut, non à celles de la terre. Car vous êtes morts, et votre vie est désormais cachée avec le Christ en Dieu : quand le Christ sera manifesté, lui qui est votre vie, alors, vous aussi vous serez manifestés avec lui pleins de gloire.[158]

---

[157] Épître aux Philippiens, 3:8-10. Nous citons le contexte où paraît le mot « fumier » pour bien dégager le sens très différent que lui prête le texte biblique. En effet, ce qui apparaît comme une antipathie irraisonnée dans la bouche d'Orgon fait partie d'un argument théologique d'une logique précise dans le cas de Saint Paul. Il s'agit pour lui de faire la part des avantages naturels et de la foi au Christ en ce qui concerne le salut, et non pas, comme pour Orgon, de rejeter le monde ainsi que sa famille. Le mot « déchets » dans le contexte paulien ne signifie que la nullité de ces avantages en ce qui concerne le salut. On voit qu'il y a loin de Saint Paul à Orgon.

[158] Épître aux Colossiens, 3:1-4. Il va sans dire que dans la bouche d'Orgon « l'exégèse » est quelque peu aberrante. Il importe à l'apôtre d'empêcher les

Le jeu de Tartuffe et du pharisien de La Luzerne consiste précisément à induire chez leur dévot le détachement radical des biens de ce monde. Se laisser anesthésier par de telles leçons aboutit à « la paix profonde » dont jouit Orgon, euphémisme dévot pour une suffisance béate et l'incurie d'autrui; elle n'est autre que cet « [...] estat sans souci/ d'attendre tout du Ciel, n'ayant plus rien icy » dans lequel le faux dévot normand endort son dévot à lui. Mais les moyens employés à cette fin commune diffèrent sensiblement chez Molière et La Luzerne. Là où le poème se limite à fixer une attitude béate, le jeu plus ample du théâtre nous laisse voir les voies par lesquelles opère le charme de Tartuffe sur Orgon. Il privilégie *la voie du légalisme*, qui constitue la quatrième étape dans le processus de l'envoûtement. Le jeu légaliste du faux dévot consiste à grossir les bagatelles pour en faire de graves péchés : « Un rien presque suffit pour le scandaliser » (v.307) nous dit fièrement Orgon, qui nous raconte le remords de son directeur après avoir écrasé une puce avec trop de colère (vv.308–10). Excellent procédé de sa part pour s'imposer à son entourage par voie de *culpabilisation*. Or, Orgon est riche, et Orgon tient à faire son salut : Tartuffe lui a-t-il cité les paroles du Christ à ce propos ? Sans aucun doute, car elles ne tendent qu'à favoriser son jeu à lui :

> En vérité, je vous le dis, il sera difficile à un riche d'entrer dans le Royaume des Cieux. Oui, je vous le répète, il est plus facile à un chameau de passer par un trou d'aiguille qu'à un riche d'entrer dans le Royaume des Cieux. Entendant cela, les disciples restèrent tout interdits : « Qui donc peut être sauvé ? » [159]

Nul doute que ce sont là des propos à inquiéter un dévot aussi sensible aux impressions des sens que l'est Orgon, qui rejette Valère comme gendre pour une seule raison :

> Enfin avec le Ciel l'autre est le mieux du monde
> Et c'est une richesse à nulle autre seconde. (vv.529–30)

convertis à Colosse de retomber dans l'observation des règlements étrangers à l'esprit du Christ qui ont pour effet pernicieux de situer ailleurs qu'en lui la source de leur salut. Voir son chapitre précédent.

[159] Matthieu 19:23–25.

Être bien avec le Ciel, ne pas se sentir en reste avec lui, voilà la vraie richesse, et la leçon de Tartuffe est à voir dans une conscience bien apaisée. (Ce sera pour avoir la conscience tranquille qu'il remettra plus tard à Tartuffe sa cassette avec le dépôt d'Argas.)[160] Même façon de s'y prendre pour le prédécesseur de Tartuffe. Il travaille surtout à convaincre sa dupe que la richesse engendre l'inquiétude temporelle et spirituelle :

> Tant il est mal aisé, luy dit-il à toute heure,
> Qu'un riche en seureté de conscience demeure.[161]

De même le Père Jean Chrysostome essaie de persuader à son disciple Bernières que sa paix intérieure n'est pas à trouver sans le dépouillement : « Je crois que vous n'aurez aucun repos que vous n'en usiez de la sorte, parce que vous ne seriez pas dans le centre de votre grâce ».[162]

Du détachement de ses biens au *détachement des siens*, but général où tend toute étape précédente, il n'y a qu'un pas, et Orgon le franchit lestement en envisageant tranquillement leur disparition (vv.278-9). Le voilà hermétiquement scellé dans la seule réalité à lui, « [...] n'ayant plus rien ici »[163] comme La Luzerne décrit cet état de déphasage psychologique où se trouvent les dupes des faux dévots. Pour peu que Cléante s'y oppose, il s'entend traiter d'émissaire du malin esprit (v.152) ou de libertin (vv.314-5). Ce n'est pas autrement que le père Jean met Bernières en garde contre les obstacles à la réalisation de la vocation de pauvre : « cependant souvenez-vous que le diable est bien rusé pour l'empêcher ».[164] La sœur de Jean de Bernières, Jourdaine de Bernières, prend le voile et renonce au monde de façon radicale. Rentrant au couvent que la peste l'oblige à quitter avec ses élèves, elle

---

[160]   Afin que, pour nier, en cas de quelque enquête,
          J'eusse d'un faux-fuyant la faveur toute prête,
          Par où ma conscience eût sûreté
          À faire des serments contre la vérité. (vv.1589-92)
[161]   *Op. cit.*, 90. Ces vers contiennent une allusion évidente aux paroles du Christ relatives aux riches citées plus haut dans notre texte.
[162]   Souriau, *op. cit.*, 135.
[163]   *Op. cit.*, 90.
[164]   Souriau, *op. cit.*, 135.

passe devant l'hôtel de sa mère, qui vient de perdre son mari. Pressée d'entrer un moment pour consoler sa mère, elle refuse pour ne pas donner l'exemple de la faiblesse humaine. Quand on apporte au couvent son portrait à elle de la maison de son père, « [...] malgré les efforts des religieuses, elle prend des ciseaux, coupe le nez et crève les yeux du tableau ; elle s'amuse de la douleur que cela cause à ses sœurs, leur prêchant ainsi par l'exemple le détachement des vanités et du monde ».[165] Orgon n'agit pas autrement en essayant de s'extirper un reste de tendresse paternelle pour sa fille qu'il est en train de sacrifier à Tartuffe : « Allons, ferme, mon cœur, point de faiblesse humaine » (v.1293). N'entend-on pas le vers de Cléante devant pareil geste de détachement: « Les sentiments humains, mon frère, que voilà ! » (v.280). Cet état d'inimité entre lui et les siens s'appuie sur une très grave déformation d'un texte biblique, en l'occurrence les paroles du Christ : « Si quelqu'un vient à moi sans haïr son père, sa mère, sa femme, ses enfants, ses frères, ses sœurs, et jusqu'à sa propre vie, il ne peut être mon disciple. »[166] La conduite d'Orgon envers ses proches reflète la mentalité intégriste des dévots que décrit si bien La Luzerne: traitant « [...] d'ennemi tout ce qui n'est pas leur » :

---

[165]   *Ibid.*, 71-72. Voir l'exemple du détachement du monde fourni par M. de Renty à l'occasion de la mort de sa femme, à la note 141 ci-dessus.

[166]   Luc 14:26. Il est question ici de souligner le caractère radical de la vie du disciple au moyen d'un hébraïsme dramatique, plutôt que de recommander la haine des proches, comme le fait voir la version dans Matthieu 10:37 : « Qui aime son père ou sa mère plus que moi n'est pas digne de moi. Qui aime son fils ou sa fille plus que moi n'est pas digne de moi ». La Mothe Le Vayer conclut du passage de saint Luc « que l'amour que nous devons avoir pour lui étant notre Père et notre Créateur, doit précéder, et être incomparablement plus forte que celle dont nous pouvons être touchés pour toutes sortes de créatures ». *Des pères et des enfants, Discours ou homilies académiques*, éd. cit., III (2e partie), 6e vol., 210–11. L'ancien protecteur de Molière, le Prince de Conti, converti à la Compagnie du Saint-Sacrement, écrit en 1666 que le disciple « [...] ne doit tenir qu'à Dieu seul et être toujours prêt dès qu'il s'agit de l'observation de ses Commandements, à lui sacrifier les choses qui lui sont les plus chères, comme sa fortune, ses biens, ses établissements, sa famille, son honneur et sa vie même ; écoutant le Seigneur et lui obéissant quand il lui dit comme à Abraham : *Prends ton fils unique Isaac qui est l'object de ton affection* (Genèse 22:2) », *Les Devoirs des grands*, présenté par Jean Dubu (Paris : Communication et Tradition, 1998), 79.

Estoufant toutefois la vertu la plus belle
Que Jésus-Christ enseigna à son peuple fidelle,
J'entends la charité qui se doit au prochain.[167]

Désormais dans la maison d'Orgon, sentiments humains et charité cèdent le pas au verbe haut et au geste grandiose. Orgon reste le disciple maladroit du grand praticien : aussi ce dernier fait-il exprès d'aller droit aux pauvres pour leur remettre l'argent que vient de lui donner Orgon, sous les yeux du néophyte qu'éblouit cette action théâtrale (vv.297-8). Ce n'est qu'après avoir aperçu Dorine que Tartuffe annonce que

Si l'on vient pour me voir, je vais aux prisonniers
Des aumônes que j'ai partager les deniers.(vv.855-6)

On sait que dès leur fondation, les visites aux prisons, aux pauvres et aux forçats formèrent un élément important de la politique d'assistance sociale et une arme de l'œuvre d'évangélisation de la Compagnie, à quoi s'occupa assidûment la succursale de Caen.[168] Il n'y a si bonne chose qui ne dégénère en abus, comme le savaient très bien des satiriques aussi pénétrants que La Luzerne et Molière.[169] Tous deux mettent en lumière le grand geste et le mot pieux accompagnateurs du faux acte de charité, à l'encontre de l'injonction expresse du Christ à l'égard de la pratique de

---

[167] *Op. cit.*, 86.
[168] R. Allier, *op. cit.*, ch. IV, 50-76, 240 ; Rébelliau, *art. cit.*, 61 sqq.
[169] Pour défendre la comédie contre ses critiques dans sa *Préface* de 1669 Molière souligne le caractère relatif et changeant des meilleures activités humaines, qui sont fonction de l'intention de ceux qui les pratiquent : « Et qu'est-ce que dans le monde on ne corrompt point tous les jours ? Il n'y a chose si innocente où les hommes ne puissent porter du crime, point d'art si salutaire dont ils ne soient capables de renverser les intentions, rien de si bon en soi qu'ils ne puissent tourner à de mauvais usages », éd. cit., I, 886-7. Voir les vers de Cléante, vv.339-44, où les hommes, à force de dépasser les limites de la nature et la raison, sont capables de tout gâter. Le Vayer prolonge cet argument en soutenant que la nature corruptible d'une activité (en l'occurrence la comédie) ne devrait pas en empêcher une saine pratique, *Lettre sur la comédie de L'Imposteur*, éd. cit., 96.

l'aumône.[170] Le premier se fait le spectateur avisé des confrères normands en mal de renommée :

> On les void, ces Messieurs en présence du monde
> À tout'heure porter la chaise et le grabat
> Où contre les douleurs un malade combat.
> A pied, de l'hospital prendre la grande rue
> Sans vouloir toutefois se rencontrer en vue,
> Que pour édifier, par leur sainte ferveur,
> Et porter les passants à bénir le Sauveur
> Leur laissant volontiers pour part de cet ouvrage
> Les autres actions où la bourse s'engage ;
> Contents de leur donner par ce transport de corps,
> L'avis de soulager les maux de leurs thrésors.
> Heureuse charité ! Dévotion propice !
> Mais beaucoup plus encore aux malades du vice.[171]

Les avantages de telles apparences vertueuses sont loin d'être négligeables, et constituent le fondement du jeu hypocrite, comme s'en aperçoit Le Vayer à propos du langage dévot à l'usage des hypocrites en 1667 : « Habitude qui leur est très utile ; en ce que le peuple que ces gens-là ont en veuë et sur qui les paroles peuvent tout, se previendra toujours d'une opinion de sainteté et de vertu pour les gens qu'il verra parler ce langage [...] ».[172] À cause de tels tours de passe-passe, le faux

---

[170]   Cléante, en stigmatisant « ces dévots de place » (vv.361 sqq.), ne dit pas autre chose que le Christ qui s'en prend aux hypocrites, Matthieu 6:1–4. Sur l'importance du secret et de la transparence dans la vie chrétienne, voir notre appendice III, 'De l'esprit du secret et de l'esprit du christianisme'.

[171]   *Op. cit.*, 94. Dans les vers suivants, le satirique fait mention du scandale survenu en 1658 à Bordeaux, où la Compagnie fit enlever des femmes et des filles pour les enfermer dans le couvent de Sainte-Madeleine. Cette action, à laquelle le gouverneur de la province, le prince de Conti, n'était pas sans doute étranger, provoqua un arrêt du procureur général défendant ces démarches illégales ainsi que toute assemblée sans la permission du roi et de la cour. Voir R. Allier, *op. cit.*, 335-6.

[172]   *Lettre sur la comédie*, 82 ; Le Vayer admire surtout la façon tranquille dont Tartuffe fait face au dévoilement de sa fourberie dans l'acte IV en 1667 : « Toutefois le bigot ne se trouble point, conserve toute sa froideur naturelle, et ce qui est d'admirable, ose encore persister après cela à parler comme devant.

dévot de La Luzerne « [...] est homme de bien au gré de son caprice ».[173] S'il vient à être découvert, il n'y a point de quoi perdre contenance :

> Mais, s'y deust-il tromper, son mérite est si haut
> Que cent autres vertus réparent ce défaut.
> Est-il d'humilité plus sincère et profonde ![174]

Après avoir été découvert par Damis en tête-à-tête amoureux avec Elmire, Tartuffe fera parade de pareille humilité, ce qui conduira Orgon à s'en prendre à son fils avec véhémence :

> Ah ! Traître, oses-tu bien par cette fausseté
> Vouloir de sa vertu ternir la pureté ! (vv.1087-8)

À son tour, Dom Juan ne se sentira pas de joie en découvrant ce pactole qu'est la fausse dévotion, à laquelle il entonne un hymne de gloire : « [...] c'est là le vrai moyen de faire impunément tout ce que je voudrai ».[175] Le personnage de La Luzerne a déjà devancé et le libertin et l'hypocrite de Molière dans cette voie :

> Quoy qu'il désire ou fasse, il n'aura jamais tort
> Et son crédit au Ciel le rendra bien plus fort.
> Il n'a qu'à sçavoir bien diriger sa pensée ;

Et c'est où il faut reconnoitre le supreme caractère de cette sorte de gens, de ne se démentir jamais quoy qui arrive ; de soutenir à force d'impudence toutes les attaques de la fortune ; n'avouer jamais avoir tort ; détourner les choses avec le plus d'adresse qu'il se peut, mais toujours avec toute l'assurance imaginable, et tout cela parce que les hommes jugent des choses plus par les yeux que par la raison ; que peu de gens étant capables de cet excès de fourberie, la pluspart ne peuvent le croire ; et qu'enfin on ne sauroit dire combien les paroles peuvent sur les esprits des hommes », éd. cit., 88.

[173] *Op. cit.*, 93.

[174] *Ibid.*, 93; il faut ajouter que la nouvelle de Scarron, *Les Hypocrites*, dont la première édition est de 1655 mais qui fut rééditée en 1661, contient un épisode où Montufar pris en faute entame une auto-accusation qui convainc ses auditeurs, voir C. Bourqui, *op. cit.*, 261-2, et L. Deffoux, « L'Hypocrisie et Tartuffe », *Mercure de France* (1er octobre, 1923), 222-5.

[175] *Dom Juan*, V, ii.

> Sa conscience après ne peut être offensée
> Le bien qu'il a d'autruy l'accommode à bon droit :
> Il en usera mieux que l'autre ne feroit.[176]

La direction de l'intention est la clé du bon usage du bien d'autrui en son sens le plus large, comme fait voir sa pratique dans trois domaines communs à la pièce de Molière et à la satire du Normand : l'argent, la gourmandise, et la passion sexuelle. Dans l'un et l'autre, le faux dévot ne saurait être taxé de péché. Quant à l'amour illicite il est impossible de le condamner « [...] parce qu'il a dessein d'en faire une œuvre pie ».[177] Quand Elmire objectera à Tartuffe les commandements de la religion contre l'adultère, il aura beau jeu de bannir de tels scrupules à l'égard du ciel :

> Selon divers besoins, il est une science
> D'étendre les liens de notre conscience
> Et de rectifier le mal de l'action
> Avec la pureté de l'intention. (vv.1489-92)

Et quant au bien de Damis que Tartuffe accepte d'Orgon, il a la conscience en paix en pensant à la fin que justifie le moyen :

> Et si je me résous à recevoir du père
> Cette donation qu'il a voulu me faire,
> Ce n'est, à dire vrai, que parce que je crains
> Que tout ce bien ne tombe en de méchantes mains,
> Qu'il ne trouve des gens qui, l'ayant en partage,
> En fassent dans le monde un criminel usage,
> Et ne s'en servent pas, ainsi que j'ai dessein,
> Pour la gloire du Ciel et le bien du prochain. (vv.1241-8)

La Luzerne note en passant comment « [...] le lucre sent fort bon » pour le faux dévot, et combien il est dangereux de lui en prêter :

---

[176] *Ibid.*, 92.
[177] *Op. cit.*, 96.

Pour peu qu'il le retienne autant qu'il est habile
Il en sçaura fort bien faire un mesnage utile.[178]

Dorine remarque l'habileté avec laquelle Tartuffe tire de l'argent de sa
dupe à tout moment (vv.199–201) et Cléante fustige ces pharisiens

[...] qu'on voit d'une ardeur non commune
Par le chemin du ciel courir à leur fortune. (vv.369–70)

Le faux dévot de Molière et de La Luzerne est non moins amateur de
bonne chère qu'âpre au gain: ce dernier nous fait voir son pharisien

[...] dont la bouche friande
Se flattait à plaisir d'une exquise viande
A droit, quand il le veut, d'en prendre encore deux doigts
Et pourveu que ce soit avec gens de sa trouppe,
Jouer du Saupiquet et faire assaut de Crouppe.[179]

On se rappelle sans effort la description que donne Dorine de Tartuffe
trônant à la table d'Orgon, s'attaquant au repas pantagruélique de deux
perdrix, une moitié de gigot en hachis, buvant à son déjeuner quatre
grands coups de vin (vv.238–9, v.255).[180] L'observation de Le Vayer à
cet endroit de la version de 1667 est des plus intéressantes : « Tout cela,
dis-je, le [Panulphe] fait connoître premièrement pour un homme très
sensuel et fort gourmand, ainsi que le sont la pluspart des Bigots ».[181]

Le fond du caractère pharisien constitue un autre point de
convergence entre Le Vayer, La Luzerne et Molière. Tous établissent

---

[178] *Ibid.*, 91–92.
[179] *Ibid.*, 97–98.
[180] Il faut rapprocher de ce portrait édifiant celui du directeur de dames dans la
Satire X de Boileau :
Qu'il paroît bien nourri ! Quel vermillon ! quel teint !
ce qui n'est pas pour nous surprendre, vu la nourriture exquise qu'elles lui
préparent :
Les estomacs dévots furent toujours avides :
Le premier massepain pour eux, je crois, se fit.
Jacques Crétenet et ses adeptes s'entendent adresser les mêmes quolibets au
sujet de la gourmandise. Voir F. Baumal, *Tartuffe et ses avatars*, 69 sqq.
[181] *Lettre*, 76.

un lien des plus forts entre la fausse dévotion et la sensualité, sous toutes les formes. Le poète normand voit le dévot en train d'accomplir une mission pour tirer du vice les femmes de mauvaise vie, œuvre chère à la Compagnie.[182] Loin de sauver les âmes, le dévot ne fait que succomber à la tentation de la chair, « [...] alléché par l'amorce » il «[...] se perd à l'écueil de l'impudicité ».[183] Qu'à cela ne tienne, car

> [...] un bon peccavi qui de prez suit l'offence
> De ce péché bien tost purge sa conscience.[184]

Pour lui, il n'y a pas loin du « dévotisme » au « Putanisme ».[185] Dès l'entrée de Tartuffe en scène, Molière prend soin d'implanter dans l'esprit du spectateur l'idée de la nature libidineuse de son hypocrite. Son reproche à la servante concernant son décolleté lui attire une réplique des plus franches :

> Vous êtes donc bien tendre à la tentation,
> Et la chair sur vos sens fait grande impression?
> Certes je ne sais pas quelle chaleur vous monte : (vv.863–5)[186]

Assis à côté d'Elmire, qui met en contraste sa profession dévote et la déclaration d'amour qu'il vient de lui faire, il s'écrie « Ah ! pour être dévot, je n'en suis pas moins homme !» (v.966), ce qui se trouve en parfait accord avec le principe directeur du faux dévot de La Luzerne, qui établit le credo commode selon lequel « [...] la Grâce de nos sens tous les droits ne destruit ».[187] Il s'ensuit qu'il poursuit sa carrière de

---

[182]   Voir R. Allier, *op. cit.*, 72 sqq., Rébelliau, art. cit., 61 sqq.
[183]   *Op. cit.*, 96.
[184]   *Ibid.*, 96.
[185]   *Op. cit.*, 98.
[186]   Il est évident qu'une obsession de la pudeur et de la modestie peut très bien dissimuler le désir inassouvi et non avoué : « [...] le désir qui n'ose s'avouer prend les dehors de l'indignation [...] indignation contre le désirable, en place de l'indignation contre le désir ; [...] combattre le mal, en ce cas, c'est encore le commettre symboliquement, et se donner par surcroît la satisfaction de la condamner », P. Bourdieu, « Tartuffe ou le drame de la foi et de la mauvaise foi », *Revue de la Méditerranée*, 19 (1959), 457, dans H. Salomon, *op. cit.*, 28, n.3.
[187]   *Op. cit.*, 98.

dévot en même temps que s'accordant « quelque péché mignon » de
nature sexuelle, cela va sans dire, l'essentiel consistant à éviter « le
scandale dehors », ce qui est possible à cause de son statut privilégié de
dévot.[188] Il est significatif que Tartuffe, lors de sa première proposition
adultère à Elmire, prend soin de l'appuyer sur les mêmes bases, c'est-à-
dire, son appartenance à une élite dévote et l'absence certaine de tout
scandale, à la différence des galants peu discrets à la cour :

> Mais les gens comme nous brûlent d'un feu discret,
> Avec qui pour toujours on est sûr du secret :
> Le soin que nous prenons de notre renommée
> Répond de toute chose à la personne aimée,
> Et c'est en nous qu'on trouve, acceptant notre cœur,
> De l'amour sans scandale et du plaisir sans peur. (vv.995–1000)

En sa qualité de directeur de conscience d'Orgon, il a l'effronterie de
dire à la femme de son hôte « Je vous réponds de tout, et prends le mal
sur moi» (vv.1496) en homme qui a conclu un marché avec le ciel il y a
belle lurette et s'en trouve fort bien.

Chez La Luzerne et Molière, le faux dévot fait autorité non seulement
dans le domaine des choses spirituelles mais aussi dans le temporel.
L'autorité exercée dans le premier fonde son crédit dans le second. Depuis
que Tartuffe s'est impatronisé dans la maison (v.62) il contrôle tout en
critique zélé et se conduit en maître à en croire Dorine (v.51, vv.61–66).
Mais même cet ange gardien de la maison ne soupçonne pas jusqu'où va
son autorité auprès de son maître, parce que c'est Orgon lui-même qui
nous dit béatement que

> Je vois qu'il reprend tout, et qu'à ma femme même
> Il prend, pour mon honneur, un intérêt extrême ;
> Il m'avertit des gens qui lui font les yeux doux,
> Et plus que moi six fois il s'en montre jaloux. (vv.301–04)

Le faux dévot de La Luzerne se montre même plus empressé à montrer
aux époux comment ils doivent procéder en matière de leurs rapports
l'un avec l'autre selon « ceste Sect » :

---

[188]   *Ibid.*, 96–97.

Elle s'ingère aussi de régler le devoir
Qu'il faut aux mariez donner et recevoir ;
En sorte que plusieurs n'en recoivent ny donnent
Que comme ces Béats en secret leur ordonnent.[189]

[189] *Ibid.*, 87–88. Crétenet, le chirurgien à Lyon devenu directeur de conscience, s'attire pareilles boutades au sujet de son ascendant sur ses pénitents tant hommes que femmes. Voir *Les Pamphlets lyonnais* contre Crétenet, dans F. Baumal, *Tartuffe et ses avatars*, 274 sqq. et le libelle *Instruction du Directeur Général aux Femmes mariées de la Caballe*, où l'on conseille à la femme de dégoûter peu à peu le mari des rapports conjugaux, 74 sqq.; Du Four nous donne de précieux aperçus de l'envergure du programme social et spirituel que se proposait la Compagnie, citant comme source M. de Bernières-Louvigny, chef de la succursale caennaise. Se donnant la mission de « [...] suppléer aux défauts et négligences des prélats, des pasteurs, des magistrats, des juges et autres supérieurs ecclésiastiques et politiques qui [...] omettent de faire dans les occasions beaucoup de bien qu'ils pourraient procurer et négligent de résister à beaucoup de maux, d'abus et d'erreurs qu'ils pourraient empêcher », en vertu de ce principe « [...] ces Messieurs croient avoir le droit de se mêler de toutes choses, de s'ingérer dans toutes les actions un peu éclatantes de la religion, de s'ériger en censeurs publics [...], d'entrer et pénétrer dans les secrets des maisons et des familles particulières, comme aussi dans la conduite des communautés religieuses pour y gouverner toutes choses à leur gré », *Mémoire*, 4. (La dernière partie de cette phrase est à rapprocher de la description par La Bruyère de l'abbé de Roquette, membre de la Compagnie du Saint-Sacrement, sous le nom de Théophile : « Il entre dans le secret des familles ; il est de quelque chose dans tout ce qui leur arrive de triste ou d'avantageux », *Les Caractères*, éd. cit., 258, voir notre appendice II, 2). Cet esprit d'ingérence attira à la Compagnie une méchante affaire dont elle eut du mal à se tirer, selon une lettre de Guy Patin, du 28 septembre 1660 : « Il y avait ici de certaines gens qui faisaient des assemblées clandestines sous le nom de Congrégation du Saint-Sacrement ; ces messieurs se mêlaient de diverses affaires et ne faisaient jamais leurs assemblées dans le même endroit ; ils mettaient le nez dans le gouvernement des grandes maisons, ils avertissaient les maris de quelques débauches de leurs femmes : un mari s'est fâché de cet avis, s'en est plaint et les a poussés à bout, après avoir découvert la cabale; ils avaient intelligence avec ceux de la même confrérie à Rome, se mêlaient de la politique et avaient dessein de faire mettre l'Inquisition en France et d'y faire recevoir le concile de Trente. [...] C'était une machine poussée *spiritu Loyolitico latente*. Plaintes en ont été portées au Roi, qui a défendu de telles assemblées avec de rigoureuses menaces », *Lettres de Guy Patin*, dans Allier, 390. La Compagnie se donna pour mission la réforme du clergé, des religieux et des pratiques religieuses : « Ils l'ont fait avant tout dans l'esprit de Trente,

Ce que La Luzerne et Molière reprochent aux confrères de la Compagnie est avant tout le manque de charité qui caractérise leurs propos et leur conduite à l'égard d'autrui. Le poète normand se montre sans indulgence pour eux : il les décrit en train de « [...] dégorger leur venin empesté », de décocher « [...] de reproches cuisants, comme d'autant de flèches ».[190] Comment ne pas penser à Madame Pernelle qui traverse la scène comme une trombe disant ses quatre vérités à chaque membre de la famille ?[191] Pour employer les termes de La Luzerne, elle « [...] fait le rude examen des actions d'aultruy ».[192] À commencer par la maîtresse de maison, sa bru, dont elle blâme le luxe vestimentaire et le train de vie, et qu'elle compare de façon défavorable avec sa première belle-fille (v.9, vv.25-32). Dorine se trouve qualifiée de « [...] trop forte en gueule, et fort impertinente » (v.14), Mariane de discrète et de doucette (vv.21-22), Damis de fou (v.44), et Cléante de prêcheur de maximes peu honnêtes (vv.37-38). Comme Le Vayer fait voir dans sa description de la première scène de *L'Imposteur*, « ce ravissant caractère » est animé par la passion et l'aigreur.[193] Plus loin, Cléante s'entend traiter de libertin par Orgon pour avoir osé exprimer son opinion sur Tartuffe (vv.314-17). Valère, en son absence, est aussi ravalé au même rang pour ne pas se faire voir à l'église et sur un on-dit qui veut qu'il soit joueur (vv.523-5). Il est tout à fait naturel que le spectateur, sans avoir vu l'hypocrite, applique à la mère comme au fils le portrait peu flatteur de ceux que Cléante qualifie de faux dévots : « [...] prompts, vindicatifs, sans foi, pleins d'artifices» (v.374). Il les voit « [...] l'âme à l'intérêt soumise» (v.365), couvrant leur fier ressentiment de l'intérêt du Ciel pour perdre quelqu'un (vv.375-76) (il

---

et au nom d'une pureté religieuse qui ne se réclame explicitement d'aucune forme existante de piété », Tallon, *op. cit.*, 128. Il n'est guère surprenant qu'imbus d'une telle mission, les confrères aient pu commettre les abus dont parlent Du Four et Patin. Enfin, La Luzerne dit qu'
    Ils remplissent bien tost un pays d'intrigues :
    Par tout mettent le nez : s'intéressent à tout (*op. cit.*, 85).

[190] *Ibid.*, 85-86.
[191] En 1667 le beau-frère intervint pour donner une peinture de la vraie dévotion, ce qui provoque le commentaire suivant de Le Vayer : « [...] de sorte que le venin, s'il y en à tourner la bigotterie en ridicule, est presque précédé par le contrepoison », *Lettre*, 74.
[192] *Op. cit.*, 84.
[193] *Lettre*, 73-75.

convient de se rappeler les révélations de Du Four sur les moyens raffinés que la Compagnie met en œuvre pour perdre ceux qui lui déplaisent ; voir ci-dessus à la page 95). De même, La Luzerne les décrit animés par « leur interest », « piquez de jalousie et d'une vaine gloire ».[194] Un homme ne saurait se mettre de pire ennemi à dos que le faux dévot:

> Que si lors, par hasard, il est mal avec luy,
> Comme si le malheur d'avoir pu luy déplaire
> Portoit exclusion d'un chemin salutaire ;
> Sur le simple soupçon, atteint et convaincu
> D'avoir eu des erreurs, ou d'avoir mal vescu,
> Il l'attaque, l'outrage, l'anathématise
> Comme un membre pourri retranché de l'Eglise.[195]

« Linx clairvoyants pour nous, taulpes sans yeux pour eulx », voilà comment La Luzerne voit la conduite de « ces pauvres fous » de l'Ermitage de Caen, qui, tel Orgon, suivent bêtement leurs maîtres plus

---

[194] *Op. cit.*, 86. Pareillement, Le Vayer met en lumière cette « [...] exacte connoissance de la nature de leur interest » qui leur sert de guide infaillible, *Lettre*, 85.

[195] *Op. cit.*, 84. Rappelons le motif qui fait condamner Valère par Orgon :
   Mais outre qu'à jouer on dit qu'il est enclin,
   Je le soupçonne encor d'être un peu libertin.(vv.523-4)
Cet esprit sectaire est la bête noire de Le Vayer, qu'il pourfend sa vie durant : « [...] on abuse souvent du mot d'impie quand on l'attribue à tous ceux qui pensent autrement que nous des choses divines, encore qu'elles soient problématiques et qu'ils s'en expliquent avec beaucoup de circonspection ». C'est l'amour-propre qui en est à la base, nous poussant à ne pas reconnaître d'autres opinions que les nôtres comme orthodoxes, *De l'impiété, op. cit.*, VII (2ᵉ partie), 14ᵉ vol., 93, 99-100. Dans *De la religion* il dit qu'« [...] on ne doit pas employer indifféremment cette sorte d'injure qui taxe, soit d'herésie, soit d'impiété », *op. cit.*, III (2ᵉ partie), 6ᵉ vol., 422. Pour lui, il y a « [...] plus d'une voye de piété et de dévotion qui nous conduit droit au Ciel, et vraisemblablement Dieu se plaist, comme la Nature par tout, en cette variété », *Dialogues*, 332. Voltaire, un de ses admirateurs posthumes, se déclarera à son tour partisan de pareille diversité qu'il constate outre-Manche : « Un Anglais, comme homme libre, va au ciel par le chemin qui lui plaît », *Sur l'église anglicane, Lettres philosophiques*, éd. F. A. Taylor (Oxford : Blackwell, 1961), 14.

astucieux, « ces spirituels filous » qui les conduisent par le nez.[196] Chez les uns et les autres, absence complète de ce qui fait le fondement de l'évangile :

> Estoufant toutefois la vertu la plus belle
> Que Jésus-Christ enseigne à son peuple fidelle,
> J'entends la charité qui se doit au prochain.[197]

Cléante aura beau reprocher à Tartuffe le manque d'amour pour le prochain qui non seulement laisse le faux dévot accepter sans se troubler le moins du monde la donation de Damis mais aussi envisager de jeter celui-ci sur le pavé :

> N'est-il pas d'un chrétien de pardonner l'offense,
> Et d'éteindre en son cœur tout désir de vengeance ? (vv.1193-4)

Par contre, ceux qu'il appelle « les dévots de cœur» (vv.382) sont humbles, jugent bien des autres, avec qui ils sont de plain-pied, ne moralisent pas leur prochain, ne prennent pas sur eux les intérêts du Ciel et ne cabalent pas.[198]

Parmi les faux dévots qui font une vocation de la critique des autres il faut compter la prude, depuis toujours la bête noire de Molière (voir notre chapitre I, section **B**, à la note 40). En effet, tout au long de son théâtre, depuis *Les Précieuses ridicules* jusqu'à *Les Femmes savantes* il part allègrement en guerre contre toutes celles qui ne sauraient

---

[196]   *Ibid.*, 100.
        Lynx envers nos pareils, et Taupes envers nous,
        Nous nous pardonnons tout, et rien aux autres hommes, telle est la conclusion de la fable de La Fontaine, *La Besace, Fables*, I, 7. Célimène, face aux coups de griffe d'Arsinoé, y fait écho en parlant de « Ce grand aveuglement où chacun est pour soi » (*Le Misanthrope*, III, iv, vv.968). Sur ce lieu commun de la morale classique, voir A. Calder, *The Fables of La Fontaine* (Geneva : Droz, 2001), ch. VI.

[197]   *Ibid.*, 86.

[198]   Voir les questions de Cléante à Tartuffe (vv.1219-20) ainsi que les conseils prodigués par Célimène à Arsinoé, *Le Misanthrope*, III, iv, 951-6. Ne pas juger autrui est à la base de la très efficace défense de Molière qu'est l'anonyme *Lettre sur les observations d'une comédie du sieur Molière intitulée 'Le Festin de Pierre'* (1665). Voir l'appendice III.

« [...] souffrir la pensée de coucher contre un homme vraiment nu »,[199] qu'elles s'appellent précieuses ou prudes. Le joli mot de Ninon de Lenclos selon lequel « les précieuses sont les jansénistes de l'amour » [200] les confond à plaisir, comme semble le faire Molière aussi. Il se livre à une attaque féroce contre la prude moralisante, dans une longue tirade que déclame Dorine en 1669, mais dont se charge le beau-frère pour la plupart en 1667.[201] Nous croyons que le rôle beaucoup plus agressif de ce dernier dut comprendre l'essentiel de cette attaque cinglante contre une des figures les plus en vue de la fausse dévotion. Déjà en 1662 La Luzerne fustige le personnage qui s'acharne contre ses rivales plus jeunes et jolies, animé par

> [...] le dépit jaloux des Dévotes sans dents
> Pour n'avoir plus de part aux mesmes passetemps
> Et qui faute d'employ, faisant les preudes femmes,
> Des cendres de l'honneur couvrent leurs vieilles flammes.[202]

Molière donne la bigote prude en pâture à la langue si bien aiguisée de la servante quand Madame Pernelle propose comme un exemple insigne de vertu une de ces connaissances dévotes, Orante. En déchirant celle-ci à belles dents, Dorine nous donne le pendant féminin du faux dévot que Cléante vient de tourner en ridicule : le portrait qu'il en donne se résume en une phrase acérée de La Luzerne: « le saint déguisement enrichit cet emploi ».[203] Dans l'un et l'autre cas, les mobiles ont beau paraître différents, ils ne laissent pas d'obéir au tout

---

[199] *Les 'Précieuses ridicules*, sc. vii.
[200] Voir le chapitre I, à la note 38.
[201] Le discours de la servante en 1669 (vv.121–40) échut au beau-frère en 1667, les quatre premiers vers mis à part, et occupa une place dans la première scène. Voir notre reconstruction de *L'Imposteur* de 1667, vv.129–48.
[202] *Op. cit.*, 95.
[203] *Op. cit.*, 89. Remarquons qu'en 1667 ce discours de Cléante, qui en 1669 figure dans l'acte I, sc. v, occupe une place dans la première scène ; voir notre reconstruction de la pièce, vv.173–96. En 1667 le beau-frère attaque pour ainsi dire de front deux piliers de l'établissement dévot, la prude et le faux dévot. En ce qui concerne la version de 1664, on peut être certain que Molière ne pousse pas son attaque moins vigoureusement qu'en 1667. Cependant, il a dû se rendre compte que les deux tirades gagneraient en intensité à être mieux espacées.

puissant principe de l'intérêt, que Molière a la subtilité d'interpréter selon l'orientation qui lui semble caractériser chacun des sexes. Les éternels reproches de la part de la prude sont surtout fonction d'humeur et de biologie, comme le fait voir la tirade de Dorine contre la sainte Orante, dont la piété est portée aux nues par Mme Pernelle (vv.121-40).[204] La critique prude, qui nous est présentée comme l'homologue féminin du faux dévot, incarne une dévotion aux antipodes de celle qu'approuve Cléante chez les vrais dévots : « leur dévotion est humaine, est traitable » (v.390). En d'autres termes, on tourne le dos à ceux qui ne sont que trop prêts à façonner autrui selon leur propre patron dogmatique. On constate que dans les exemples de la prude dévote donnés par La Luzerne et Molière l'humeur acariâtre fait usage de la dévotion, qui lui offre un prétexte, et pas n'importe lequel, pour essayer de dominer autrui. Dans la fausse dévotion, le mauvais naturel, loin d'être corrigé, comme on est en droit de l'attendre, s'épanouit aux dépens du prochain. Orgon fournit un échantillon éclatant de la façon dont le mauvais caractère s'y complaît et s'y réalise : « Faire enrager le monde est ma plus grande joie » (v.1173). Un père qui pour toute réponse à sa fille écœurée à la perspective du mariage avec Tartuffe lui conseille de se taire et de « faire avec » (IV,iii) n'est aucunement disposé à écouter l'instruction de Saint Paul : « Et vous, pères, n'irritez pas vos enfants, mais élevez-les en les corrigeant et en les instruisant selon le Seigneur ».[205] Déjà La Luzerne avait devancé Molière ici en démontrant que dans cette nouvelle dévotion, le mauvais naturel, loin de

---

[204]   Cf. le trait assassin que Célimène réserve comme flèche de Parthe à la malheureuse prude Arsinoé :

   Il est une saison pour la galanterie,
   Il en est une autre aussi propre à la pruderie,
   On peut, par politique, en prendre le parti,
   Quand de nos jeunes ans l'éclat est amorti.
                                   (*Le Misanthrope*, III,iv,vv.977-80)

[205]   Ephésiens 6:4, d'après la traduction de Louis Segond. *La Bible de Jérusalem* donne « parents » comme traduction. « Patres » de La Vulgate, ainsi que le terme grec « pat r » au pluriel, désigne plutôt parents. Le théologien luthérien Johann Bengel, né en 1685, suit la traduction de Martin Luther et préfère « pères » comme traduction pour la bonne raison qu'ils seraient plus enclins à la colère, que doit compenser l'indulgence maternelle (W. Barclay, *The Epistle to the Ephesians* (Glasgow : Church of Scotland, 1956, 127).

faire obstacle à la vie dévote, peut s'y accommoder moyennant quelques petits arrangements en vertu desquels

> [...] l'homme bouillant, dont la bile s'allume
> Et par mille serments vuide son amertume,
> Prévenu bien souvent des premiers mouvements,
> Peut encores tout bas jurer entre ses dents
> Et pour évaporer le feu de sa colère
> Par les termes moins durs que le dépit suggère,
> Convertissant en B. le D du nom de Dieu,
> Lascher encore parfois une bonne Mort-Bieu.[206]

Orgon appartient à la race des bilieux chez Molière, c'est-à-dire, il est de ceux dont le tempérament est formé par la domination de la bile noire sur les autres liquides qui, dans la théorie médicale de l'époque, étaient censés baigner tout corps animé.[207] Tout comme Alceste,

---

[206]   *Op. cit.*, 97. Corruption sans doute de morbleu, jurement en usage chez les gens de bon ton, selon Littré, et une des exclamations favorites d'Alceste, *Le Misanthrope*, vv.180, 659. On sait que la Compagnie mena une campagne vigoureuse contre les blasphèmes, et fit tant et si bien qu'elle obtint un arrêt général du Parlement à ce sujet en 1655. Non contente de ce succès, elle continua à solliciter le roi tout en veillant à ce que les lois fussent dûment appliquées. Voir R. Allier, *op. cit.*, ch. XII, 214 sqq.

[207]   Pour les théories médicales du XVIIe siècle et leurs origines, voir P. Dandrey, *Le Cas Argan. Molière et la maladie imaginaire* (Paris : Klinksieck, 1993), R. Jasinski, *Molière et 'Le Misanthrope'* (Paris : Nizet, 1963). Furetière définit ainsi la bile : « Humeur jaune et âcre qui est dans le corps des animaux. Bile jaune, bile noire. Les bilieux sont sujets à la colère ». Boileau nous donne le portrait d'une dévote bilieuse dans la *Satire* X :
> [...] cette bilieuse
> Qui, follement outrée en sa sévérité,
> Baptisant son chagrin du nom de piété,
> Dans sa charité fausse où l'amour-propre abonde,
> Croit que c'est aimer Dieu que haïr tout le monde.
Saint-Évremond fait une réflexion en 1670–1671 qui rend l'amour-propre responsable de la fausse charité, comme le fait Boileau : « L'amour propre forme ce faux zèle, et une séduction secrète nous fait voir de la charité pour le prochain où il n'y a rien qu'un excès de complaisance pour notre opinion », *Considération sur la religion*, dans *Œuvres en prose*, textes publiés avec introduction, notices et notes par René Ternois (Paris : Marcel Didier, 1969),

Arnolphe, Argan, Monsieur Jourdain et les autres, Orgon ne demande
qu'à donner libre cours à la colère et au langage haut en couleur qui
l'exprime le mieux. De même que Molière situe l'iconoclaste social
qu'est Alceste dans une société honnête où il n'est guère de mise de
faire un éclat, de même il met Orgon le dévot dans une situation
destinée à l'éprouver autant que faire se peut. Prétendant conduire les
siens dans la voie dévote que lui trace son saint homme, il se révèle être
l'homme du monde le moins apte à en convaincre ceux qui se montrent
tant soit peu réfractaires à son genre de piété. Aussi Molière se plaît-il à
dramatiser, pour le besoin de sa cause, l'idée en filigrane qu'il trouve
chez La Luzerne. En effet, la simple contradiction que note ce dernier
chez le bilieux dévot donne matière à une scène où Molière prend soin
de nous faire voir tout ce dont est capable son bilieux.[208] En 1669,
Orgon tient à imposer à sa fille le mariage projeté avec Tartuffe, en
présence de la servante. Pour le décontenancer, celle-ci a recours à la
tactique favorite des servantes moliéresques en face d'un maître qui
abuse de l'autorité paternelle : celle qui consiste à choisir le parti de se
moquer franchement de lui en feignant de ne pas y croire.[209] Il s'agit de
porter le dévot bilieux au paroxysme de sa colère, ce qui ne manque pas
d'avoir lieu au beau milieu de la scène, où la servante lutine, qui n'a
cessé de l'asticoter depuis le début, finit par le faire déborder :

ORGON

Te tairas-tu, serpent, dont les traits effrontés...?

DORINE

Ah ! vous êtes dévot, et vous vous emportez ?

ORGON

Oui, ma bile s'échauffe à toutes ces fadaises,
Et tout résolument je veux que tu te taises. (II, ii, vv.551–4)

IV, 152.
[208]   Pour Le Vayer, Orgon reste un pauvre homme coiffé, conforme aux bigots
        achevés, « [...] qui n'ont qu'emportement en tout, et qui ne peuvent s'imaginer
        que personne ait plus de modération qu'eux », *Lettre*, 86.
[209]   Telles seront par exemple les réactions de Nicole (*Le Bourgeois gentilhomme*,
        III, ii), Toinette (*Le Malade imaginaire*, I, v), face à la marotte de leur maître.

On sent qu'à l'instar d'Alceste et d'Arnolphe les paroles agressives du personnage cachent à peine un naturel violent, capable à tout moment de dépasser les bornes de la bienséance.[210] Orgon, à force d'avoir embrassé la fausse dévotion avec tant de zèle, se voit condamné à un rôle ingrat où les apparences dévotes et son mauvais caractère se le disputent.

Avant tout, le parti dévot dans la satire de La Luzerne demeure très attaché à la lettre de la loi.[211] D'où ses liens des plus étroits avec le légalisme dont il est devenu synonyme.[212] Nous avons constaté l'importance que revêtent les apparences correctes aux yeux du pharisien de La Luzerne et du faux dévot de Molière. Satirique et dramaturge mettent davantage en évidence la fausse dévotion en la montrant disposée à tout bout de champ à faire valoir ses droits en les portant devant les tribunaux. Pour le Normand, la Compagnie est procédurière au plus haut point :

> S'ils aimaient du procès la pratique profane
> Ils n'en sçauront pas moins se servir de chicane,
> Par argent ou surprise excroquer les arrests,
> Consumer leur parti en des immenses frais,
> Et du crédit des Loix authorisant le vice,
> La [sic] ruiner enfin par formes de justice.
> Car des autres défauts, si chacun a le sien,
> Ce dernier est commun à tous ces gens de bien ;
> Et semble qu'à l'égal de ce que ceste race
> Se dit plus fortement aspirer à la Grâce

---

[210]   Philinte est contraint de s'interposer entre Oronte et Alceste, histoire de les empêcher d'en venir aux mains, *Le Misanthrope*, I, ii, et Arnolphe, face à Agnès qui se range du côté de son jeune rival, Horace, cède à un sentiment d'impuissance :
> Je ne sais qui me tient qu'avec une gourmade
> Ma main de ce discours ne venge la bravade,
> J'enrage quand je vois sa piquante froideur,
> Et quelques coups de poing satisferaient mon cœur.
>   *L'École des femmes* (V, vv.1564-6)

[211]   On lit en épigraphe la première des sept malédictions du Christ contre les pharisiens, en latin, de Matthieu 23:13.

[212]   « Respect absolu, excessif de la lettre de la loi, et *spécialt*. De la Loi de L'Ancien Testament », *Le Grand Robert*.

> Elle se plaist au chic ; et plaide d'autant plus
> Que son extérieur contrefait de vertus.[213]

Ailleurs dans sa satire, on montre les dévotes empressées à recourir à la justice pour le moindre prétexte :

> Autant que dans le monde elles ont de puissance,
> Elles la font agir pour leur juste défence :
> Et, lors qu'à ces deseins il faut lettres, arrests
> Du Prince ou du Conseil, ces secours leur sont prests.
> Ou bien, s'il est besoin d'y venir à main forte,
> Bons archers ou soldats leur presteront escorte.[214]

Ainsi les voit-on parvenir à leur but pervers, «[...] du crédit des Loix authorisant le vice ».[215]

On sait que dans la version complète en cinq actes, Tartuffe n'aura pas de difficulté à obtenir un ordre du Prince pour l'arrêt d'Orgon (V, vi), qu'il n'aura pas non plus de scrupule à mettre en train les rouages de la justice contre la famille et à saisir leurs biens et la maison au moyen de son fidèle huissier Monsieur Loyal et dix de ses hommes de main. Par rapport à ce dernier il y a un détail des plus intéressants : l'acolyte Loyal se déclare « natif de Normandie » (v.1741), pays natal de Renty et de Bernières, et fortement implanté par la Compagnie.[216] À notre connaissance, on n'a jamais relevé le lien entre ce personnage charmant et le comportement farfelu de la Compagnie à Caen. Il est évident qu'aux yeux du satirique normand la Compagnie avait noyauté la société française si bien que ses membres ne se trouvaient jamais à court de ressources. Nous avons remarqué plus haut que telle est la perception de La Mothe Le Vayer quand il décrit l'intervention de Monsieur Loyal en 1667.Une fois démasqué, Tartuffe, usant de ce que

---

[213]   *Op. cit.*, 98–99.
[214]   *Ibid.*, 88–89.
[215]   *Op. cit.*, 98.
[216]   Voir la répartition géographique dans Tallon, attestant l'efficacité du travail de ces deux chefs normands dans leur pays natal, *op. cit.*, 30–32. Le personnage de Loyal se trouve aussi dans *L'Imposteur* de 1667, v.1547 dans notre reconstruction.

Gaston de Renty, Bibliothèque Nationale, cl BN

Le Vayer appelle « une exacte connoissance de la nature de [son] interest »[217] ne se démonte aucunement, mais maintient sa pose dévote devant la famille, les apostrophant comme suit :

> C'est à vous d'en sortir, vous qui parlez en maître :
> La maison m'appartient, je le ferai connaître,
> Et vous montrerai bien qu'en vain on a recours,
> Pour me chercher querelle, à ces lâches détours,
> Qu'on n'est pas où l'on pense en me faisant injure,
> Que j'ai de quoi confondre et punir l'imposture,
> Venger le Ciel qu'on blesse,[218] et faire repentir
> Ceux qui parlent ici de me faire sortir. (IV, vi, vv.1557–64)[219]

Cléante avait déjà anticipé le dénouement en nous dépeignant les faux dévots drapés dans le manteau de la dévotion capables de vous assassiner « avec un fer sacré» (vv.375–6). La pièce nous montre deux façons d'y procéder, l'une directe, l'autre indirecte. La première

---

[217] *Lettre*, 85.
[218] Idée détestable à Cléante qui loue les vrais dévots lesquels
> [...] ne veulent point prendre, avec un zèle extrême,
> Les intérêts du Ciel plus qu'il ne veut lui-même. (vv.401–2)

mais chère aux confrères de la Compagnie, comme en témoigne leur action contre les impies, comme l'indique le passage suivant des *Annales* : « Dans toutes les occasions où la Compagnie a cru pouvoir venger Dieu des injures que les impies et les blasphémateurs lui ont faites, elle a beaucoup travaillé avec beaucoup de ferveur, soit dans les choses arrivées à Paris, soit pour celles qui lui étaient recommandées par les Compagnies des Provinces », Allier, *op. cit.*, 215 ; cette ferveur dans la correction est d'ailleurs attestée par La Luzerne, décrivant les confrères qui « ne tendent qu'à régner, les armes à la main », âpres et vindicatifs dans la dispute :
> Qu'il leur arrive aussi d'avoir peut-être affaire
>   Avec quelqu'un suspect de sentiment contraire :
> A-t-il raison ou non, ce sera mériter
> De le pouvoir par là combattre et surmonter
> Et tout ce qu'il perdra sera de bonne prise
>   Sur l'ennemi juré de leur dévote Eglise. (*op. cit.*, 87, 99).

[219] Le Vayer admire l'aplomb avec lequel Panulphe se tire d'affaire en 1667 : « Toutefois le bigot ne se trouble point, conserve toute sa froideur naturelle, et ce qui est d'admirable, ose encore persister après cela à parler comme devant », *op. cit.*, 88.

consiste à vider la famille de sa maison, en ayant recours aux procédés extérieurs, comme l'insinue Tartuffe à Orgon, et qu'incarnera Monsieur Loyal ; la deuxième à dépouiller la famille à l'intérieur de la maison, « de violer les droits les plus sacrez et les plus légitimes, tels que ceux des enfans sur le bien des pères », selon Le Vayer.[220] Le mariage projeté par Orgon entre sa fille et Tartuffe en est un autre exemple, non moins éclatant. Au début de ce chapitre, nous avons donné les raisons qui nous portent à croire que le personnage de Mariane existait dans la version de mai 1664. On sait qu'une des raisons alléguées par M. Michaut contre la présence du personnage regarde le caractère inadmissible du mariage d'une jeune fille avec un hypocrite odieux (voir la section **B** ci-haut). Mais si nous tenons compte de la genèse et de la raison d'être de cette première version, une attaque des plus virulentes contre certains « originaux » qui la supprimèrent,[221] l'épisode devient la clef de voûte de la satire. Qui plus est, il s'éclaire singulièrement à la lumière des méthodes d'évangélisation de la Compagnie. Pour réaliser ses objectifs d'évangélisation et d'assainissement des mœurs, elle n'hésita pas à mettre en vigueur des mesures directes et non pas des plus édifiantes, témoin son ingérence dans les affaires tant privées que publiques, ce qui ne laissa pas de s'attirer une fâcheuse notoriété. Le scandale de Bordeaux en fournit un exemple, la Compagnie enfermant de son chef des femmes et des filles sans autre forme de procès, et nourrit la satire de La Luzerne.[222] Le mariage forcé à dessein évangélisateur en est un autre. La mésalliance la plus grotesque qui soit, du genre de celle dont l'idée même vise à nous choquer dans la comédie de Molière, semble avoir fait partie de leurs procédés habituels. Le si bien informé satirique normand nous décrit cet abus du mariage mis en œuvre par la Compagnie en quête des âmes qu'elle prétend arrachées au demi-monde : l'union d'une de celles-ci, de préférence avec un jeune naïf, histoire de conférer les apparences d'honnêteté à la mariée, mais au grand dam de l'époux malgré lui :

> Si quelqu'une n'est point tout à fait esclandrée
> Et qu'elle sçache un peu faire bien la sucrée,

---

[220] *Lettre*, 85.
[221] *Premier Placet*, éd. cit., I, 890.
[222] Voir la note 171 ci-dessus, et La Luzerne, *op. cit.*, 94–95.

Avecques la faveur d'un frère du parti
Qui de vieux débausché fera le converti,
Eust-elle été cent fois et poussée et blousée
On n'en laissera pas d'en faire l'espousée
De quelqu'un adolescent, surpris au trébuchet
Sur le rapport trompeur que la preude en a fait,
Sauf à lui, par aprez qu'il sçaura cette escorne,
A ruminer sa honte, en animal à corne,
Elle n'a que bien fait dans le juste dessein
De recouvrer l'honneur d'une honneste Putain ;[223]

On comprend que dans un zèle qui obnubile la raison la Compagnie puisse procéder à de telles mésalliances, justifiées par le besoin de la cause qu'on ne saurait contester. Dans *Tartuffe* nous en avons l'image inversée, une mésalliance également grotesque entre une jeune innocente et un faux dévot coureur de femmes et d'argent, mésalliance dont Orgon reste charmé et qui n'en est pas moins aussi logique et peu offensive dans son optique à lui qu'est celle décrite par La Luzerne aux yeux des marieurs. En 1669 Orgon suivra cette logique perverse jusqu'au bout, en préconisant une résignation vertueuse à sa fille en révolte contre un tel mari :

[...] Plus votre cœur répugne à l'accepter,
Plus ce sera pour vous matière à mériter:
Mortifiez vos sens avec ce mariage. (vv.1303–5)

En fidèle disciple de la Compagnie, ayant à cœur le salut de sa fille ainsi que le sien, il entend certes accomplir une bonne œuvre. L'idée de pareil mariage, pour *répugnante* qu'elle soit, donne à Molière, comme à son prédécesseur dans cette voie, La Luzerne, encore une arme, et non des moindres, pour attaquer la police sociale qu'exerce avec une impunité apparente, à ce qui leur semble, la Compagnie du Saint-Sacrement. Le sacrifice d'une jeune fille au directeur de conscience de la Compagnie est tout à fait à sa place dans une satire virulente de leurs menées.

Au terme de ces confrontations, on est tenté de demander si Molière connaissait la satire de La Luzerne avant d'écrire sa pièce. La question

---

[223]   *Ibid.*, 95.

en amène une autre, plus générale, qui s'y rattache étroitement :
Molière pouvait-il soupçonner l'existence d'une Compagnie à laquelle
le secret importait tellement ? Plusieurs moliéristes y donnent une
réponse négative.[224] Nous ne croyons nullement que Molière dût
s'installer pour de bon à Paris pour être au courant des actions diverses
que menait la Compagnie sur beaucoup de fronts : en tant que directeur
de troupe et ancien intime et protégé d'un de leurs membres les plus
influents et zélés, le Prince de Conti, il en avait bien ressenti leur
influence et celle des dévots rigoristes (voir notre chapitre I, section **B**).
Il remonte à Paris vers la fin des années 50, période pendant laquelle les
confrères de Caen redoublent d'efforts pour extirper le jansénisme de
leur région. L'officialité de Rouen et le parlement de Normandie se
prononcent contre la persécution d'un prêtre suspect et la cause parvient
même au conseil du roi.[225] Nous retrouvons la trace de Molière à
Rouen. Avant de s'installer à Paris il semble avoir fait de nombreuses
tournées dans la région en 1658.[226] Quant à la satire de La Luzerne,
nous avons noté plus haut qu'elle est de 1661-1662.[227] Les satires du
poète normand ne furent pas publiées en volume pendant sa vie, mais
chacune d'elles avait circulé clandestinement, comme force factums et
libelles à l'époque.[228] Mais, vu les multiples ressemblances tant de fond

---

[224] Comme par exemple H. Salomon, *op. cit.*, 169; et plus récemment A. Calder,
Molière, The Theory and Practice of Comedy (London : The Athlone Press,
1993), 155 ; G. Michaut, « L'Éternel 'problème du *Tartuffe* » », 131, demande
« Quelle police secrète informa Molière que la Compagnie subsistait encore,
pour qu'il jugeât utile de la stigmatiser publiquement ? » Emard suit Michaut
ici, *op. cit.*, 97-99. Il était pourtant facile pour Molière de rester au courant
de tout ce qui se passait à la cour, et notamment de ses cabales, grâce à ses
amis influents les Le Vayer ; voir en particulier la satire féroce de celles-ci
dont se décharge le père dans *Prose chagrine* (1661) ; n'oublions pas non plus
que la Compagnie s'était déjà fait remarquer à la suite du scandale de Caen ;
voir Couton, éd. cit., I, 865.

[225] Allier, *op. cit.*, 350-1.

[226] Mongrédien, *Recueil*, I, 100-01; la troupe rend visite à Rouen en mai, juin
(deux fois), juillet, août, et octobre de 1658.

[227] Voir la note 107 ci-dessus.

[228] Voir Baumal, *op. cit.*, 102, Couton, éd. cit., I, 864-5 : « [La satire] est restée
inédite jusqu'en 1888, certes ; mais on sait avec quelle facilité les œuvres non
imprimées se diffusent au XVIIe siècle par les copies et les prêts de
manuscrits ». Elle a été éditée par Eugène de Beaurepaire (Rouen : E.

que de forme, il nous semble plus à propos de soulever la question :
Molière pouvait-il ne pas la connaître ? Le scandale à Caen en 1660,
comme celui de 1658 à Bordeaux, avait livré les affaires de la
Compagnie un peu plus au domaine public qu'elle ne l'eût certainement
voulu. Concernant ce dernier épisode, Le Parlement de Paris en fut
saisi en ces termes :

> Sous le voile de piété et de dévotion, qui sert de prétexte à établissement des
> dites assemblées, il s'y commet de notables abus, tant parce qu'on y enferme
> toutes sortes de personnes, sans l'autorité et l'aveu du juge ordinaire, que
> parce que l'on peut pratiquer des cabales et des intrigues ruineuses et
> préjudiciables au service de l'Etat et du public.[229]

Le Parlement, présidé par Lamoignon, premier président et membre
éminent de la Compagnie, est obligé de rendre un arrêt où l'on ne
trouve aucune mention de la Compagnie, mais qui fait

> [...] inhibitions et défenses, à toutes personnes, de quelque qualité et
> condition qu'elles soient, de faire aucunes assemblées illicites ni confréries,
> congrégations et communautés en cette ville, et partout ailleurs, sans
> l'expresse permission du roi, et lettres patentes vérifiées en ladite Cour ;
> comme de tenir aucunes prisons, et retenir aucuns sujets du Roi contre leur
> volonté, dans maisons et chartes privées, sous quelque prétexte que ce
> soit.[230]

Il n'est nullement dans notre propos ici d'essayer de faire le relevé
des sources possibles du *Tartuffe*.[231] Mais nous nous croyons fondé à
tirer deux conclusions de cette confrontation de textes, dont la première
est la suivante : à notre sens, *il faut désormais considérer la satire de
La Luzerne comme une source majeure, sinon la principale, de la
comédie de Molière*. Qu'on ne se méprenne pas sur ce que nous

---

Gagniart, 1888).
[229]   Allier, *op. cit.* 363–4.
[230]   *Ibid.*, 364.
[231]   On consultera avec profit G.E.F., IV, 348–55; H.C. Lancaster, *A History of
        French Dramatic Literature in the Seventeenth Century* (Baltimore : Johns
        Hopkins, 1936); A. Adam, *op. cit.*, III, 299 sqq.; G. Couton, éd. cit., 861
        sqq.; C. Bourqui, *op. cit.*, 246–75.

avançons ici. Nous ne songerions pas un instant à nier que Molière, en matière d'emprunts, use des éléments de toutes provenances.[232] Il semble bien avoir mis à contribution le portrait du dévot par Du Lorens qui se met à genoux à la messe et cajole la femme du voisin hors de l'église,[233] une satire de Régnier contre la fausse dévotion, *Macette* (1609),[234] *Les Hypocrites* de Scarron (1655) pour l'épisode où Tartuffe procède à son auto-accusation devant Orgon,[235] *Les Provinciales* de Pascal (1656-1657), comme nous allons le constater, et bien d'autres textes encore;[236] et quant au sujet, un « impatronisé » qui profite de la naïveté de sa dupe pour en courtiser la femme, avant de parvenir à Molière il fait son chemin en Italie et en Espagne.[237] (Soit dit par parenthèse, tous ces points de convergence, à l'exception du dernier, sont mentionnés explicitement par La Luzerne : le dernier n'y figure que sous forme implicite, à propos des rapports entre époux suivant le décret du dévot.) Pour la trame de sa comédie ainsi que pour sa

[232] La phrase que lui attribue Grimarest, « Il m'est permis, disoit Molière, de reprendre mon bien où je le trouve », qu'elle soit apocryphe ou non, lui convient à merveille, *La Vie de M. de Molière*, éd. cit., 39.

[233] *Satire* 1re, 1624.

[234] Notamment les vers sur le péché qu'entraîne le scandale :
>   Le péché que l'on cache est demi-pardonné.
>   La faute seulement ne gît en la défense :
>   Le scandale, l'opprobre est cause de l'offense.
>   Pourvu qu'on ne le sache, il n'importe comment;
>   Qui peut dire qu'on ne pèche nullement.
>   Comparer *Le Tartuffe*, vv.995-1000, 1504-06.

[235] Voir la note 19 du chapitre II.

[236] En particulier la VIIe *Provinciale*, sur la pureté de l'intention qui corrige le vice du moyen, comparer *Le Tartuffe* vv.1439-93.

[237] Ce que les contemporains du dramaturge savaient fort bien, notamment G. Guéret : « Je ne vous dis point d'ailleurs que Molière n'est pas l'original de ce dessein ; vous savez que l'Arétin l'avait traité avant lui, que même il y eut quelque chose dans la *Macette* de Régnier, et, quoiqu'il y ait toujours beaucoup de mérite à bien imiter, néanmoins on ne s'acquiert point par là cette grande gloire dont on a honoré l'auteur du *Tartuffe* », *La Promenade de Saint-Cloud* (1669), dans G. Mongrédien, *op. cit.*, I, 354. Le sujet se trouve dans le roman de Vital d'Audiguier, *Les Amours d'Aristandre et de Cléonice* (1624), l'anonyme remaniement en prose d'une chanson de geste *Valentin et Orson*, une pièce d'Antoine Le Métel d'Ouville, *Les Trahisons d'Arbiran* (1638). Voir C. Bourqui, *op. cit.*, 246 sqq.

matière, Molière a puisé à pleines mains. Mais il apparaît, à la lecture des ressemblances, que cette recherche ait été commandée surtout par son désir brûlant de démolir pour de bon la Compagnie du Saint-Sacrement. Tout autre emprunt nous semble servir, renforcer et affermir ce but central. Nulle autre source ne parvient à éclaircir d'une manière si complète la nature de l'hypocrisie religieuse comme elle nous est présentée par Molière, les voies souterraines et détournées qu'elle emprunte. Que l'on considère combien la conduite de Tartuffe s'éclaire à la lumière de la satire de La Luzerne et les multiples éléments qu'elles ont en commun, à savoir :

l'organisation concertée et secrète qui soutient l'action de Tartuffe; ses méthodes obliques et la dénonciation sournoise des adversaires à l'autorité ; la mise en place des apparences dévotes, la parade des effets bien calculés ; l'étalage d'humilité ; le contrôle d'autrui au moyen de scrupules imposés, le détachement de la dupe de ses proches par le faux dévot au moyen d'un processus de désensibilisation à leur égard ; l'ingérence dans une famille et particulièrement dans les relations des époux ; la mise en vue du dévot bilieux et de la prude hargneuse comme cas d'école de la fausse dévotion ; le péché escamoté par l'intention ; l'attachement à l'argent et l'appropriation du bien d'autrui ; la gloutonnerie ; l'attachement au légalisme et à la lettre de la loi; le recours à la justice pour se venger ; l'absence de charité, le jugement négatif d'autrui et la justification de soi ; l'influence indue auprès du pouvoir ; la mésalliance grotesque acceptée comme tactique convenable pour promouvoir l'œuvre d'évangélisation, le sacrifice des jeunes au gré de la bigoterie ; l'ophtalmie morale qui en est la cause ; et, en dernier lieu, l'élément qui nous semble désigner le plus clairement cette satire comme source principale de la comédie de Molière : le contexte où est placé l'hypocrite, l'impatronisation dans la maison d'un riche bourgeois crédule dont il devient le confident au point de régler les affaires de la maison, et surtout la façon dont il dispose de son bien au détriment de sa famille. Les directeurs de la Compagnie semblent avoir eu une prédilection pour cette méthode de prosélytisme, témoin les témoignages directs de Du Four et de Guy Patin sur leur ingérence dans « les secrets des maisons et des familles particulières ».[238] Ce dernier cite leur habitude d'avertir « les maris de quelques débauches de leurs femmes » avec l'esclandre qui s'ensuit.[239] Cette

---

[238]   Voir la note 189 ci-dessus.
[239]   Voir la note 189 ci-dessus.

convergence remarquable entre ces auteurs d'un côté avec Molière et La Luzerne de l'autre sur la thématique et la charpente du *Tartuffe* est trop étendue et détaillée à notre sens pour résulter du hasard ou de la coïncidence.

Notre seconde conclusion nous paraît une évidence. A l'origine, Molière conçut sa comédie principalement comme une attaque concentrée, corrosive et complète contre les confrères de la Compagnie du Saint-Sacrement de l'autel, qui fournissent personnage et matière principaux. D'importantes conclusions s'ensuivent quant au statut de l'hypocrite. Membre éminent de la Compagnie, Tartuffe parut-il comme prêtre ou laïque en 1664 ?

Prêtre ou laïque ?[240]

L'on pourrait facilement conclure au statut ecclésiastique de Tartuffe en 1664 d'après deux témoignages contemporains. Le premier est la dédicace obséquieuse d'un livre théologique de Pierre Roullé, curé de Saint-Barthélemy à Paris, *Le Roi glorieux au monde ou Louis XIV le plus glorieux de tous*.[241] Le curé, homme à ne pas mâcher ses mots, condamne rondement le dessein diabolique qui donne lieu à la pièce, représentée « [...] à la dérision de toute l'Eglise, et au mépris du caractère le plus sacré et de la fonction la plus divine, et au mépris de ce qu'il y a de plus saint dans l'Eglise, ordonnée du Sauveur pour la sanctification des âmes ».[242] Le sens de cette attaque globale se précise par ce qui suit : Molière mérite d'être brûlé vif pour son « attentat sacrilège et impie », qui consisterait en son jeu de la pratique la plus religieuse et sainte de l'Eglise, « [...] qui est la conduite et direction des âmes et des familles par de sages guides et conducteurs pieux ».[243] Pour Roullé, qui se fût bien gardé de voir une pièce aussi impie, et qui n'en parle que par ouï-dire, le crime essentiel de Molière est d'avoir représenté son hypocrite en directeur de conscience. Membre zélé de la

---

[240]   Très tôt la tradition d'un Tartuffe en soutane s'établit. Voir *La Vie de la révérende mère Madeleine Gautron* (Paris : A. Seneuze, 1690), 513.

[241]   *L'Homme glorieux ou la Dernière Perfection de l'homme achevée par la gloire éternelle*, dont l'achevé d'imprimé est le 1er août 1664.

[242]   Couton, éd. cit., I, 1143.

[243]   *Ibid.*, I, 1143-4.

Compagnie,[244] sans avoir vu la pièce il était tenu au courant par les séances régulières, et notamment par celle du 17 avril 1664 où la suppression de la pièce avait été mise sur le tapis. Le ton de sa philippique lui valut non seulement une réprimande du roi,[245] mais aussi un rappel à l'ordre de la part de la Compagnie, soucieuse de ne pas attirer plus d'attention sur elle-même.[246] Ce que nous retenons de la tirade de Roullé c'est le scandale d'avoir fait Tartuffe non pas *prêtre, mais directeur de conscience.*[247]

Le second témoignage est à trouver dans *Observations sur une comédie de Molière intitulée 'Le Festin de Pierre'* d'avril 1665.[248] L'auteur fustige Molière pour avoir monté son *Dom Juan* impie en présence de « [...] tant de sages magistrats et si zélés pour les intérêts de Dieu, en dérision de tant de bons pasteurs que l'on fait passer pour des Tartuffes et dont l'on décrie artificieusement la conduite[...] ».[249] On voit d'après le contexte que l'allusion au *Tartuffe* est à la fois indirecte et destinée à renforcer l'attaque contre *Dom Juan*, jaillie du feu du mouvement rhétorique plutôt qu'une référence directe à la fonction ecclésiastique de l'hypocrite. À ses yeux, il est hors de doute que *Le Tartuffe* est une attaque contre l'église et les pasteurs de par son

---

[244]   Allier, *op. cit.*, 400–1.

[245]   Peu après, Roullé en effet a l'air de vouloir s'excuser de son langage démesuré dans un passage de son opuscule du *Dauphin*, voir *G.E.F.*, IV, 286.

[246]   Lors de sa réunion du 14 septembre 1664 la Compagnie « [...] résolut de faire exhorter une personne de capacité de ne rien écrire contre la comédie de *Tartuffe*, et l'on dit qu'il valait mieux l'oublier que de l'attaquer de peur d'engager l'auteur à la défendre », Mongrédien, *Recueil*, I, 224. La riposte de Molière à Roullé se tient dans les derniers paragraphes de son *Premier Placet* où il compare l'approbation du roi, du légat papal, et des évêques avec la réaction déraisonnable de Roullé.

[247]   Sans doute George Couton a-t-il raison de dire que « Pour Roullé aussi, Tartuffe était prêtre », quoique ce dernier ne le dise pas explicitement, éd. cit., I, 837. Nous tenons à signaler que pour le curé le vrai scandale de la comédie réside dans la représentation sur scène d'un directeur de conscience.

[248]   Par B.A.Sr.D.R., avocat en Parlement. Une seconde édition de mai de la même année donne le sieur Rochemont comme auteur ; sur la paternité de l'ouvrage, voir Couton, éd. cit., II, 1533 sqq.

[249]   *Ibid.*, II, 1201.

caractère général et son sujet, de même que la pièce était diabolique pour Roullé par le seul fait qu'il y est parlé de la religion.[250]

L'hypothèse d'un Tartuffe en costume de prêtre soulève de grandes difficultés en ce qui concerne l'interprétation du *Premier Placet* de Molière. Là, aux abois, il s'évertue à convaincre ses détracteurs de la délicatesse avec laquelle il a traité une matière aussi sensible : « [...] et, pour mieux conserver l'estime et le respect qu'on doit aux vrais dévots, j'en ai distingué le plus que j'ai pu le caractère que j'avais à toucher. Je n'ai point laissé d'équivoque, j'ai ôté ce qui pouvait confondre le bien avec le mal [...] ».[251] Soulignons deux points qui nous semblent capitaux à ce propos. D'un côté, toute peinture efficace de l'hypocrisie religieuse doit reposer sur une étroite ressemblance avec la vraie dévotion. Et là gît la vraie difficulté pour Molière comme pour ses adversaires. De l'autre, comme le démontre le *Premier Placet*, Molière est pleinement conscient du danger de toute équivoque. Tout comme lui, Rochemont et Bourdaloue constatent la même ressemblance nécessaire, mais ils en tirent des conséquences on ne peut plus divergentes des siennes.[252]

---

[250]   C'est précisément cette objection contre la comédie que combat Le Vayer dans la seconde partie de sa *Lettre sur la comédie de 'L'Imposteur'*, éd. cit., 93 sqq.

[251]   Éd. cit., I, 890.

[252]   Pour Rochemont « L'hypocrite et le dévot ont une même apparence, ce n'est qu'une même chose dans le public ; il n'y a que l'intérieur qui les distingue ; et afin 'de ne point laisser d'équivoque et d'ôter tout ce qui peut confondre le bien et le mal' [citation du *Premier Placet*, qui, bien que publié en 1669 devait courir manuscrit en 1664,] il [Molière] devait faire voir ce que le dévot fait en secret, aussi bien que l'hypocrite. », *Observations* ... dans Couton, II, 1203. Pour Molière et pour Bourdaloue, dans la peinture de l'hypocrisie religieuse, il y va surtout de l'intention de l'auteur. Là se termine la convergence, puisque le jésuite n'estime pas Molière capable de faire la distinction entre la vraie et la fausse piété. La conclusion du prédicateur exige la suspension du jugement sur ceux qui passent pour faux dévots en attendant le jugement dernier : « [...] laissons-les vivre comme ils le voudront ; mais nous, vivons comme nous le devons », *Sermon sur le septième Dimanche après la Pentecôte sur l'hypocrisie*, *Œuvres complètes* (Nancy-Paris : L. Guérin, 1864), II, 235-7. On se demande si le jésuite joue franc jeu ici : si la suspension du jugement s'applique au libertin [Molière] quant aux intentions éventuelles de ceux qu'il soupçonne d'hypocrisie, ne vaut-elle pas aussi pour celui qui vient de faire un procès d'intention à Molière ? L'auteur anonyme de la *Lettre sur les Observations d'une comédie du sieur Molière intitulée 'Le Festin de Pierre'*,

Un troisième texte plus ou moins contemporain nous parle de
Tartuffe « comme un directeur ».[253] Description tout à fait conforme à ce
qu'en disent les trois premiers actes actuels. Madame Pernelle ne
demande pas mieux que d'être gouvernée « par ses ordres pieux » (v.68)
et voudrait que toute la famille s'accorde avec elle. Dorine, au nom de
la famille, accuse Tartuffe « de faire le maître » (v.66), mais pour la
vieille dévote ce n'est qu'« à cause qu'il vous dit à tous vos vérités »
(v.76). Dorine décrit la relation d'Orgon et de Tartuffe comme celle
d'un élève soumis à la moindre exigence du maître :

> Il l'appelle son frère, et l'aime dans son âme,
> Cent fois plus qu'il ne fait mère, fils, filles, et femme.
> C'est de tous ses secrets l'unique confident,
> Et de ses actions le directeur prudent.(vv.185–88)[254]

Il n'est pas jusqu'à la moindre action de la maison qui ne doive
obtenir l'imprimatur du directeur.[255] Orgon ainsi que sa mère nous
figurent sous forme dramatique la maxime de La Bruyère : « Les
hommes veulent être esclaves quelque part, et puiser là de quoi dominer
ailleurs ».[256] La créature de Tartuffe qu'est Orgon ne met-il pas un point

d'août 1665, retourne l'argument employé par Bourdaloue contre les foudres
de Rochemont : « Ce donneur d'avis devrait se souvenir de celui que saint
Paul donna à tous ceux qui se mêlent de juger leurs frères, lorsqu'il dit : Quis
es tu judicas fratrem tuum ? Nonne stabimus omnes antes Tribunal Dei ? [On
réunit ici deux phrases de Saint Paul : « Toi, qui est-tu pour juger un serviteur
d'autrui ? » et « Mais toi, pourquoi juger ton frère ? [...] Tous, en effet, nous
comparaîtrons au tribunal de Dieu »], Epître aux Romains 14:4 et 10, *Bible
de Jérusalem.*

253   G. Guéret, *La Promenade de Saint-Cloud* (1669), dans Michaut, *Les Luttes de
Molière*, 73.
254   M. Michaut nia que Molière fît allusion ici à un directeur de conscience pour
la raison suivante : « Se confier, ce n'est pas se confesser ; avoir un directeur
de ses actions, ce n'est pas avoir un directeur de conscience », *op. cit.*, 74.
Nous avouons avoir du mal à saisir cette distinction ténue. La conscience
n'aurait-elle aucune part aux actions, et être maître de celles-ci n'est-ce pas du
même coup le devenir de celle-là ?
255   « *Directeur* : un directeur de conscience, un directeur d'étude, en parlant de
celui qui conduit la conscience, ou les études d'un autre. Le premier s'appelle
quelquefois absolument directeur » (Furetière).
256   *Les Caractères, De la cour*, éd. R. Garapon (Paris : Garnier, 1962), 223. J.

d'honneur à faire enrager sa propre famille (v.1173) ? Il juge la sainteté de son idole selon la quantité des remontrances que celle-ci lui prodigue ainsi qu'à sa famille à propos de tout et de rien. Si Argan dépend de Monsieur Diafoirus au point de devoir lui demander combien de grains de sel il est permis de mettre dans un œuf,[257] la sérénité d'âme d'Orgon dépend du regard plus qu'attentif que Tartuffe porte sur Elmire :

> Je vois qu'il reprend tout, et qu'à ma femme même
> Il prend, pour mon honneur, un intérêt extrême.
> Il m'avertit des gens qui lui font les yeux doux,
> Et plus que moi six fois il s'en montre jaloux. (vv.501–04)

Le contrôlé ne demande qu'à être contrôlé et à son tour à contrôler autrui. Tartuffe directeur de conscience, soit, mais Tartuffe prêtre?[258] Disons qu'à la lumière de l'évidence nous l'estimons peu vraisemblable. D'abord, s'il est membre de la Compagnie du Saint-Sacrement, elle reste fidèle, malgré une forte présence religieuse, à son inspiration première, c'est-à-dire, d'être une société laïque.[259] Et en second lieu, il eût été impossible pour Molière d'avoir prétendu ne pas avoir laissé la moindre équivoque dans sa peinture de l'hypocrite, comme il a pu le faire dans son *Premier Placet* cité ci-dessus et comme il n'a cessé de le faire au cours des polémiques autour de sa pièce, après avoir fait

---

Guicharnaud lui attribue à juste titre « une mentalité de sous-officier ou de caporal », *Molière une aventure théâtrale*, 48.

[257]   *Le Malade imaginaire*, II, vi.

[258]   Débat qui ne cesse de partager les moliéristes. Si G. Charlier, reprenant la thèse d'Auger de 1821, fait de Tartuffe « [...] un ecclésiastique d'état et de profession, un véritable directeur de conscience », *op. cit.*, 26 sqq., cette thèse est loin de commander l'unanimité. H. Carrington Lancaster donne de fortes raisons pour croire que le personnage ne pouvait nullement être prêtre, *op. cit.*, II, 2, 622. Pour A. Adam, Tartuffe est un dévot laïc (*op. cit.*, III, 298 sqq.), comme pour G. Michaut, *op. cit.*, 72 sqq. ; pour Despois et Mesnard, il ne saurait être question de faire un ecclésiastique du personnage, dont le costume était « équivoque entre la sacristie et le siècle », *G.E.F.*, IV, 325 sqq. H. d'Alméras souscrit à cette vue aussi ; voir *Le Tartuffe de Molière* (Paris : Sfelt, 1946), 25. G. Couton (éd. cit., I, 836) et J. Serroy (Molière, *Le Tartuffe* (Paris : Gallimard, 1997), 181) font de lui un personnage se destinant à la carrière ecclésiastique, donc portant un costume qui désigne un dévot.

[259]   Sur ce point capital voir Tallon, *op. cit.*, 74 sqq.

paraître un hypocrite aux dehors ecclésiastiques. On peut s'accorder ou
non sur la bonne foi de l'auteur du *Tartuffe* : supposons qu'il avait
vraiment l'intention de s'attaquer à la vraie dévotion sous le prétexte
d'une satire de la mauvaise : peut-on imaginer manœuvre plus grossière
et inepte que de présenter son hypocrite en guise de prêtre ? Il aurait
prêté le flanc aux critiques les plus virulentes qui auraient eu beau jeu
de le démolir sans qu'il eût l'ombre de chance d'alléguer, comme il le
fait dans le *Premier Placet*, et ne cesse de le répéter par la suite, que
« [...] pour mieux conserver l'estime et le respect qu'on doit aux vrais
dévots, j'en ai distingué le plus que j'ai pu le caractère que j'avais à
toucher. Je n'ai point laissé d'équivoque [...] ».[260] Il se fût privé du coup
du public dont il cherchait désespérément le soutien, celui des vrais
dévots. Certes, il est possible d'imaginer Molière profondément
hypocrite ou inepte, deux points de vue qui ne peuvent être soutenus,
nous semble-t-il, que moyennant un parti-pris considérable et un refus
de tenir compte des faits. Molière ne nous paraît pas toutefois avoir
l'étoffe d'un Tartuffe[261] ou d'un Orgon. « Molière, dont la prudence
égale l'esprit » selon un de ses défenseurs les plus avisés,[262] eût été
incapable de pareille impudence ou d'une telle bêtise devant le roi et la
reine-mère dévote. Nous ne sommes pas près d'oublier que moins d'un
an avant *Le Tartuffe* il avait dédié *La Critique de 'L'École des femmes'*
à cette dernière, « [...] qui prouve si bien que la véritable dévotion n'est
point contraire aux honnêtes divertissements ».[263] C'eût été à la fois se
déconsidérer de la façon la plus piteuse et donner la partie belle à ses
ennemis.[264]

---

[260]   Éd. cit., I, 890, *Second Placet*, éd. cit., I, 891–2, *Préface*, éd. cit., I, 884,
886 sqq.

[261]   Ce dont Molière se voit accusé par Rochemont : « Certes il faut avouer que
Molière est lui-même un Tartuffe achevé et un véritable hypocrite [...] »,
Observations ... dans Couton, éd. cit., II, 1201. Et telle est la thèse soutenue
par R. Picard, *art. cit.*, et surtout par J. Cairncross, « *Tartuffe*, ou Molière
hypocrite », *Revue d'Histoire Littéraire de la France*, 72:5–6 (1972), 890–
901. Là-dessus, voir notre appendice III.

[262]   *Lettre sur les observations d'une comédie du sieur Molière*, éd. cit., II, 1228.

[263]   Éd. cit., I, 640.

[264]   Il n'y a pas de raison de supposer que la reine-mère n'assista pas à la première
représentation. Le récit officiel nous informe que le roi assista, avec toute sa
cour, aux divertissements qui précédèrent immédiatement la représentation
(voir *G.E.F.* IV, 231). Par contre, nous savons qu'elle n'assista pas à la

Pour ces raisons, nous croyons, avec G. Couton et A. Adam, que le premier Tartuffe ne pouvait avoir le statut d'ecclésiastique. Tout en refusant au personnage l'état clérical, celui-là le fait un « [...] de ces postulants aux bénéfices ecclésiastiques, qui ont reçu sans doute la tonsure et peut-être même les ordres mineurs, et se sont 'mis dans la réforme' ».[265] C'est possible, mais l'évidence citée ci-dessus nous porte plutôt à penser avec Antoine Adam à un directeur de conscience laïque.[266]

La Compagnie, les jansénistes et les jésuites

Si nous croyons que la Compagnie reste la première et la principale cible du premier *Tartuffe*, il serait naïf au plus haut point de penser que l'attaque contre la fausse dévotion s'y limite et s'y arrête. Il ne faut pas supposer Molière d'une crédulité à croire que telle ou telle compagnie ou secte religieuse avait le monopole de l'hypocrisie religieuse. La constante de la comédie moliéresque ne nous semble pas consister d'un seul point de vue dominant sur le genre humain, mais d'une vision qui sait embrasser la généralité des défauts humains. Si ses personnages sur scène se rendent ridicules, c'est pour avoir voulu simplifier leur milieu

seconde représentation des trois premiers actes le 25 septembre 1664 à Villers-Cotterets, chez le duc d'Orléans, frère du roi et protecteur de Molière, d'après la *Gazette* du 27 septembre, *G.E.F.* IV, 290, n.3. On sait que Rochemont essaie d'invoquer l'autorité de la reine-mère contre l'auteur du *Festin de Pierre* en 1665, « [...] qui est continuellement en peine de faire réformer ou supprimer ses ouvrages », Couton, éd. cit., II, 1203. La *Lettre sur les observations* blâme Rochemont de faire parler la reine-mère en faveur de son argument contre Molière : « La dévotion de cette grande et vertueuse princesse est trop solide pour s'attacher à des bagatelles qui ne sont de conséquence que pour les Tartufles », éd. cit., II, 1221.

[265]   Éd. cit., I, 836–7. Comme le faussaire Charpy de Sainte-Croix, que Tallemant fait possesseur d'un bénéfice qu'il ne nomme pas, mais dont la mort de Mazarin semble l'avoir frustré. Voir Emard, *Tartuffe, sa vie, son milieu et la comédie de Molière* (Paris : Droz, 1932). Sur cet aventurier à la parole emmiellée, voir l'appendice II (4).

[266]   *Histoire, op. cit.*, III, 299. A. Tallon remarque à propos du religieux et du laïc quelque difficulté « à définir les applications de chacun [...] renforcée par le fait que, bien souvent, des laïcs éminents de la Compagnie ont un rôle équivoque».

et la conduite de ceux qui les entourent. Ce faisant, le spectateur se rend compte d'une vision comique qui refuse la solution — si attrayante qu'elle paraisse aux yeux du monomane — de la réductibilité de la conduite à une conception simpliste. C'est une vision qui tend plutôt à la pluralité qu'à l'unicité. Si *Tartuffe* provoqua tant de protestations, la raison nous semble résider dans le fait que sa satire s'appliqua non seulement à un échantillon étroit du comportement religieux d'alors, mais aussi à des attitudes plus répandues, dont on peut retrouver des manifestations dans des groupes d'inspiration très diverse. Dans une perspective historique, les oppositions religieuses et idéologiques peuvent facilement nous paraître plus accusées qu'elles ne l'étaient en fait. Paul Bénichou a exprimé ce point avec la pertinence qu'on lui connaît à propos de la sagesse honnête et la folie de la croix : « Les contradictions logiques n'éclatent souvent que fort tard, après une longue période d'incubation, durant laquelle les incompatibles peuvent faire assez bon ménage ».[267] Le climat religieux de l'époque où parut *Le Tartuffe* en offre un excellent exemple. Les cloisons tant historiques que théologiques qui séparent la Compagnie, les jansénistes et les jésuites sont moins étanches et plus perméables que nous nous plaisons souvent à penser. La Compagnie offrait longtemps aux jansénistes comme aux jésuites un milieu fervent et fraternel de communion. La satire qui atteint la conduite des uns peut tout aussi facilement et diversement s'appliquer aux autres, et l'auteur du *Tartuffe* devait bien le savoir. À travers cette espèce de prisme religieux qu'est *Le Tartuffe*, se décomposent les traits de lumière et de satire : aux intéressés de se les appliquer à leur gré, de préférence de la manière éclairée que préconise Uranie dans *La Critique de 'L'École des femmes'* : « N'allons point nous appliquer nous-mêmes les traits d'une censure générale ; et profitons de la leçon, si nous pouvons, sans faire semblant qu'on parle à nous » (sc. vi). Le choix de la Compagnie comme cible par Molière se révéla stratégique au plus haut degré : car à travers elle il était en mesure de faire la satire des hypocrites en même temps qu'une satire générale.

Il est évident que la Compagnie, dès sa fondation, pouvait servir de point de ralliement et de giron pour tous ceux qui ambitionnaient la réforme de la seule Église apostolique se réclamant de l'autorité de

---

[267]   *Morales du grand siècle* (Paris : Gallimard, 1948), 203–4.

Saint Pierre. Faut-il rappeler qu'un jésuite, le père Suffren, se compta parmi les premiers fondateurs de ce « comité d'action catholique » ?[268] Sans doute les congrégations laïques fondées par les disciples d'Ignace de Loyola en vue de la régénération de la fille aînée de l'Église pouvaient-elles regarder les nouveaux venus d'un mauvais œil, mais il y avait aussi une large convergence des volontés. Ainsi en va-t-il pour la société que fonda en 1646 le P. Bagot, jésuite, près du collège de Clermont. Un groupe de jeunes gens, clercs et laïques, forma sous sa direction une communauté dévouée à la charité, à la prière et au travail. Inspirés à partir en mission à l'Extrême-Orient, ils sont puissamment secondés dans leur dessein par la Compagnie du Saint-Sacrement.[269] Quand on a le projet de créer une branche de la Compagnie à Rome, le conseil est donné de prendre ses membres « dans les Congrégations des Jésuites ».[270] Il en est de même en ce qui concerne les membres « jansénisants » de la Compagnie. Si beaucoup des confrères finissent par détester cordialement les partisans de Jansénius, la situation ne reste pas tout à fait claire ni au début ni à la fin de la période de grande influence de la Compagnie. Sébastien Zamet, évêque de Langres, fonda, avec la mère Angélique, réformatrice de l'abbaye cistercienne de Port-Royal, l'Institut du Saint-Sacrement où était directeur le P. Condren, général de l'Oratoire et un des plus anciens collaborateurs de la Compagnie. Ce fut Zamet qui introduisit l'abbé de Saint-Cyran à la maison du Saint-Sacrement, et aussi le premier à intimer au cardinal de Richelieu les propos hérétiques sur la nouvelle église épurée dont l'abbé caressait le rêve.[271] Ce ne fut qu'à partir de la publication posthume de l'*Augustinus* de Jansénius, évêque d'Ypres, à Louvain, en 1640, réimprimé à Paris l'année suivante et réédité en 1643, que le mouvement janséniste a pu commencer à perturber la bonne marche de la Compagnie. N'empêche que bon nombreux de la Compagnie tels le

---

[268]   Sur cette phrase percutante de Raoul Allier à laquelle réagit si vivement Tallon, voir la note 19 de notre premier chapitre.

[269]   Voir A. Rébelliau, « Deux ennemis de la Compagnie du Saint-Sacrement », 916-7, Allier, *op. cit.*, 150-1.

[270]   Rébelliau, *art. cit.*, 918. Sans doute convient-il de ne pas exagérer cette collaboration, laquelle reste « ponctuelle » selon A. Tallon, *op. cit.*, 45. Mais collaboration il y eut à coup sûr.

[271]   Allier, *op. cit.*, 162-6. Cet avis conduisit sans doute à l'arrestation de l'abbé en 1638.

marquis de Fénelon et le duc de Liancourt « [...] se situent aux confins de la Compagnie du Saint-Sacrement et de Port-Royal » à en croire Jean Orcibal.[272] Le duc de Liancourt, membre influent de la Compagnie, laissa son l'hôtel devenir un centre de rencontre et de discussion janséniste, mais les *Annales* de la Compagnie notent qu'une assemblée s'y tint en 1656. La sympathie de ce dernier pour le jansénisme lui valut le refus de l'absolution, contribuant à la guerre théologique où l'on vit entrer en lice Pascal avec ses *Lettres provinciales*.[273] Ce qui effraya la Compagnie, ce fut moins l'austérité morale qui caractérisa le jansénisme que son désir d'effectuer des réformes radicales dans l'Église apostolique qui risqua fort à leurs yeux de ressembler à la secte hérétique de Luther et de Calvin plutôt que de rassembler les fidèles sous la bannière du saint père.[274] Quoi qu'il en soit, même si le climat

[272]   Tallon, *op. cit.*,124.
[273]   « Sans la Compagnie du Saint-Sacrement, point de *Provinciales* », écrit à ce sujet Allier, *op. cit.*, 182 ; pour sa part, A. Calder trouve que les jésuites constituent la cible de Molière, plutôt que les jansénistes ou la Compagnie du Saint-Sacrement, *op. cit.*, 154 sqq., et « Molière, *Le Tartuffe* and Anti-Jesuit Propaganda », *Zeitschrift für Religions- und Geistesgeschichte*, 28:4 (1976), 303-23; pour R. Picard, si la morale des jésuites est attaquée, l'austérité janséniste l'est davantage, art. cit., 230-1, tandis que pour J. Scherer, il n'est question ni des uns ni des autres, *op. cit.*, 68-69. Pour J. Cairncross, Molière prend pour cible la Compagnie plutôt que les jansénistes, *Molière bourgeois et libertin*, 173. A. Rébelliau nous paraît bien faire la part des choses : « Il serait excessif et inexact d'affirmer que les deux grandes pièces « anti-cléricales » de Molière [*Le Tartuffe* et *Dom Juan*] ne sont dirigées que contre la Compagnie du Saint-Sacrement », art. cit., 912, à quoi nous ajouterions « et les jansénistes ou les jésuites aussi ».
[274]   Les cinq propositions censées être hérétiques furent condamnées dans la bulle *Ad sacram* d'Alexandre VII du 16 octobre 1656, présentée au roi le 2 mars 1657, et acceptée par l'Assemblée du clergé le 17 mars. Voir L. Cognet, *Le Jansénisme* (Paris : P.U.F., 1961), 72-73. Le roi resta pleinement conscient du danger auquel faisait face l'église « [...] d'un schisme par des gens d'autant plus dangereux qu'ils pouvaient être utiles, d'un grand mérite, s'ils en eussent été eux-mêmes persuadés. Il ne s'agissait plus seulement de quelques docteurs particuliers et cachés, mais d'évêques établis dans leur siège [...] [dont Nicolas Pavillon, évêque d'Alet, auquel la conversion de Conti doit beaucoup] », *Louis XIV, Mémoires et réflexions* (1661-1715) (Paris : Communication et Tradition, 1997), 15.

religieux n'était guère favorable aux jansénistes, l'on en trouve bien des traces dans les rangs de la Compagnie au-delà des années 50.[275]

La Compagnie semble avoir été au carrefour des perturbations théologiques du siècle, espèce de collectif de gens influents ayant leurs entrées dans tous les groupements religieux. En conséquence de quoi, il nous paraît malaisé sinon impossible de désigner tel ou tel groupe religieux que Molière aurait attaqué *à l'exclusion de tout autre.*[276] La boutade de Racine à l'intention de ses anciens maîtres à Port-Royal à propos d'une lecture interrompue du *Tartuffe* chez des jansénistes renferme plus d'un grain de vérité : « On vous avait dit que les jésuites étaient joués dans cette comédie ; les jésuites, au contraire, se flattaient qu'on en voulait aux jansénistes ».[277] Mais à regarder les choses d'un peu plus loin, on constate que les jansénistes n'avaient pas plus de raisons que les confrères de la Compagnie de se réjouir du *Tartuffe* ou du soutien que le roi apporta de façon visible à Molière. À en croire Brossette, le roi n'avait pas plus de raison d'être content des jansénistes à la cour que des membres de la Compagnie : « [...] quelques prélats, surtout M. de Gondrin, archevêque de Sens, s'étaient avisés de faire au Roi des remontrances au sujet de ses amours [avec Mlle de la Vallière, Mme de Montespan]. D'ailleurs le Roi haïssait les Jansénistes qu'il regardait encore la plupart comme les objets de la comédie de Molière ».[278] S'il y a une constante dans l'optique du théâtre mo-

---

[275] Comme le démontre A. Rébelliau, art. cit., 919. Voir aussi A. Tallon, *op. cit.*, 122–5.

[276] Pour Allier, au contraire, Molière n'a mis en cause ni les jésuites ni les jansénistes, *op. cit.*, 388–9.

[277] Cet incident se produisit le 26 août 1664, jour néfaste pour le monastère de Port-Royal où l'on vit déporter les religieuses, *Lettre aux deux apologistes de l'auteur des hérésies imaginaires*, *op. cit.*, II, 28. Sans doute s'agit-il d'une visite chez une des amies de Port-Royal, telle que la duchesse de Longueville ou Mme de Sablé. Nous nous rangeons de l'avis de Despois et Mesnard qui veut que « Rien n'autorise à penser qu'il [Molière] n'ait pas laissé aux deux partis le soin de se tromper eux-mêmes et de dire comme les deux marquis de *L'Impromptu de Versailles* : « Je pense [...] que c'est toi qu'il joue [...] – Moi ?: Je suis ton valet, c'est toi-même en propre personne », *G.E.F.*, IV, 297–8.

[278] Brossette ajoute que « Tout cela détermina Sa Majesté à permettre à Madame que Molière jouât sa pièce ». Mongrédien, *Recueil*, I, 290. Qu'il s'agisse d'une représentation de la première version en 1664, alors que La Vallière

liéresque, c'est l'opposition à ceux qui tournent le dos aux plaisirs que la société estime honnêtes et innocents au 17ᵉ siècle, qui font la loi aux autres en matière de jugement moral, et qui érigent une barrière entre Dieu et le monde. Molière a visiblement en horreur « ces jansénistes de l'amour »,[279] qu'elles s'appellent Cathos, Magdelon, Climène, Arsinoé, ou Armande, lesquelles n'éprouvent pas de plus grand plaisir que de refuser le plaisir à autrui. Andrew Calder a bien fait de mettre en évidence que le véritable Tartuffe est loin d'être rigoriste, plutôt porté aux plaisirs de la chair.[280] Il est sûr que Tartuffe n'a du rigoriste que les apparences, il joue au rigoriste, comme plus tard il jouera au casuiste. Tout chez lui est jeu, et c'est par là qu'il se fait l'archétype des prudes dont regorge le théâtre de Molière, qui prônent aux autres une conduite n'ayant pas de commune mesure avec la nature humaine, chose qu'elles ne manquent pas de nous démontrer, Molière aidant. Ce jeu savamment calculé consiste à en imposer aux autres par les apparences rigoristes, au moyen desquelles on accumule assez de crédit moral pour légiférer en ce qui concerne le jugement d'autrui : voilà ce qui semble irriter Molière outre mesure tout au long de sa carrière, et le jeune Racine aussi, à en juger par sa satire de ses anciens maîtres.[281] On dirait que

était la préférée du roi, ou d'une représentation de la seconde version de 1667, comme pourrait facilement indiquer la suivante phrase de Brossette où il parle de l'absence du roi et de l'unique représentation d'août 1667, la conclusion demeure la même en ce qui concerne ses rapports avec les jansénistes : ils n'étaient pas en odeur de sainteté auprès du roi. Gondrin avait des sympathies ouvertes pour les jansénistes (voir A. Adam, *Histoire*, II, 208), ce qui n'avait pas empêché ses rapports avec la Compagnie (voir la note 18 du chapitre II). Selon Lacour, le roi avait encouragé Molière à attaquer les jansénistes (voir *Tartuffe par ordre de Louis XIV*, 9). Pour H. D'Alméras, Molière visait principalement les jansénistes et non pas les jésuites. Voir *op. cit.*, 93 sqq.

[279] Voir la note 38 du chapitre I.

[280] *Op. cit.*, 154.

[281] En janvier 1666 ce dernier s'attaque à son ancien maître Nicole qui prend sur lui de condamner en bloc les romans et le théâtre. L'essentiel de son attaque acérée tient en une seule question au janséniste : « Et qu'est-ce que les romans et les comédies peuvent avoir de commun avec le jansénisme ? », éd. cit., II, 19. Sur les procédés mis à contribution par les faux dévots pour amasser ce crédit moral aux yeux d'autrui, voir l'analyse très fine qu'en donne La Mothe Le Vayer, *Lettre*, 82.

Molière se donne pour mission le dépistage impitoyable de ce que le *Premier Placet* appelle les « grimaces étudiées » des hypocrites.[282]

Le jeu rigoriste du maître grimacier est d'une simplicité extrême, et par là, le mot paraît être indiqué en l'occurrence, diablement efficace. Il consiste, à l'instar de la méthode en honneur chez les confrères de la Compagnie, à travailler par la « voie excitative » en vue de ses propres fins. En toute chose il faut considérer la fin, et celle de Tartuffe est la jouissance sans limite du bien et de la femme de son hôte. À cette fin, il lui faut du matériau brut, et il dispose du meilleur qui puisse s'imaginer : deux pâtes molles sous la forme d'Orgon et sa mère, qu'il sait pétrir à sa guise. De tempérament irascible, mère et fils sont portés par leur naturel à vouloir gâter le plaisir d'autrui : « Faire enrager le monde est ma plus grande joie », telle est la devise du propriétaire de la maison (v.1173). Le régime rigoriste qu'il impose aux siens trouve son autorité irréfragable dans l'approbation de Tartuffe. Nous avons noté plus haut le climat de méfiance et d'insécurité qui règne dans la maison dès le lever du rideau. Il est temps de faire état de l'élément indispensable générateur de ce climat, à savoir, le refus à autrui du droit de jugement, et la substitution d'un barème moral inventé et appliqué au gré de Tartuffe. Le jeu rigoriste de Tartuffe fait montre d'une dévotion hypertrophiée, qui se plaît à regarder la moindre vétille à la loupe : « On ne peut faire rien qu'on ne fasse des crimes » (v.50) dit Dorine. À force de tout passer à son propre crible, Tartuffe ne fait pas qu'imposer son autorité à la famille : il ne cesse de l'accroître auprès de sa dupe. En fait, chacune de ses mesquineries, pour ridicule qu'elle nous semble, sert à l'agrandir aux yeux d'Orgon, témoin l'émerveillement de ce dernier devant le remords qui tenaille le saint homme à la pensée d'avoir tué une puce qui l'incommodait pendant sa prière (vv.307-10). Il va de soi que Tartuffe réduit Orgon à une dépendance d'enfant à son égard. Ce qui est peut-être moins évident, parce que conséquence immédiate, c'est le processus d'infantilisation qu'il fait subir aux autres membres de la famille. Il n'y a pas d'action banale qui, une fois examinée à la loupe de Tartuffe, ne devienne

---

[282] Éd. cit., I, 889. Cléante stigmatise ces « façonniers » (v.325) à « la sacrilège et trompeuse grimace » (v.362), Élise décrit Climène comme « la plus grande façonnière du monde », *La Critique de 'L'École des femmes'* (sc. ii), et Molière conseille à sa femme de « bien faire les grimaces » dans son rôle de prude, *L'Impromptu de Versailles*, sc. i.

criminelle, selon la phrase de Dorine, où, pour une fois, nous n'avons pas à faire la part de l'exagération. Tous, sans partager ses convictions d'intégriste ou son tempérament pervers, se trouvent du coup embarqués dans la même situation qu'a voulue le chef de famille, dont ils ne veulent aucunement. Rien, même une puce, ne saurait le détourner du régime pharisien. Damis est le premier à s'élever contre ce nouveau règne d'austérite morale, demandant que l'on lui explique

> [...] que nous ne puissions à rien nous divertir
> Si ce beau monsieur-là n'y daigne consentir ? (vv.47–48)

Dans cette optique absolutiste, les divertissements ne sont rien d'autre que des instruments du diable : que l'on entende le jugement quelque peu sommaire de Madame Pernelle là-dessus :

> Ces visites, ces bals, ces conversations
> Sont du malin esprit toutes inventions.[283]
> Là jamais on n'entend de pieuses paroles :
> Ce sont propos oisifs, chansons et fariboles.(vv.151–4)

Inutile de demander, comme le fait la servante,

> En quoi blesse le ciel une visite honnête,
> Pour en faire un vacarme à nous rompre la tête ? (vv.81–82)

Pour sauver son âme, il faut, *il faut absolument* que Tartuffe soit obéi au doigt et à l'œil : « [...] pour votre salut vous le devez entendre » : telle est la sagesse de Mme Pernelle (v.149). Pour la mentalité intégriste, il ne peut y avoir de voie moyenne : hors de lui, point de salut, et la moindre vétille peut y faire obstacle. Aux yeux de Madame

---

[283] À ce propos, P. Butler écrit : « Il est remarquable que Molière ne fasse aucune allusion au théâtre, bête noire des jansénistes, qu'il n'eût pas manqué de mentionner s'il avait plus particulièrement visé Port-Royal », « 'Tartuffe' et la direction spirituelle au XVIIe siècle », *Modern Miscellany presented to Eugène Vinaver*, éd. T.E. Lawrenson, *et al* (Manchester-New York, 1969), 52. C'est conclure un peu trop hâtivement, nous semble-t-il, ces activités faisant partie de cette école du monde dont un des personnages moliéresques ne manque pas de prôner les avantages éducatifs. Voir notre texte quelques lignes plus loin.

Pernelle et d'Orgon, Tartuffe est un apôtre envoyé « Pour redresser à tous votre esprit fourvoyé » (v.148). Écoutons par contre les propos libéraux que tient l'honnête homme Ariste à son frère Sganarelle trois ans avant *Le Tartuffe* sur les méthodes pédagogiques dont bénéficie sa pupille à lui :

> J'ai souffert qu'elle ait vu les belles compagnies,
> Les divertissements, les bals, les comédies ;
> Ce sont choses, pour moi, que je tiens de tout temps
> Fort propres à former l'esprit des jeunes gens. (vv.185-8)[284]

Ce sont là propos à inquiéter gravement un janséniste, à n'en pas douter. Loin de former l'esprit chez les jeunes, l'école du monde n'offre pour Nicole que des sources d'empoisonnement moral : écoutons l'auteur des *Visionnaires* qui pourfend les représentants de cette école à travers le romancier Desmarets de Saint-Sorlin :

> Un faiseur de romans et un poète de théâtre est un empoisonneur public, non des corps, mais des âmes des fidèles, qui se doit regarder comme coupable d'une infinité d'homicides spirituels, ou qu'il a causés en effet ou qu'il a pu causer par ses écrits pernicieux. Plus il a eu soin de couvrir d'un voile d'honnêteté les passions criminelles qu'il y décrit, plus il les a rendues dangereuses, et capables de surprendre et de corrompre les âmes simples et innocentes.[285]

---

[284] *L'École des maris*, I, ii, vv.187-90.

[285] *Lettres sur l'hérésie imaginaire*, 1665, dans Racine, éd. cit., II, 13. Nicole condamne rondement ces dames dont la vie n'est qu'une suite continuelle de divertissements : « Elles la passent toutes dans les visites, dans le jeu, dans le bal, dans les promenades, dans les festins, dans les Comédies. Que si avec cela elles ne laissent pas de s'ennuyer, comme elles font souvent, c'est parce qu'elles ont trop de divertissemens, et trop peu d'occupations sérieuses », *Traité de la comédie*, dans Thirouin, *op. cit.*, 81. ch. VIII. Nicole et les jansénistes sont loin d'être les seuls à critiquer ces manifestations de la vie mondaine. Le Moyne dans *De la modestie ou de la bienséance chrétienne* (Paris, 1656), critique les conversations mondaines; François de Sales, tout en soulignant que les danses et les bals sont choses indifférentes de leur nature, met pourtant en garde contre les dangers, *Introduction à la vie dévote* (Paris, 1608-1619), ch. XXXIII ; *Le Traité contre les danses et les comédies* de saint Charles Borromée fut édité en 1662 et en 1664. Et le Prince de Conti

Loin d'être « propres à former l'esprit des jeunes gens » comme le
pense Ariste, Nicole considère de pareils divertissements comme autant
de sources d'homicides spirituels, en quoi il s'accorde parfaitement avec
Madame Pernelle et Orgon pour qui le goût de la vie mondaine provient
du « malin esprit» (v.152). C'est dans cette opposition inconditionnelle
des jansénistes à l'esprit mondain et à la comédie en particulier que
résident la force et la malice subtile de la boutade de Racine sur *Le
Tartuffe*, citée plus haut. La situant dans le contexte de leur querelle
avec les jésuites nous l'interprétons comme suit : « Il n'y que leur haine
pour les jésuites qui puisse raccommoder les jansénistes avec la
comédie, fût-elle *Le Tartuffe* ! »[286]

Cet antagonisme entre le théâtre de Molière et l'esprit janséniste est
au moins implicite dans les comédies, et explicite en dehors. C'est au
début de 1667 que Nicole publie son *Traité de la Comédie* à la fin de
ses lettres contre Desmarets, *Les Visionnaires*. Pour être exprimées
d'une façon plus cohérente et lucide que les propos rigoristes de
Madame Pernelle et d'Orgon, le *Traité* n'en garde pas moins le même
ton et la même force intégristes qui n'admettent ni réplique ni
adoucissement. Le métier de comédien est indigne du chrétien, le
théâtre est une école de vice.[287] Nicole y amplifie ce qu'il avait déjà dit
sur les passions au sujet de Desmarets. La comédie est presque toujours
une représentation des passions vicieuses : conclusion sans appel qui
repose sur la prémisse de la corruption de notre cœur. Puisque la
comédie excite les passions elle ne met qu'à contribution notre fond de
corruption, dont est contaminé le plaisir qu'on y prend, suivant la force
de cette logique. Il ne sert donc à rien de protester que les passions

---

286   condamne les danses dans son *Traité de la comédie et des spectacles*, 1666.
Notre propos en ne citant que Nicole est plutôt de montrer que l'esprit
janséniste et la comédie de Molière font mauvais ménage.

286   La raillerie de Racine s'incrit ainsi dans le but global de sa polémique, qui est
de montrer le parti-pris évident et les multiples contradictions dont est formé le
jugement janséniste, partant incapable d'être pris au sérieux au sujet de la
comédie et des romans. Voir notre article « Les Frères ennemis : Racine,
Molière and 'la querelle du théâtre' », dans *Racine, the Power and the
Pleasure*, éd. E. Caldicott et D. Conroy (Dublin : University College Dublin
Press, 2001), 121–34.

287   *Traité*, dans Thirouin, *op. cit.*, 37. Conti avait devancé sa dénonciation,
qualifiant d'« école d'athéisme » le *Festin de Pierre* de son ancien protégé.
Voir *Traité de la comédie et des spectacles*, dans L. Thirouin, *op. cit.*, 212.

représentées sont honnêtes quant à leur intention : plus on colore ces vices d'honnêteté, plus ils sont « [...] dangereux et capables d'entrer dans les âmes les mieux nées ».[288] De cette logique circulaire, où la prémisse-conclusion court-circuite l'argumentation, il n'y a pas d'issue : de quelque côté qu'on se tourne, on ne laisse pas de déboucher sur ce que Pascal appelle « [...] ce vilain fond de l'homme, ce *figmentum malum* [qui] n'est que couvert. Il n'est pas ôté ».[289] Pour Nicole, comme pour Pascal, l'homme se meut dans un monde enténébré, dominé par la concupiscence, tantôt induit en erreur par sa raison, tantôt par ses passions criminelles. Il est avant tout caractérisé par la faiblesse, faiblesse de raison d'abord, mais surtout faiblesse de volonté. C'est de la faiblesse que proviennent les passions, qui font qu'il passe sa vie dans un état d'agitation continuelle.[290] Dans sa *Préface* de 1669 à la troisième version du *Tartuffe* Molière tâche de répondre aux critiques absolutistes de son théâtre de la part de Nicole et de Conti. À l'encontre de ces derniers, il fait confiance à l'homme et à sa capacité de choisir entre le vrai et le faux dans la vie. L'homme étant la mesure de toutes choses, il pose comme principe de base la possibilité de progression morale comme de régression : « Et qu'est-ce que dans le monde on ne corrompt point tous les jours ? Il n'y a chose si innocente où les hommes ne puissent porter du crime, point d'art si salutaire dont ils ne soient capables de renverser les intentions, rien de si bon en soi qu'ils ne puissent tourner à de mauvais usages ».[291] Son plaidoyer pour sa comédie n'est pas du tout la défense de la comédie tout court, avec sa licence habituelle.[292] Fort de ce distinguo, Molière se permet d'aborder

[288]   L. Thirouin, *op. cit.*, 63. Cf. Conti, *Traité de la comédie* : « [...] le but de la comédie est d'émouvoir les passions [...] et au contraire, tout le but de la religion chrétienne est de les calmer, de les abattre et de les détruire autant qu'on le peut en cette vie », *ibid.*, 208. Pour Pascal la comédie constitue un piège redoutable pour le chrétien, *Pensées*, no. 764, dans l'éd. cit., 597.

[289]   *Pensées*, *op. cit.*, no. 211, 529.

[290]   Voir la pensée 44 sur les puissances trompeuses qui nous induisent constamment en erreur, *Pensées*, *op. cit.*, 504–05, et Nicole, *Œuvres philosophiques et morales*, éd. C. Jourdain, *De la faiblesse de l'homme* (Paris : Hachette, 1845), ch. 10–11.

[291]   Éd. cit., I, 886–7.

[292]   Argument relativiste que lui fournit La Mothe Le Vayer, dans sa *Lettre sur la comédie*, où il déploie, avec une habileté magistrale, la défense dont Molière se sert dans sa *Préface* : « Que si la corruption qui s'est glissée dans les mœurs

les critiques de Nicole contre le théâtre, qui reposent sur deux piliers :
la nature criminelle des passions et l'incompatibilité entre le théâtre et la
vocation chrétienne. Molière les reprend, l'une après l'autre, à la fin de
sa *Préface* : il rejette la prise de position de Nicole sur les passions au
nom d'une vision du monde moins rigoriste où l'extirpation des
passions s'avère incompatible avec la condition humaine :

> Je sais qu'il y a des esprits dont la délicatesse ne peut souffrir aucune
> comédie, qui disent que les plus honnêtes sont les plus dangereuses ; que les
> passions que l'on y dépeint sont d'autant plus touchantes qu'elles sont
> attendries par ces sortes de représentations. Je ne vois pas quel grand crime
> c'est que de s'attendrir à la vue d'une passion honnête ; et, c'est un haut
> étage de vertu que cette pleine insensibilité où ils veulent faire monter notre
> âme. Je doute qu'une si grande perfection soit dans les forces de la nature
> humaine ; et je ne sais s'il n'est pas mieux de travailler à rectifier et adoucir
> les passions des hommes, que de vouloir les retrancher entièrement.[293]

La réfutation de l'antagonisme entre la vie chrétienne et le théâtre
provient d'une idée relativiste de la vie aux antipodes de la conception
absolutiste du janséniste : le relativisme moliéresque sait donc faire sa
place à la condamnation du théâtre :

> depuis ce temps heureux [où la comédie représentait la Passion du Christ] a
> passé jusqu'au Théâtre et l'a rendu aussi profane qu'il devoit être sacré,
> pourquoi, si nous sommes assez heureux pour que le Ciel ait fait naître dans
> nos temps quelque génie capable de lui rendre sa première sainteté, pourquoi
> l'empêcherons-nous et ne permettrons-nous pas une chose que nous
> procurerions avec ardeur, si la charité régnoit dans nos âmes [...] », dans éd.
> cit., 96.

[293] Éd. cit., I, 888; Orgon a beau s'efforcer de cacher sa tendresse paternelle
devant sa fille éplorée à l'idée du mariage avec l'hypocrite :
> ORGON, se sentant attendrir.
> Allons, ferme, mon cœur, point de faiblesse humaine. (v.1293)
La Mothe Le Vayer, estimant impossible l'extirpation des passions, traite le
sage des stoïques de « ce simulacre de Vertu », dans *op. cit.*, IV (1ʳᵉ partie), 7ᵉ
vol., 178. La Bruyère traite leur modèle de sage de « ce fantôme de vertu »,
op. cit., 297. Racine, écrivant à Nicole, se plaît à détecter chez les Solitaires
les mêmes passions qu'ils condamnent chez autrui, *op. cit.*, II, 20. Tous
semblent s'accorder avec La Rochefoucauld, pour qui « La durée de nos
passions ne dépend pas plus de nous que la durée de notre vie », *op. cit.*, 8.

> J'avoue qu'il y a des lieux qu'il vaut mieux fréquenter que le théâtre ; et, si l'on veut blâmer toutes les choses qui ne regardent pas directement Dieu et notre salut, il est certain que la comédie en doit être, et je ne trouve point mauvais qu'elle soit condamné avec le reste. Mais, supposé, comme il est vrai, que les exercices de la piété souffrent des intervalles et que les hommes aient besoin de divertissement, je soutiens qu'on ne leur en peut trouver un qui soit plus innocent que la comédie.[294]

Voilà le point névralgique pour tous deux. Que les hommes aient besoin de se divertir ne fait pas l'ombre de doute pour Molière, comme pour le jeune Racine en rupture de Port-Royal. Que la comédie en fournisse une forme légitime, est pour eux un article commun de foi (le seul). Ce dernier, ayant longtemps étouffé dans le milieu janséniste, las d'entendre le même argument contre le théâtre dont on lui rebat les oreilles,[295] exprime ainsi son exaspération devant la séparation nette des occupations saintes et profanes qu'opèrent ses anciens maîtres :

> Car de me demander, comme vous faites, si je crois la comédie une chose sainte, si je la crois propre à faire mourir le vieil homme, je dirai que non, mais je vous dirai en même temps qu'il y a des choses qui ne sont pas saintes, et qui sont pourtant innocentes. Je vous demanderai si la chasse, la musique, le plaisir de faire des sabots, et quelques autres plaisirs que vous ne vous refusez pas à vous-mêmes, sont fort propres à faire mourir le vieil homme ; s'il faut renoncer à tout ce qui divertit, s'il faut pleurer à toute heure ?[296]

Pour une fois, voilà Racine d'accord avec Molière ! À Nicole, Racine dit : « Encore faut-il que l'esprit se délasse quelquefois ».[297] « *Mais,*

---

[294]   Éd. cit., I, 888.

[295]   Son amour de la poésie ne lui a-t-il pas attiré le reproche le plus sanglant de sa tante Agnès, qui le qualifie de « [...] malheureux pour n'avoir pas rompu un commerce qui vous déshonore devant Dieu et devant les hommes » ? R. Picard, *La Carrière de Jean Racine* (Paris : Gallimard, 1956), 80.

[296]   *Lettre aux deux apologistes de l'auteur des hérésies imaginaires*, dans Racine, éd. cit., II, 29. Dans sa lettre à Nicole, Racine lui rappelle que l'église n'interdit pas d'aller au théâtre, éd. cit., I, 20. Pour l'attitude de l'église française à l'égard du théâtre, se reporter au chapitre I, section **B**.

[297]   *Lettre à l'auteur des hérésies imaginaires et des deux visionnaires*, éd. cit., I, 23.

supposé, comme il est vrai, que les exercices de la piété souffrent des intervalles et que les hommes aient besoin de divertissement [...] » dira Molière en 1669. Pour l'adversaire de Molière et l'ancien maître de Racine, le concept ainsi que la forme de divertissement, en l'occurrence le théâtre, posent problème. Car il n'est pas seulement disposé à refuser la comédie comme divertissement : il en admet difficilement la notion même de la nécessité, cette nécessité dont la logique va de soi pour les dramaturges : « [...] le besoin que les hommes ont de se divertir est beaucoup moindre que l'on ne croit, et [...] consiste plus en imagination, ou en coutume, qu'en une nécessité réelle ».[298] Par contre, le chrétien doit toujours rechercher un délassement « [...] qui rende plus capable d'agir Chrétiennement, dans des dispositions Chrétiennes ».[299] Le concept même du besoin de divertissement est donc à abolir : « Ceux qui sentent en eux ce besoin, le doivent considérer non comme une foiblesse naturelle, mais comme un vice d'accoutumance, qu'il faut guérir en s'occupant sérieusement ».[300] *S'occuper sérieusement*, voilà pour lui le nœud de l'affaire. La condition de l'homme sans Dieu est à proprement parler désespérée, représentée pour Nicole par l'image d'« [...] une plaie universelle ou plutôt un amas de plaies, de pestes, de charbons, dont le corps d'un homme soit tout couvert ».[301] L'amour de nous-mêmes, « centre et source de toutes nos maladies »,[302] ne saurait trouver sa guérison qu'en la religion chrétienne, qui veut que « Le

---

[298] Thirouin, *op. cit.*, 87.
[299] *Ibid.*, 83. À ce sujet, voir L. Thirouin, *L'Aveuglement salutaire* (Paris : Champion, 1997), 223 sqq.
[300] *Ibid.*, 87.
[301] *Oeuvres, op. cit., De la connaissance de soi-même*, 41; la description pascalienne de la situation de l'homme est encore plus effrayante dans ses *Pensées* : « Qu'on s'imagine un nombre d'hommes dans les chaînes, et tous condamnés à la mort, dont les uns étant chaque jour égorgés à la vue des autres, ceux qui restent voient leur propre condition dans celle de leurs semblables, et, se regardant les uns et les autres avec douleur et sans espérance, attendent à leur tour. C'est l'image de la condition des hommes » (éd. cit., no. 434). Voir aussi le commentaire de Voltaire sur cette pensée, lequel, à l'instar de Molière, refuse et prémisse et conclusion d'une telle conception de la vie, *Lettres philosophiques*, éd. cit., XXVIII, 110.
[302] Nicole, *ibid.*, 41.

Pierre Nicole, Bibliothèque Nationale, cl BN

Chrétien, ayant renoncé au monde, à ses pompes, et à ses plaisirs, ne puisse rechercher le plaisir pour le plaisir, ni le divertissement pour le divertissement ».[303] Au mieux, la comédie n'offrirait qu'évasion de la misère de l'homme : au pis, suicide spirituel.[304] En raison de tels énoncés, la question posée plus haut par Molière et Racine sur les activités non saintes mais innocentes est oiseuse, la réponse étant connue d'avance : non, les exercices de piété ne souffrent pas d'intervalles, le concept même d'intervalle ou de divertissement n'existant pas en dehors du continuum qu'est la vie chrétienne. Pour le chrétien, pâture spirituelle et plaisir ne font qu'un, et sont à trouver dans les lectures saintes, auprès desquelles « Tous ces divertissements qui sont si agréables à ceux qui aiment le monde, leur sont une viande fade, dont ils ne sçauroient manger ; parce qu'ils n'y voient que du vuide, du néant, de la vanité, de la folie, et qu'ils n'y trouvent point le sel de la vérité et de la sagesse ».[305] Derrière les convictions théologiques, on devine un tempérament peu porté au rire, et, partant, comme chez Bossuet, une détermination à lui accorder peu de place dans la vie chrétienne.[306]

---

303   Thirouin, *op. cit.*, 79.
304   Voir les pensées de Pascal sur le divertissement, nos 10, 36, et surtout ch. VIII, *Divertissement*, éd. cit.
305   Thirouin, *op. cit.*, 79. Racine, qui connaissait par cœur la réponse de son ancien maître à sa question narquoise, se permet une phrase malicieuse à l'égard de la lecture à l'usage janséniste : « Nous ne pouvons pas toujours lire vos livres ; et puis, à vous dire la vérité, vos livres ne se font plus lire comme ils faisaient », éd. cit., I, 23–24. Une trentaine d'années plus tard, rentré au bercail, il écrira son cantique sur les vaines occupations des gens du siècle, leur offrant

[...] ce pain si délectable
Que ne sert point à sa table
Le monde que vous suivez. (éd. cit., I, 1098)

Par contre, aucune volte-face pareille chez Molière, moqueur impénitent du personnage moralisateur, témoin le barbon Gorgibus qui conseille à sa fille de quitter la lecture de ses romans à la mode pour celle des auteurs pieux, *Sganarelle ou le cocu imaginaire*, vv.29–38.
306   Cf. la phrase des *Observations sur le 'Festin de Pierre'* : « Si le dessein de la comédie est de corriger les hommes en les divertissant, le dessein de Molière est de les perdre en les faisant rire [...] », éd. cit., II, 1201. L'auteur nous semble appartenir au milieu janséniste : l'écrivain anonyme de l'opuscule qui y répond en prenant la défense de Molière a l'air de le croire, lorsqu'il lui

La satire du premier *Tartuffe* visait-elle les jésuites en même temps que les jansénistes, comme l'avait insinué Racine ? Les controverses théologiques entre les deux camps étaient loin d'être apaisées aux alentours de 1664, même si elles ne battaient pas leur plein comme au temps des âpres polémiques autour des *Provinciales* de Pascal en 1656 et en 1657. Malgré le retentissement qu'avaient eu les petites lettres de Pascal et le fait indéniable de leur victoire morale sur les jésuites, elles avaient abouti à un échec sur le plan pratique. Suite à la bulle du pape Alexandre VII *Ad Sacram* d'octobre 1656, l'assemblée du clergé en France décida un *Formulaire* condamnant les cinq propositions supposées hérétiques dans l'*Augustinus* de Jansénius. Le grand Arnauld avait beau affirmer ne pas trouver ces propositions dans le dit livre, et estimer que le pape s'était bel et bien trompé sur l'affaire en question : lui exclus de la Sorbonne à partir de février 1656, les ennemis du jansénisme avaient tout lieu de croire le mouvement en perte de vitesse.[307] Et pourtant ce que le roi traita de ces « matières de l'école, dont on avouait que la connaissance n'était nécessaire à personne pour le salut »[308] traînaient toujours en 1664. En effet, il n'y a rien de plus actuel que ces circonstances en ce qui concerne non seulement le contexte du premier *Tartuffe* mais aussi son contenu. La remarque si fine de Racine sur les jésuites et les jansénistes se plaisant les uns et les autres à voir le camp ennemi visé dans *Le Tartuffe* se rapporte au 26 août 1664 et a pour prétexte une de ces lectures innombrables auxquelles se livra Molière dans l'espoir de peser sur l'opinion du pouvoir théologique et temporel.[309] La lecture interrompue du *Tartuffe*

reproche de vouloir que Molière traduise *La Vie des saints pères* du janséniste Arnauld d'Andilly, plutôt que d'employer son talent à faire des pièces galantes, *Réponses aux observations*, éd. cit., II, 1210. En outre, cet habile apologiste de Molière ne cesse de reprocher à l'adversaire sa passion et son parti-pris dans sa lettre (*ibid.*, 1219–20, 1224, 1226), dont celui-ci la prétend exempte, Couton, éd. cit., II, 1199. L'auteur des *Observations* peut très bien être le janséniste Barbier d'Aucour, avocat, et auteur de l'une des deux lettres prenant la défense de Nicole contre Racine dans la querelle des *Imaginaires*.

[307] L. Cognet, *op. cit.*, 72 sqq.
[308] *Mémoires et réflexions*, 15.
[309] Molière y fait allusion dans son *Premier Placet* et essaie d'en tirer tout le parti possible. Après avoir fait état du jugement du roi qui ne trouva rien de blâmable dans sa pièce, Molière cite « [...] l'approbation encore de M. le légat, et de la plus grande partie de nos prélats, qui tous, dans les lectures

fut provoquée par l'application pratique de l'éternel *Formulaire*, entraînant la clôture du monastère de Port-Royal et la dispersion des religieuses par l'archevêque de Paris, Hardouin de Péréfixe,[310] différé par Mazarin vieillissant, mais repris après sa mort par Louix XIV hostile aux jansénistes et soucieux de mettre un terme à un schisme pouvant menacer la stabilité du royaume.

Que Molière fût parfaitement au courant de ces événements ne fait pas l'ombre d'un doute. On n'en voudrait pour preuve que sa présence chez une amie des jansénistes et la nouvelle qui mit fin à la lecture du premier *Tartuffe* et terrassa les solitaires de Port-Royal. En outre, il ne pouvait ignorer — et n'ignorait pas en fait, comme nous allons le constater — la satire de la morale relâchée que les *Provinciales* reprochèrent aux jésuites. Son ami La Mothe Le Vayer avait fait la satire des casuistes dans sa *Prose chagrine* (1661), source livresque majeure du *Misanthrope*, comme on le sait.[311] Faisant le point des domaines divers où s'exercent les hommes, il en vient à examiner cette reine des sciences qu'est la théologie. Sa conclusion n'est pas des plus édifiantes : « Le vice et la vertu ne sont presque plus reconnaissables, et les cas de conscience ont quelquefois tellement sophistiqué le bien et le mal, qu'il est très difficile de les discerner ».[312] Et en 1664 fut réimprimé en France un livre défendant la théologie jésuite par le confesseur de la reine espagnole Mathieu de Moya, qui ne manqua pas de provoquer une levée de boucliers de la part de la Sorbonne et du Parlement de Paris contre un laxisme confinant à l'immoralité.[313] En

---

particulières que je leur ai faites de mon ouvrage, se sont trouvés d'accord avec les sentiments de Votre Majesté [...] », éd. cit., I, 890.

[310]   Racine nous a laissé le récit des deux visites de l'archevêque à Port-Royal, dont la première, du 21 août, fut paisible, et la seconde, le 26, donna lieu à des éclats brutaux de sa part et aux scènes pathétiques, éd. cit., II, 134 sqq. Racine essaie de rendre justice à Péréfixe, en précisant que le père Annat le talonnait, éd. cit., II, 134. Ce jésuite influent, grand ami de la Compagnie du Saint-Sacrement et confesseur du roi, adversaire de taille d'Arnauld et de l'auteur des *Provinciales*, est le destinataire de la 17ᵉ et de la 18ᵉ des petites lettres.

[311]   Voir R. Jasinski, *Molière et 'Le Misanthrope'* (Paris : Nizet, 1963) ; R. Mc Bride, *The Sceptical Vision of Molière : a study in paradox* (London : Macmillan, 1977).

[312]   *Prose chagrine*, dans l'éd. cit., III (1ʳᵉ partie), 5ᵉ vol., 252.

[313]   Couton, éd. cit., I, 856.

1667, à en croire le témoignage de Le Vayer dans sa *Lettre sur la comédie de 'L'Imposteur'*, Molière accorda plus de place à son attaque contre la morale casuiste dans les deux scènes entre le faux dévot et la dame qu'en 1669.[314]

Dans *Le Tartuffe* Molière ne ménage pas ceux qui composent avec la conscience et pactisent avec le mensonge. Nous avons remarqué plus haut la rapidité avec laquelle la famille nous fait toucher du doigt combien l'ambiance familiale de franchise d'autrefois s'est transformée en ambiguïté et en défiance. Si Damis rend Tartuffe tout de suite coupable de ces « détours si grands » que doit emprunter son père (v.219) — comportement on ne peut plus différent de ce qu'on attendrait du caractère irascible mais franc de celui-ci — nous ne tardons pas à en voir la pratique. De fait, Molière y consacre une quinzaine de vers à la fin de l'acte I. Le soin avec lequel Molière prépare l'épisode entre les beaux-frères où Orgon donne une entorse à sa promesse concernant le mariage de sa fille est remarquable :

CLÉANTE
Vous savez que Valère
Pour être votre gendre a parole de vous ?

ORGON
Oui.

CLÉANTE
Vous aviez pris jour pour un lien si doux,

ORGON
Il est vrai. (vv.410-13)

Les questions directes de Cléante ne réussissent qu'à tirer huit réponses lapidaires d'Orgon, qui se font de plus en plus évasives à mesure

---

[314] Lors de leur premier entretien, dans les vers précédant son grand aveu « qu'un homme est de chair » (v.1012 en 1669, v.858 dans notre reconstruction de la version de 1667), Panulphe fit des développements étendus sur le thème de la faiblesse masculine ; dans leur second entretien en 1667, à la suite du vers 1338 de la reconstruction (v.1492 en 1669), il fait « une longue déduction des adresses des Directeurs modernes », *Lettre*, éd. cit., 41, 58.

qu'elles se colorent d'un vernis de piété : « Je ne sais », « Peut-être », « Je ne dis pas cela », « Selon », « Le Ciel en soit loué », « Tout ce qu'il vous plaira », « [Mon dessein est] De faire /Ce que le Ciel voudra », « Adieu » (vv.414-23). Il est évident qu'Orgon multiplie les tentatives pour éviter le mensonge verbal et littéral, ses réponses dilatoires servant à tenir l'interrogateur à distance. « Vous voulez manquez à votre foi ? » (v.415) lui demande de but en blanc Cléante, et s'entend répondre « Je ne dis pas cela » (vv.415-6). Orgon use en l'occurrence d'une des armes les plus commodes des casuistes pour se tirer d'affaire, la restriction mentale, que condamne Molière aussi rondement que Le Vayer qui y discerne la rupture des rapports entre les hommes: « Dès l'heure que vous la [la foi] voulez accommoder à toutes ces subtilités d'École, il n'y a personne qui ne prétende avoir droit d'en penser à sa mode ».[315] Dans la *Lettre*, nous avons déjà vu comment il caractérise ce genre de réponse oblique à coloration pieuse comme l'inséparable apanage de la bigoterie hypocrite.[316] Pascal consacre une partie de sa 9ᵉ *Provinciale* à la découverte d'un procédé des plus utiles pour résoudre des points épineux de morale. Son bon père jésuite expose avec entrain ce moyen sûr d'éviter le péché dans le commerce ordinaire de la vie : « Une chose des plus embarrassantes qui s'y trouve est d'éviter le mensonge, et surtout quand on voudrait bien faire accroire une chose fausse. C'est à quoi sert admirablement notre doctrine des équivoques, par laquelle *il est permis d'user des termes ambigus, en les faisant entendre en un autre sens qu'on ne les entend soi-même* [...] ».[317] Et il cite en exemple la doctrine des restrictions mentales, telle que la développe le théologien espagnol Sanchez :

---

[315]   *Du mensonge, op. cit.*, III (2ᵉ partie), 6ᵉ vol., 150-1 : « Je dirais volontiers à ceux qui inventent infinité d'autres circonstances requises pour être obligés à s'acquiter de ce qu'on a promis soumettant par ce moyen la Foi à leur raisonnement, que notre Foi n'a pas besoin d'être si mal gouvernée, ni assujettie à tant de règles, qui sont autant d'échapatoires pour ceux qui ne se soucient pas d'être infidèles pourvu qu'ils en évitent le nom ». On peut comparer une manœuvre pieuse pratiquée par un ami du philosophe avec les atermoiements d'Orgon : « Un de mes amis remarqua plaisamment comme son anchre sacrée et son dernier refuge étoit d'imputer aux raisonnemens qui le pressoient trop et où il n'avoit rien à répliquer : qu'ils intéressaient la Foi », *Prose chagrine*, 300.
[316]   Éd. cit., 78.
[317]   Éd. cit., 411.

On peut jurer, dit-il, qu'on n'a pas fait une chose, quoiqu'on l'ait faite effectivement, en entendant en soi-même qu'on ne l'a pas faite un certain jour ou avant qu'on fût né, ou en sous-entendant quelque autre circonstance pareille, sans que les paroles dont on se sert aient aucun sens qui le puisse faire connaître ; et cela est fort commode en beaucoup de rencontres, et est toujours très juste, quand cela est nécessaire, ou utile pour la santé, l'honneur ou le bien.[318]

Et aux yeux d'Orgon, pourrait-il exister plus grand bien que celui qui consiste à faire la volonté du divin Tartuffe ? Est-il gênant pour ce premier de s'entendre rappeler sa promesse à Valère et à sa propre fille ? Aucunement, car il peut se prévaloir du théologien espagnol Escobar, et il y'a pas de plus grande autorité en matière des promesses :

Les promesses n'obligent point, quand on n'a point intention de s'obliger en les faisant. Or il n'arrive guère qu'on ait cette intention, à moins que l'on les confirme par serment ou par contrat : de sorte que quand on dit simplement : Je le ferai, on entend qu'on le fera si l'on ne change de volonté. Car on ne veut pas se priver par là de sa liberté.[319]

Il nous paraît incontestable que Molière visait la doctrine des casuistes, mais restreindre ces attaques à la compagnie des jésuites ou à celle du Saint-Sacrement nous semble contredire les faits. Ni l'une ni l'autre n'avait le monopole de la doctrine des équivoques.

Nous avons vu plus haut comme La Luzerne remarque chez les confrères de la Compagnie un caractère rompu aux tactiques équivoques, usant sans effort « de cent délays subtils » pour frustrer ceux qui veulent en tirer une réponse claire.[320] Tout effort à cette fin est destiné à échouer, butant sur ce que Le Vayer appelle si pertinemment « [...] l'irraisonnabilité, pour ainsi dire, de ces bons Messieurs, de qui on ne tire jamais rien en raisonnant [...] ».[321] Nous avons remarqué plus haut que les membres des deux compagnies eurent beaucoup de points de contact. À vrai dire, on s'étonnerait de ne pas trouver de

---

[318]   *Ibid.*, 411.
[319]   *Ibid.*, 411.
[320]   *Op. cit.*, 91.
[321]   *Lettre*, éd. cit., 85.

convergence entre une partie de leur pratique et leur doctrine. Bon nombre de jésuites firent partie de la Compagnie du Saint-Sacrement à Caen, à en croire un contemporain, Deslions, écrivant en 1660 :

> J'ai su de M. de la Fosse que M. de Bernières [Louvigni] de Caen était le plus spirituel de la Compagnie du Saint-Sacrement, qui y est établie et laquelle il m'a dit être toute gouvernée par les jésuites ; que c'était un des intimes et des plus estimés de M. de Plessis, qui gouvernait fort la petite communauté de l'hermitage qui est à Caen et qui fut dissipée cet hiver par sentence du juge à cause de sa folle et séditieuse pénitence en procession qu'ils firent dans les rues à cause des jansénistes [...].[322]

La chasse aux jansénistes fournit un point commun entre la Compagnie et les jésuites. Le si bien informé Guy Patin écrivant en septembre de la même année, nous en donne un autre. Partant d'un exemple d'ingérence par la Compagnie dans une grande maison, il devine dans leurs intrigues leur « dessein de faire mettre l'Inquisition en France et d'y faire recevoir le concile de Trente. [...] C'était une machine poussée *spiritu Loyolitico latente* ».[323] Sous cette description railleuse mais reposant sur un fond de vérité on retrouve sans difficulté l'objectif majeur à la base de la fondation de la Société de Jésus comme de la Compagnie : ramener la France, fille aînée de l'Église mais oublieuse de ses devoirs religieux, sous l'autorité du successeur de Saint Pierre.

On peut multiplier les exemples de la critique de la morale relâchée et de la casuistique des jésuites et des membres de la Compagnie, critique commune au poète normand, à Molière, et à Pascal. Elle vise, cette morale, à montrer comment leurs procédés ingénieux donnent liberté entière à la nature en rendant plus difficile l'action de pécher. Ici la confession, ou plutôt une forme plus adaptée aux penchants du sujet,

---

[322]   Allier, *op. cit.*, 390. Charles du Four, le premier à exposer au grand jour les manœuvres de la succursale de Caen, pourfend, comme La Luzerne et Molière, la doctrine des casuistes. Voir sa *Lettre de MM les curés de Rouen à Mgr leur archevesque, pour lui demander la censure du livre de l'apologie pour les casuistes* (1658, s.l.).

[323]   *Ibid.*, 390, voir la note 189 ci-dessus; A. Calder attire notre attention sur l'origine du nom de l'acolyte de Tartuffe, Monsieur Loyal, d'après le fondateur des jésuites, Ignace de Loyola, *op. cit.*, 155, et 224, n.1

se révèle être commode au possible. Le bon père si obligeant de Pascal s'empresse de lui montrer

comment on a soulagé les scrupules qui troublaient les consciences, en faisant voir que ce qu'on croyait mauvais ne l'est pas [...] C'est par le moyen de ces inventions *que les crimes s'expient aujourd'hui alacrius, avec plus d'allégresse et d'ardeur qu'ils ne se commettaient autrefois ; en sorte que plusieurs personnes effacent leurs taches aussi promptement qu'ils les contractent.*[324]

Le pharisien de La Luzerne, devançant Tartuffe, se rend compte que pour être dévot, il n'en est pas moins homme, et cède aussi facilement que son successeur à la passion sexuelle. Il n'a guère le temps d'être troublé par le remords, car « un bon peccavi » ne tarde pas à se produire, et sa conscience s'en trouve tout à fait purgée.[325] Nos deux faux dévots sont tout aussi prompts au péché qu'au repentir et au « peccavi » devant autrui. L'auto-accusation de Tartuffe à la fin de l'acte III, qui retourne si promptement la situation en sa faveur, est un chef-d'œuvre de la confession adoucie à l'usage des gens pressés. Sa confession s'avère aussi rapide mais plus sophistiquée que celle décrite par La Luzerne : en effet, l'hypocrite se disculpe aux yeux de sa dupe « [...] par un excellent artifice, se condamne et s'accuse luymesme, en général et sans rien spécifier, de toutes sortes de crimes », au dire du commentaire de Le Vayer en 1667.[326] Il n'y est pas question, bien sûr, de sa convoitise adultère d'Elmire, c'est-à-dire, des deux transgressions de l'enseignement évangélique qu'il vient d'escamoter.[327] Ce faisant, il nous donne un bel exemple de la confession adoucie suivant le modèle espagnol, « [...] *de faire une confession générale et de confondre ce dernier péché avec les autres dont on s'accuse en gros ».*[328] Ainsi la

---

[324]   10ᵉ *Provinciale*, éd. cit., 413.
[325]   *Op. cit.*, 96.
[326]   *Lettre*, éd. cit., 83.
[327]   Il enfreint d'un pas allègre le 7ᵉ commandement « Tu ne commettras pas d'adultère », comme le 10ᵉ interdisant la convoitise sous quelque forme que ce soit. Qu'on ne le disculpe pas du premier péché, le Christ l'ayant intériorisé comme suit : « Quiconque regarde une femme pour la désirer a déjà commis, dans son cœur, l'adultère avec elle », Matthieu 5:28 (Bible de Jérusalem).
[328]   10ᵉ *Provinciale*, 414.

confession générale des péchés donne-t-elle libre cours aux désirs
naturels en faisant évaporer le péché particulier.

En ce qui concerne la direction d'intention, clef de voûte de la
casuistique, pour être plus explicitement exposée dans l'acte IV lors du
second entretien de Tartuffe et d'Elmire, elle n'en est pas moins
présente dans l'acte III. Aussi est-il très vraisemblable qu'elle faisait
partie des trois premiers actes de 1664. Au plus fort de sa première
déclaration à Elmire, l'hypocrite feint de douter de sa passion pour elle,
avant d'être délivré de tous ses prétendus scrupules par une inspiration
merveilleusement commode :

> Mais enfin je connus, ô beauté toute aimable,
> Que cette passion peut n'être point coupable,
> Que je puis l'ajuster avecque la pudeur,
> Et c'est ce qui m'y fait abandonner mon cœur. (vv.949–52)

Pareille concession pour la forme à la moralité chrétienne précède
l'élaboration de la doctrine par le jésuite pascalien : « Ce n'est pas
qu'autant qu'il est en notre pouvoir, nous ne détournions les hommes
des choses défendues ; mais quand nous ne pouvons pas empêcher
l'action, nous purifions au moins l'intention ; et ainsi nous corrigeons le
vice du moyen par la pureté de la fin ».[329] Nous rappelons que la
direction d'intention est pour le faux dévot de La Luzerne comme une
seconde nature, et, à l'instar de Tartuffe, la garantie de son ascension
irrésistible comme de son impunité :

> Quoy qu'il désire ou fasse, il n'aura jamais tort

---

[329] 7ᵉ *Provinciale*, éd. cit., 397-8. Cf. l'exposé magistral qu'on en fait Tartuffe
dans l'acte IV, suivant la même modalité :
> Le Ciel défend, de vrai, certains contentements;
> Mais on trouve avec lui des accommodements;
> Selon divers besoins, il est une science
> D'étendre les liens de notre conscience
> Et de rectifier le mal de l'action
> Avec la pureté de l'intention. (IV, v.1487–92)

Et son crédit au Ciel [330] le rendra bien plus fort.
Il n'a qu'à sçavoir bien diriger sa pensée ;
Sa conscience après ne peut être offensée. [331]

C'est à cause de cette alchimie du verbe que ces deux hypocrites peuvent s'approprier la fortune d'autrui sans se troubler le moins du monde, criant sur les toits, et à l'unisson, qu'ils proposent de s'en servir « Pour la gloire du ciel et le bien du prochain » (*Le Tartuffe*, v.1248). [332] Molière et le satirique normand laissent leurs personnages aller jusqu'au bout de leur conduite impudente, histoire de rendre la satire d'une doctrine pernicieuse d'autant plus destructive. Et c'est en vertu de cette morale élastique que nos deux hypocrites peuvent affirmer faire acte de charité et de mission quand ils se laissent aller à la passion sexuelle. Celui de La Luzerne va dans des lieux infâmes convertir des femmes de mauvaise vie, succombe à leurs appas, mais en sort en odeur de sainteté parce qu'il a l'intention d'en faire une bonne œuvre pie. [333] Ce n'est que le salut d'Elmire qui inspire la passion pure de Tartuffe pour elle, comme elle devine sans peine : « [Je] crois que mon salut vous donne ce souci » (vv.910-13). Et Pascal de déterrer une autorité en casuistique à la conscience suffisamment large pour permettre « [...] à toutes sortes de personnes d'entrer dans des lieux de débauche pour y convertir des femmes perdues, quoiqu'il soit bien vraisemblable qu'on y péchera ». [334] Pareille entorse à la moralité chrétienne s'attire une réaction des plus ironiques de la part de nos trois critiques: le pharisien de La Luzerne explique sa chute ainsi :

C'est aux plus gens de bien que, par divers appas

---

[330]   À Elmire qui lui évoque le péché de l'adultère, Tartuffe réplique
                Si ce n'est que le Ciel qu'à mes vœux on oppose,
                Lever un tel obstacle est à moi peu de chose,
                Et cela ne doit pas retenir votre cœur. (vv.1481-3)
[331]   *Op. cit.*, 92.
[332]   « Le bien qu'il a d'autruy l'accomode à bon droit :
        Il en usera mieux que l'autre [le dépossédé] ne feroit » au dire du faux dévot
        de La Luzerne, *op. cit.*, 92. Et Tartuffe veut soustraire la donation du père
        aux mains criminelles, vv.1239-48.
[333]   *Ibid.*, 96.
[334]   10ᵉ *Provinciale*, éd. cit., 416.

Le Diable, qui les hait, prépare plus de lacs.[335]

Logique fort réconfortante, où le pécheur voit dans la tentation et la
chute l'ultime preuve da sa sainteté ! (Tartuffe, si sensible aux pièges
que lui tend le malin, feint de voir dans sa passion pour Elmire un
obstacle à son salut (vv.945 sqq.), scrupule qu'il ne tardera pas à
vaincre). Quant à Pascal, émerveillé par pareille latitude sexuelle, il se
contente d'une formule lapidaire pour accueillir ceux qui s'en font les
apôtres: « Voilà, mon Père, une nouvelle sorte de prédicateurs »;[336]
l'ironie dramatique de Molière consiste à féliciter le faux dévot pour
son aveu d'amour à Elmire (« La déclaration est tout à fait galante »,
v.961), tout en l'invitant discrètement à se compromettre davantage
(vv.962 sqq.). Il va sans dire que tous les appétits naturels se trouvant
libérés par cette doctrine, il n'y a pas jusqu'aux pires excès de la table
qui ne puissent être métamorphosés en vertu au dire du bon père des
Provinciales : « *Est-il permis de boire et de manger tout son soûl, sans
nécessité, et pour la seule volupté ? Oui, certainement, selon notre Père
Sanchez, pourvu que cela ne nuise point à la santé, parce qu'il est
permis à l'appétit naturel de jouir des actions qui lui sont propres* ».[337]
La dernière phrase se fait un excellent résumé de la morale sensuelle
qu'incarnent le faux dévot de La Luzerne et Tartuffe. « La grâce de nos
sens tous les droits ne destruit » dit le premier ;[338] ce n'est pas le second
qui le contredira sur ce point: « gros et gras, le teint frais, et la bouche
vermeille» (v.234), il avale goulûment ses deux perdrix, sa moitié de
gigot, le tout arrosé du meilleur vin de son hôte. À la femme de ce
dernier il proclame son credo : « Ah ! pour être dévot, je n'en suis pas
moins homme !» (v.966).

De par l'étendue théologique de sa matière et le caractère incisif de
sa satire de ses originaux, sans doute plus hardie que celle que nous
transmettent le récit par Le Vayer de *L'Imposteur* de 1667 et la version
définitive de 1669, le premier *Tartuffe* ne pouvait qu'avoir un grand

---

[335] *Op. cit.*, 96.
[336] Éd. cit., 416.
[337] 9ᵉ *Provinciale, ibid.*, 410.
[338] *Op. cit.*, 98. À Tartuffe dont le regard se fixe sur le décolleté de la servante,
       celle-ci dit
            Vous êtes donc bien tendre à la tentation,
            Et la chair sur vos sens fait grande impression ? (III, vii, vv.863–4)

retentissement sur les esprits. À maints égards, la comédie était, dès sa première représentation, un microcosme des conflits politico-religieux d'une société où se poursuivaient sur la scène religieuse et politique comme en cachette de grandes ambitions et des haines séculières. Il est hors de doute que les contemporains furent choqués de ce que ce tableau social émane d'un simple amuseur attitré du roi et que cet amuseur sorte de son rang et fasse un commentaire engagé, pertinent et percutant sur des thèmes qui ne pouvaient être de son ressort, et tout cela sans faire acception de personnes. Par la vigueur et le parti pris avec lesquels sont traités des thèmes d'une extrême délicatesse, le premier *Tartuffe* s'apparente incontestablement aux petites lettres de Pascal.

S'il y a un aspect particulier par lequel *Le Tartuffe* se rattache à son siècle c'est par le statut du faux dévot, si controversé à l'époque et si obscur pour nous plus de trois siècles après.[339] Dans un siècle dont la société reste hiérarchisée, l'église offre un des rares moyens au parvenu de se pousser dans le monde en accédant à un rang de considération, témoin l'ascension fulgurante d'aventuriers tels Charpy de Sainte-Croix et Gabriel de Roquette, sans parler de Racine parti à Uzès à la quête d'un bénéfice ecclésiastique.[340] L'entrée de Tartuffe dans une famille parisienne, la vénération dont il jouit aux yeux d'Orgon et de sa mère, ancrent la pièce dans la réalité religieuse de l'époque. Dans un siècle qui vit avec intensité les luttes et les controverses spirituelles, issues de la réforme, l'église tâche d'effectuer la reconquête des âmes au moyen de sa propre contre-réforme. Une arme des plus efficaces à cet égard se révèle être la mission du directeur de conscience. Déjà au début du siècle Bérulle, soucieux d'assurer l'union politique et religieuse de la France, fonde le séminaire de l'Oratoire (1611), qui se donne pour mission une formation spirituellement plus efficace des prêtres, histoire de revigorer le catholicisme français et de mieux saper les fondements du protestantisme.[341] En particulier, il revendique une place à part pour

---

[339]   Comme le soulignent les articles si bien recherchés de P.F. Butler, « Tartuffe et la direction spirituelle au XVIIᵉ siècle », art. cit., et « Orgon le dirigé », *Gallica. Essays presented to J. Heywood Thomas* (Cardiff : 1969), 103-19.

[340]   Son fils Louis nous dit qu'il n'avait pas plus de vocation pour l'état ecclésiastique que son ami l'abbé Le Vasseur, *Mémoires de Louis Racine*, *Œuvres*, II, 1124.

[341]   Voir H. Bremond, *Histoire littéraire du sentiment religieux en France*, III, *La*

le prêtre, l'homme voué à Dieu, qui a pour vocation la sainteté et qui tient son autorité de Jésus-Christ, seul instituteur de la prêtrise. Il essaie ainsi de restituer au pasteur le rôle important qu'avait miné la doctrine du sacerdoce de tous les croyants, cheval de bataille des réformés. Partageant les idées de la Compagnie du Saint-Sacrement, il meurt juste après la création de celle-ci. Condren, son successeur comme général de l'Oratoire et membre fondateur de la Compagnie, donne une impulsion mystique à la fonction du directeur, voulant que ce dernier « cesse d'être » et que la voix humaine du directeur se confonde avec celle de Dieu.[342] Certes, dans la vie religieuse du siècle la séparation entre les laïcs et le clergé reste. Mais il n'est pas du tout rare de voir les premiers assumer des fonctions qui, à proprement parler, ne devraient revenir qu'aux prêtres. Ainsi voit-on Gaston de Renty, de bonne heure membre de la Compagnie, dont il est onze fois supérieur, et en même temps fondateur de plusieurs succursales, diriger les âmes, de même que son protégé, Henry Buche, simple cordonnier de son état, rempli d'un tel zèle qu'il est souvent appelé à remplacer son maître.[343] Mme Acarie, cousine de Bérulle et grande mystique, les précède dans cette charge d'âmes, l'encourageant à installer les carmélites en France et par la suite prenant le voile sous le nom de Marie de l'Incarnation.[344] De même la très mystique Jeanne de Matel exerce un ascendant sur le théologien le P. Gibaldin au point de le faire avouer combien il ignore la vraie spiritualité et qu'il attend d'elle « l'éclaircissement de nos mystères ».[345] Toutes deux laissent anticiper l'influence de Mme de Guyon sur Fénelon. Le jésuite Saint-Jure, quelque peu dépassé par les extases mystiques de la contemplative Élisabeth de Baillon qu'il dirige,

---

Conquête mystique, 156 sqq.

[342] *Ibid.*, 406 sqq. Cf. L. Tronson, directeur, puis supérieur de Saint-Sulpice : « N'est-ce pas Dieu même qui parle, quand le directeur nous parle, et n'est-ce pas Dieu même que nous écoutons en l'écoutant ?: », cité par P.F. Butler, « *Tartuffe* et la direction spirituelle au XVIIe siècle », 51-52. Il faut avouer que de là aux paroles qu'adresse Madame Pernelle à la famille il n'y a qu'un pas :
    C'est au chemin du Ciel qu'il [Tartuffe] prétend vous conduire,
    Et mon fils à l'aimer vous devrait tous induire. (vv.53-54)

[343] Allier, 238 sqq., 193 sqq.; Tallon, 148 sqq.

[344] Bremond, *Histoire*, III, 14 sqq.

[345] *Ibid.*, VI, 277 sqq.

l'envoie chez Gaston de Renty qui devient son directeur.[346] À la mort de celui-ci en 1649, M. De Bernières, qui dirige la succursale de la Compagnie à Caen, dont les excès deviennent de notoriété publique au début de 1660, prend la relève. À Lyon, Molière dut bien connaître l'histoire d'un directeur laïque, Jacques Crétenet. Au dire d'Henri Bremond, il était « le Bernières et le Renty de la région lyonnaise : laïque, mystique et professeur d'oraison, comme eux ; avec cela, chirurgien ».[347] Joindre ainsi son nom à deux des plus chevronnés d'entre les confrères de la Compagnie en dit long sur son influence. Disciple de la célèbre contemplative la Mère Madeleine de Saint-François, elle lui apprend une méthode spirituelle et lui fait connaître « un livre de théologie mystique »[348] inspiré sans doute des *Exercices spirituels* de Saint Ignace de Loyola, manuel d'armes spirituelles à l'usage du chrétien engagé dans le monde. Il en assimile si bien ses leçons sur l'oraison mentale et la spiritualité mystique qu'il commence à diriger de nombreux étudiants en philosophie et en théologie que lui envoient leurs professeurs au collège jésuite. Il fonde une congrégation de prêtres missionnaires, les prêtres de Saint-Joseph, et le prince de Conti en choisira un comme son aumônier.[349] Son activité connaît un tel rayonnement qu'il ne manque pas de s'attirer des ennemis, qui finissent par le faire condamner par la hiérarchie malgré l'appui de son grand ami M. d'Olier. On affiche une ordonnance le déclarant excommunié, défendant aux prêtres de se laisser guider par lui. L'événement fit grand bruit, et Molière, dont les passages à Lyon de 1652 à 1658 furent très nombreux,[350] ne pouvait être étranger aux remous causés par l'affaire

---

[346] *Ibid.*, 230, 390–2; il n'était pas rare de voir des membres influents de la Compagnie du Saint-Sacrement tels Olier, Bernières, Eudes et Renty subir l'influence de femmes mystiques. Voir A. Tallon, *op. cit.*, 46 sqq.

[347] *Op. cit.*, VI, 411 sqq. Sur le personnage, voir F. Baumal, *Tartuffe et ses avatars*, encore que certaines des affirmations de ce commentateur nous paraissent sujettes à caution (par exemple celle qui veut que Crétenet soit Tartuffe sans autre forme de procès). Voir notre appendice II, 9.

[348] *Op. cit.*, VI, 412.

[349] *Ibid.*, 406.

[350] Nous relevons en fait presque trente traces de son passage à Lyon de décembre 1652 et à mai 1658 dans Mongrédien, *Recueil*, I, 85–100. Or Crénenet était au plus fort de sa notoriété de 1650 à 1658. Voir F. Baumal, *op. cit.*, 6 sqq.

Crétenet, d'autant plus qu'un de ses missionnaires finit par se retrouver dans les parages du protecteur de sa troupe.

La direction laïque, pour être approuvée par certains ecclésiastiques, ne pouvait certes convenir à tous, comme on vient de le constater, parce que risquant d'empiéter sur les fonctions dont étaient chargés les ecclésiastiques. Elle soulève, tant pour ceux-ci que pour les laïcs, la question du bien-fondé de l'autorité dont le directeur se voit investi. Dans le personnage de Tartuffe, Molière fait la satire d'un directeur laïque qui prend sur lui de gouverner les affaires d'une famille de la façon la plus intéressée qui puisse s'imaginer. On n'a pas de peine à y reconnaître le thème familier de l'imposture qui hante son théâtre d'un bout à l'autre. À vrai dire, l'on ne se tromperait guère en décrivant une bonne partie de son théâtre comme des variations sur la condamnation de l'ingérence des imposteurs dans les affaires des autres suite à la crédulité de ceux-ci. Une des caractéristiques chez les vrais dévots admirés par Cléante consiste en leur refus de se mêler des affaires des autres :

> Ils ne censurent point toutes nos actions :
> Ils trouvent trop d'orgueil dans ces corrections ; (vv.391–2)

L'attaque contre la fausse direction de Tartuffe provoque dans son sillage une question radicale. Son contrôle sur la maisonnée relève de la pure imposture, soit, mais la question est désormais posée : peut-on s'arroger le droit de reprendre la conduite d'autrui ? Dans l'optique comique du théâtre moliéresque, la question regarde, avant tout, la connaissance de soi. Ceux qui font la critique d'autrui, pour avancer leurs intérêts,[351] sont ou bien blâmés ou tournés en dérision à cause de leurs propres contradictions sur lesquelles ils s'aveuglent. « Le comique est *inconscient* », nous rappelle Henri Bergson.[352] Et parce que inconscient, il est l'apanage permanent non seulement du genre humain,

---

[351]   Il faut avouer que les personnages appartenant à la catégorie des bien intentionnés sont mal rémunérés pour leurs soins, témoin les servantes qui se font injurier par leurs maîtres fermés à toute critique, même bienveillante, et Maître Jacques, lequel, après avoir fait part à Harpagon de l'opinion qu'on a de lui, sur la suggestion de son maître, reçoit en partage une bastonnade, *L'Avare*, III, ii.

[352]   *Le Rire. Essai sur la signification du comique* (Paris : 1962), 13.

mais de chacun de ses membres. Et La Rochefoucauld d'exprimer cette conviction au centre de l'œuvre moliéresque : « S'il y a un homme dont le ridicule n'ait jamais paru, c'est qu'on ne l'a pas bien cherché ».[353] Qui cherche son propre ridicule, le trouve, telle nous semble être la vérité comique de Molière. Et cette vérité ? Une remarque très fine de Ramon Fernandez nous paraît la décrire : « S'il fallait résumer son enseignement je dirais qu'il enseigne l'art incroyablement difficile de se voir malgré soi ».[354] Cet enseignement, Célimène s'en sert pour dégonfler Arsinoé, la prude qui essaie de la remettre à sa raison à elle. Elle le fait en rendant à sa rivale la monnaie de sa pièce, en citant à son égard l'opinion des tiers :

> Et leur conclusion fut que vous feriez bien
> De prendre moins de soin des actions des autres,
> Et de vous mettre un peu plus en peine des vôtres ;
> Qu'on doit se regarder soi-même un fort long temps,
> Avant que de songer à condamner les gens ;
> Qu'il faut mettre le poids d'une vie exemplaire
> Dans les corrections qu'aux autres on veut faire ;
>
> (*Le Misanthrope*, vv.948-54)

La conclusion est claire et rejoint celle de Cléante : si l'on se regarde soi-même et qu'on prenne conscience de ses propres défauts, on est peu porté à corriger autrui : on se contente, à l'instar des vrais dévots qu'il admire tant, de « [...] se mêler de bien vivre» (v.398). Le dernier

---

[353]   *Maximes*, no. 311. Dorante dans *La Critique de 'L'École des femmes'* attire notre attention sur le ridicule qui sommeille au fond de chacun de nous en parlant de l'extravagance d'Arnolphe qui déclare son amour pour Agnès : « [...] je voudrais bien savoir si ce n'est pas faire la satire des amants, et si les honnêtes gens même et les plus sérieux, en de pareilles occasions, ne font pas des choses [...] » (Sc. vi) ? Jean Anouilh, dans un discours en hommage à Molière, met en relief cette source de ses comédies à lui et du comique moliéresque de façon percutante : « Nous pouvons nous blesser, nous trahir, nous massacrer sous des prétextes plus ou moins nobles, nous enfler de grandeurs supposées : NOUS SOMMES DRÔLES. Pas autre chose, tous autant que nous sommes, y compris ceux que nous appelons nos héros.» *Portfolio Molière*. Dossier réalisé par Noëlle Guibert, en collaboration avec Jacqueline Razgonnikoff (Paris : Hachette / Comédie-Française, 1994), 69.

[354]   *La Vie de Molière* (Paris : Gallimard, 1929), 232.

conseil que donne Célimène à la prude est de la plus grande pertinence concernant la haute fonction de la direction d'âmes dont Tartuffe n'a aucun scrupule à se charger : tout en fuyant la correction d'autrui

> [...] qu'encor vaut-il mieux s'en remettre, au besoin,
> À ceux à qui le Ciel en a commis le soin. (vv.955-6)

Somme toute, pour conseiller et diriger autrui, tout au moins faudra-t-il disposer des titres requis et d'une grande crédibilité, à en croire Célimène. Autrement dit, une autorité qui n'a d'autre fondement que sa propre hardiesse et la crédulité de ses dupes est nulle et non avenue.[355] Il nous est impossible d'affirmer que tel était le dernier mot de Molière sur la conduite des âmes, fût-elle confiée aux mains des ecclésiastiques en bonne et due forme. Pareille autorité peut-elle être assumée et exercée par de simples hommes ou par une institution composée des mêmes qui ne laissent pas d'être en proie aux contradictions et aux erreurs ? La même question se pose dans *Le Malade imaginaire*, sous une forme légèrement différente : l'hypocondriaque Argan pose la question suivante : « Vous ne croyez donc point à la médecine ? », à son frère Béralde et s'attire la réponse que voici : « [...] je ne vois rien de plus ridicule qu'un homme qui se veut mêler d'en guérir un autre » (III, sc. iii). Le scepticisme de Béralde porte sur ce qu'il qualifie de « la maladie des médecins » (III, sc. iv.).[356] Rien de plus facile que d'insérer à la place de « médecins » le mot « directeurs de conscience » ou encore « ecclésiastiques ». Cléante ne va pas si loin que Béralde sur la voie du scepticisme, et pour cause ; si, au contraire de son successeur, il ménage à l'intérieur du champ de sa critique des imposteurs en dévotion une place aux vrais dévots, sa conclusion, qui est en l'occurrence celle du Molière du *Premier Placet*, est on ne peut plus claire : il n'y a nul domaine où le scepticisme ne soit plus indiqué que dans celui de la religion, terre d'élection de la crédulité et du charlatanisme. Et cela à cause du fait que les hommes outrepassent l'évidence de la raison

---

[355] Il faut signaler que la lucidité, pour grande qu'elle soit, ne garantit nullement l'infaillibilité, témoin le contretemps que s'attirent les ruses de Célimène dans la scène dernière de sa pièce. Elle peut, par contre, faciliter la survie dans la société, comme l'illustre la coquette, ainsi que Philinte et Éliante.

[356] Maladie que R. Sörman qualifie de « maladie iatrogène », *Savoir et économie dans l'œuvre de Molière* (Uppsala : Uppsala University Library, 2001), 24.

(v.341), privilégiant un culte flatteur de l'amour-propre et des sens, à l'instar d'Orgon. Il n'est donc pas surprenant au dire de La Mothe Le Vayer qu'en ce qui concerne la religion « [...] la moins humaine et la plus surnaturelle, pour ne dire extravagante, sera tousjours d'autant plus opiniastrement soutenuë, qu'elle tombera moins soubs l'examen de nostre raison [...] ».[357] Si cette phrase du philosophe sceptique intime de Molière décrit à merveille l'état d'esprit de la dupe superstitieuse de Tartuffe, il en est une autre de la même plume qui nous semble cerner la pensée de Cléante. Elle provient de la *Lettre sur la comédie de 'L'Imposteur'*, écrite en collaboration étroite avec Molière, et nous pouvons la prendre comme un reflet de la pensée du comique sur la religion : « Il est certain que la Religion n'est que la perfection de la Raison, du moins pour la Morale ; qu'elle la purifie, qu'elle l'élève et qu'elle dissipe seulement les ténèbres que le péché d'origine a répandues dans le lieu de sa demeure : enfin que la Religion n'est qu'une Raison plus parfaite ».[358] Conception rationnelle de la religion qui épouse parfaitement les contours de la pensée de Cléante sur les dévots à qui il voue son admiration. Ils ne s'encombrent pas de hautes spéculations métaphysiques, et ne jugent pas leur prochain à travers le prisme d'une doctrine quelconque. Au contraire, libérés du dogme, ils sont surtout pénétrés d'un sens de leur humanité, ce qui rend leur dévotion humaine et traitable (v.390). Ils sont à mille lieues du dévot rigoriste à la mine ascétique qui trouve à redire à la conduite mondaine de ses contemporains. Ils savent vivre honnêtement, sans imposer leurs convictions à autrui, sans faire preuve d'un zèle excessif pour les intérêts du ciel (vv.401–02), ce qui les empêche d'attribuer un mobile ou un prétexte pieux à leur moindre action,[359] ou de se prétendre guidés

---

[357]   *De la divinité*, dans *Dialogues faits à l'imitation des anciens* (Paris : Fayard, 1988), 338.

[358]   Éd. cit., 94. Cette définition sommaire, qui peut surprendre à première vue, n'est nullement sans fondement théologique, le logos des Stoïciens ou la raison qui régit le monde se christianisant sous forme du Christ, le Verbe de Dieu, au début du premier chapitre de l'évangile de Saint Jean. Encore faudrait-il savoir si le logos christianisé correspond au sens que renferme la raison pour Le Vayer.

[359]   Espèce de mantra que les faux dévots ont toujours à la bouche. Voir Madame Pernelle, v.147 sqq., Orgon v.299, vv.423–4, Tartuffe v.1207, 1230, 1231, 1248, 1267. Le Vayer ne manque pas de commenter cette tendance à tout

par une lumière divine dont ne dispose pas le commun des mortels. Sans doute accomplissent-ils leurs devoirs religieux comme il faut, sans tambour ni trompette. Sans faire de déclarations fracassantes ou connaître des révélations divines ou recevoir des mots prophétiques, ils se font ainsi la cible des quolibets des illuminés comme Orgon et sa mère qui les traitent de haut, témoin le ton méprisant qu'ils prennent pour parler à la famille.

S'il n'est pas difficile d'imaginer la fureur des dévots devant le spectacle du premier *Tartuffe* où, d'une main profane, sont exposés au grand jour les petits côtés de la dévotion, ils devaient ne plus se sentir de rage à la vue d'un faux dévot qui pouvait facilement se faire passer pour prêtre. Il est évident que l'hypocrite n'a pas le rang d'ecclésiastique, mais son rôle de directeur n'est nullement fait pour dissiper l'ambiguïté. Les portraits contemporains de Jean de Bernières et de Jacques Crétenet ne les montrent pas autrement habillés qu'un P. Eudes ou qu'un Vincent de Paul, c'est-à-dire, avec camail ou courte pèlerine sur une soutane et un rabat à largeur variable (reproduits à la page 173). On comprend sans peine qu'un zélé tel que le curé Roullé, qui de toute évidence, n'a pas vu le premier *Tartuffe*, croie fermement avec B.A. sieur de Rochemont que le faux dévot se produisit en habit d'ecclésiastique, comme nous l'avons constaté plus haut. Nous sommes en mesure de nous faire une idée de l'habit du premier Tartuffe à partir de la description que donne Molière du costume que porta son hypocrite lors de la seconde version en août 1667 : « En vain je l'ai produite [la pièce] sous le titre de *L'Imposteur*, et déguisé le personnage sous l'ajustement d'un homme du monde ; j'ai eu beau lui donner un petit chapeau, de grands cheveux, un grand collet, une épée, et des dentelles sur tout l'habit [...] ».[360] En 1667 Molière a dû s'efforcer d'éloigner le plus possible son hypocrite du prédécesseur mal famé. Si nous supposons le costume en 1664 à l'opposé de celui porté en 1667, c'est-à-dire, un grand chapeau, des cheveux courts, un petit collet, absence

---

colorer « de prétextes de Religion » dans sa *Lettre*, éd. cit., 78.
[360]   Couton, éd. cit., I, 891.

Jean de Bernières Louvigny, Bibliothèque Nationale, cl, BN (à gauche)
Jacques Crétenet, Bibliothèque Nationale, cl BN (à droite)

Le P. Jean Eudes, Bibliothèque Nationale, cl BN (à gauche)
Vincent de Paul, Bibliothèque Nationale, cl BN (à droite)

177

d'épée et un habit sans dentelles comme ont l'habitude de porter les mondains, c'est le costume austère de quelqu'un visiblement détaché du monde, dans la dévotion. Le terme « petit collet » s'emploie par métonymie pour une personne dans la dévotion, comme le fait voir la définition qu'en donne Furetière : « On appelle petit collet un homme qui s'est mis dans la réforme, dans la dévotion, parce que les gens d'Église portent par modestie de petits collets, tandis que les gens du monde en portent de grands ornés de dentelles ».[1] Et le témoignage de Desfontaines, lequel écrit à de Lionne le lendemain de la seconde représentation de la comédie, le 6 août 1667, pour l'informer qu'elle est prévue pour le jour suivant, recoupe le détail de Furetière : « [...] mais je crains que ce ne soit la dernière ; les petits collets y sont si maltraités que je ne doute point qu'ils ne fassent tous leurs efforts pour la faire supprimer ».[2] Panulphe au grand collet n'en demeure pas moins Tartuffe au petit collet ! Il y a un texte contemporain, la *Lettre sur les observations d'une comédie du sieur Molière* (1665), écrite pour défendre *Dom Juan*, mais où il est beaucoup parlé du *Tartuffe*, qui contient une allusion précieuse au costume du faux dévot, allusion que l'on n'a pas relevée auparavant à notre connaissance. L'écrivain anonyme, ami ou sympathisant de Molière, et des mieux renseignés sur l'affaire *Tartuffe*, sait bien que la critique du sieur B.A. de Rochemont trouve sa force dans la ressemblance du costume avec celui d'un vrai dévot. Pour démasquer les batteries de son adversaire dévot, qui dans ses *Observations sur le 'Festin de Pierre'* (1665) avait conclu que Molière profita de la même apparence du faux et du vrai dévot pour faire la critique de la religion, la *Lettre* a recours a un argument simple mais fort astucieux, qui se réduit à affirmer l'impossibilité de jouer un bon dévot. Si l'on le représente tel qu'il est, on montrera la bonne dévotion. Sinon, ce sera la mauvaise que l'on joue :

Je sais bien que si les vrais et faux dévots paraissaient ensemble, que s'ils avaient un même habit et un même collet, et qu'ils ne parlassent point, on

---

[1]   Furetière définit collet comme suit : « Partie de l'habillement qui se met autour du cou. Un collet de pourpoint. Un collet de chemise, un collet de manteau est un morceau de drap rond ou quarré ; et est aussi un ornement de linge qu'on attache sur le collet du pourpoint, et qui descend des deux côtés sur le haut de la poitrine. À l'égard des hommes, on l'appelle aussi rabat ».

[2]   Mongrédien, *Recueil*, I, 287.

aurait raison de dire qu'ils se ressemblent ; c'est là justement où ils ont une même apparence, mais l'on ne juge pas des hommes par leur habit, ni même par leurs discours ; il faut voir leurs actions [...].[3]

Le premier Tartuffe portait le même habit et le même petit collet qu'un dévot. Il s'agit en l'occurrence d'un habit ecclésiastique porté par un laïc, sans doute à l'exemple d'un Bernières ou d'un Crétenet dont les peintures de l'époque les montrent en soutane.[4] Dans ce cas-là, nous avons non seulement une ressemblance exacte avec un directeur laïque, mais aussi une confusion plus ou moins inévitable avec le clergé régulier. Ambiguïté voulue par Molière, nous semble-t-il, lui ménageant une marge suffisante de manœuvre dans les controverses qui s'ensuivent. Cette ambiguïté, qui est fonction de la satire, Molière en a toujours fait grand cas, histoire d'en généraliser l'application et d'échapper à la critique. Dès *Les Précieuses ridicules* le voilà qui affirme n'avoir attaqué « [...] que ces vicieuses imitations de ce qu'il y a de plus parfait [qui] ont été de tout temps la matière de la comédie ».[5] En vertu de quoi il n'hésite pas à renvoyer la balle à ses critiques, soit en soutenant que ce sont eux qui trouvent matière à redire là où il n'y en a pas,[6] soit en laissant soutenir par son porte-parole Brécourt la fiction « [...] que tous les personnages qu'il représente sont des personnages en l'air, et des fantômes proprement, qu'il habille à sa

---

[3] Éd. cit., II, 1229.
[4] Rappelons qu'il n'y avait pas que les ecclésiastiques qui portaient la soutane : Pascal nous dit que l'autorité du corps médical serait moindre « [...] si les médecins n'avaient des soutanes et des mules [...] » et que « Nous ne pouvons pas seulement voir un avocat en soutane et le bonnet en tête sans une opinion avantageuse de sa suffisance », *Pensées*, no. 44, éd. cit., 505. « *Soutane :* habit long, étroit et à manches étroites, que l'on serre avec une ceinture, que portent les Ecclésiastiques et les gens de Justice sous leurs manteaux et sous leurs robes. Se prend aussi figurément pour la profession ecclésiastique » (Furetière).
[5] *Préface*, éd. cit., I, 264.
[6] Même dans le cas de l'équivoque la plus notoire de son théâtre, celui du ruban qu'Agnès avoue avoir été pris par Horace, c'est Uranie qui soutient à la précieuse Climène que « [...] c'est vous qui faites l'ordure, et non pas elle, puisqu'elle parle seulement d'un ruban qu'on lui a pris », *La Critique de 'L'École des femmes'*, sc. iii.

fantaisie, pour réjouir les spectateurs ».[7] Quant à la ressemblance entre la vraie et la fausse dévotion, il lui est facile de remettre en jeu cette tactique éprouvée : il peut toujours affirmer avec une mesure de bonne foi et de vraisemblance son distinguo du *Premier Placet* selon lequel il a fait sa comédie « [...] avec tout le soin [...] et toutes les circonspections que pouvait demander la délicatesse de la matière ; et, pour mieux conserver l'estime et le respect qu'on doit aux vrais dévots, j'en ai distingué le plus que j'ai pu le caractère que j'avais à toucher. Je n'ai point laissé d'équivoque, j'ai ôté ce qui pouvait confondre le bien avec le mal [...] ».[8] Tartuffe, à n'en pas douter, est hypocrite. *In abstracto*, il est aussi humain et sujet à faillir que tout autre directeur de conscience. Mais est-il plus ou moins intéressé que les laïques et les ecclésiastiques dont il épouse le fond et la forme et qui exercent de pareilles fonctions ? Ce qui dut scandaliser lors du premier *Tartuffe* ce fut de se trouver devant une œuvre de choc démontant non seulement les mécanismes de l'hypocrisie, mais aussi comme il est facile et tentant de se faire faux dévot, et comment le glissement du vrai au faux peut s'opérer insensiblement. Force nous est de convenir que, pour ce qui est de la problématique autour de la fausse dévotion, Bourdaloue avait vu juste (voir à la note 252 ci-dessus).

Au terme de notre tentative pour reconstruire dans ses grandes lignes le premier *Tartuffe*, signalons ce qui nous semble en avoir fourni sa raison d'être. Elle tient en un mot — la satire. Il est certain que le premier *Tartuffe* dont la version de 1669 ne nous en donne que de faibles échos à maints égards fut destiné par Molière à porter un coup mortel aux « originaux » ainsi qu'à leurs acolytes. Ceux qui assistèrent à la représentation de Versailles durent être frappés par la force d'une satire virulente et âpre. Il nous semble que cette satire a très bien pu revêtir trois formes permettant à Molière d'user le plus efficacement possible de tout son arsenal contre les ennemis les plus redoutables auxquels il ait osé se heurter : elle prend d'abord la forme d'une attaque de front, ensuite se renouvelle dans un épisode grivois de la farce, et s'aiguise au moyen d'une ironie décapante. La première ne pouvait que s'incarner dans le personnage de Cléante, dont nous avons signalé l'existence probable en 1664 comme moteur principal de la satire (voir

---

[7]   *L'Impromptu de Versailles*, sc. iv.
[8]   Couton, éd. cit., I, 890.

la section **G** ci-dessus). En 1664 il était l'arme de choix pour exécuter des attaques féroces, et non des plus délicates, contre la fausse dévotion et la pruderie, pour en mettre à nu les mécanismes. Il nous semble fort probable que ces attaques se nourrissaient de force allusions personnelles.[9] La présence de Mariane, loin d'être l'encombrement que craignait Michaut, donne à Molière encore une arme pour prolonger la satire des faux dévots, et pour refléter ce qui se passait dans plus d'une famille où avait pénétré l'hypocrisie (voir la section **D** ci-dessus). Le projet de cette mésalliance de cauchemar entre le faux dévot et la fille permet à Molière l'ultime vengeance contre le séducteur, et est faite pour attirer le maximum de dérision sur lui par la voie la plus tangible : celle du cocuage. Par surcroît, cette vengeance consacrée de la farce offre à Molière le moyen d'empêcher le triomphe au dénouement du vice qu'il a de toute évidence détesté le plus, l'hypocrisie religieuse impunie. Dans les pièces de 1667–1669 le cocuage du faux dévot est longuement évoqué, reste, nous semble-t-il, de la revanche originelle projetée sur Tartuffe. Compte tenu du thème et de la place qu'il occupe dans des scénarios analogues de Molière, il n'est nullement difficile de supposer une Mariane plus hardie en 1664 qu'en 1667–1669, tenant tête à son père de la même façon dont elle résiste à Valère dans leur dépit amoureux. Le troisième moyen de faire la satire de la fausse dévotion reste en les mains plus que sûres d'Elmire face au faux dévot. Molière ne pouvait que favoriser l'autorévélation de l'hypocrite au moyen d'un personnage honnête et avisé, capable de l'induire à faire étalage de sa bassesse. Nous écartons l'hypothèse d'une Elmire coquette de la première version, hypothèse qui a eu la vie trop dure, pour la bonne raison que, pour divertissante et hilare qu'elle fût, elle eût indéniablement affaibli la satire du faux dévot en le présentant sous un jour plus favorable par rapport à sa dupe, Orgon. Un tel dénouement nous paraît incompatible avec le *Premier Placet* d'août 1664 où Molière fustige l'hypocrisie. On peut à l'occasion feindre l'indignation, mais là on sent chauffée à blanc chaque syllabe du procès qu'il en fait. Les trois actes ont dû être à l'image du *Placet*. Pour mener à bien sa satire impitoyable d'un charlatan dévot à la morale lubrique et au physique disgracié mais à la parole séduisante, jamais Molière n'avait réuni

---

9   Comme dans *Les Précieuses ridicules* et *L'École des femmes*, et plus tard dans *L'Amour médecin* et *Les Femmes savantes*.

pareil amalgame d'éléments combustibles. Enfin, et surtout, un Tartuffe
directeur laïque, au costume semblable à celui d'un ecclésiastique,
étincelle qui met le feu aux poudres. Tel nous semble avoir été ce
personnage sulfureux du premier *Tartuffe* dont le créateur fut traité de
« démon vêtu de chair et habillé en homme, et [de] plus signalé impie et
libertin qui fut jamais dans les siècles passés ».[10] Il faut reconnaître au
curé le mérite d'avoir saisi le caractère exceptionnel de ce qui finit par
devenir l'affaire *Tartuffe*, abstraction faite de l'interprétation qu'il en
fait. Si l'église catholique en a pris son parti il y a longtemps, et ni
Molière ni son *Tartuffe* n'évoquent plus pour elle le scandale, il
conviendrait pourtant d'enterrer pour de bon une querelle séculière qui
jusqu'ici n'a jamais pris fin *officiellement* d'une manière digne de
l'événement comme des acteurs : c'est-à-dire, en reconnaissant que le
blâme historiquement imputé par l'église à Molière peut très bien ne pas
lui être uniquement attribuable. Point capital, nous semble-t-il, sur
lequel nous revenons à la fin de l'appendice III, parce que relevant de la
clarté, de la vérité, et de la charité.

---

[10]   Pierre Roullé, *Le Roi glorieux au monde*, Couton, I, 1142. Dans son *Épître*
VII (1677), Boileau le qualifie de
             [...] défenseur zélé des bigots mis en jeu
      [Qui] Pour prix de ses bons mots le [Molière] condamnoit au feu.
                                                                      (Éd. cit., 132)

Chapitre IV

A

Au lendemain du premier *Tartuffe*

À la suite de l'interdiction du *Tartuffe,* la vie ne pouvait que devenir plus dure pour Molière chef de troupe. Il avait non seulement à songer aux moyens les plus efficaces de défendre et de promouvoir sa pièce scandaleuse, mais aussi à faire en sorte que son métier, son gagne-pain, ne s'en ressentît pas trop. En outre, en tant qu'amuseur attitré d'un jeune roi avide de plaisir, il fallait se tenir à la disposition de la seule autorité dont il pouvait espérer la permission de faire jouer sa comédie. D'un côté, sujétion aussi onéreuse que nécessaire à tout point de vue. De l'autre, véritable aubaine pour un homme de théâtre qui ne pouvait que bénéficier de la notoriété d'une pièce interdite. Moins d'un an avant *Le Tartuffe,* Uranie, l'un des défenseurs de Molière face à ses critiques, dit à son sujet que « je connais son humeur : il ne se soucie pas qu'on fronde ses pièces, pourvu qu'il y vienne du monde ».[1] Il serait naïf de ne pas faire la part de cette dimension publicitaire dans l'affaire *Tartuffe,* capable d'apporter de l'eau au moulin de l'auteur et du directeur de la troupe de Monsieur. Il est permis d'affirmer qu'à partir du 12 mai 1664 Molière commence à vivre de la réputation de sa propre création. La levée de boucliers qu'elle provoqua ne se limita nullement à l'hostilité de la Compagnie du Saint-Sacrement ni à la dénonciation du fanatique Roullé dont Molière est l'objet. Il faut supposer que les prédicateurs de toute tendance n'hésitèrent pas à faire chorus pour dénoncer un auteur de comédies qui mit en scène les multiples contradictions d'une prétendue mauvaise dévotion ayant des ressemblances troublantes avec la vraie. *Le Tartuffe* dut longtemps animer les prêches à Paris. B.A. Sieur de Rochemont, très au courant

---

[1] *La Critique de 'L'École des femmes',* sc. vi. B.A. sieur de Rochemont cite cette phrase comme preuve que l'avarice de Molière aggrave son hostilité à la religion, *Observations sur le 'Festin de Pierre'…,* éd. cit., II, 1203.

de l'actualité, parle en mai 1665 de *Dom Juan* dans le contexte de la controverse du *Tartuffe* et d'une mouture éventuelle de cette dernière pièce que projette l'auteur et se demande :

> [...] s'il lui [Molière] restait encore quelque ombre de pudeur, ne lui serait-il pas fâcheux d'être en butte à tous les gens de bien, de passer pour un libertin dans l'esprit de tous les prédicateurs, et d'entendre toutes les langues que le Saint-Esprit anime, déclamer contre lui dans les chaises [*sic*] et condamner publiquement ses nouveaux blasphèmes ?[2]

La troupe poursuit son chemin, traînant partout *Le Tartuffe*, à la fois son boulet et sa gloire. Elle part le 21 juillet 1664 pour Fontainebleau où « on a joué quatre fois *La Princesse d'Élide* devant M. le Légat ».[3] Elle n'est de retour à Paris que le 13 août. Le légat Chigi, venu à la cour pour demander pardon pour l'atteinte faite à la dignité de l'ambassadeur de France, mal mené par les gardes corses du pape à propos de l'incident diplomatique qui opposa le roi au pape Alexandre VII, qualifia le spectacle de « [..] tout à fait agréable et digne des plaisirs d'une cour si galante ».[4] Politesse de diplomate, à n'en pas douter, destinée à favoriser son offensive politique. Par la suite il demanda à voir les actes de la comédie interdite.[5] Dans son *Premier*

---

[2]   *Ibid.*, II, 1206. Un ami de Molière, l'auteur anonyme d'une réponse à Rochemont, *Lettre sur les observations...,* confirme le tollé général qui s'éleva, où les faux dévots « [...] ont parlé sans savoir ce qu'ils disaient, ils ont crié sans savoir contre quoi ils criaient. Ils se sont étourdis eux-mêmes du bruit qu'ils ont fait [...] », *ibid.*, II, 1227. Voir aussi Boileau, *Discours au Roi,* qui en septembre 1664 écrit que
>   Ce sont eux que l'on voit d'un esprit insensé
>   Publier dans Paris que tout est renversé
>   Au moindre bruit qui court qu'un auteur les menace
>   De jouer des bigots la trompeuse grimace. (Éd. cit., 19)

[3]   La Grange, dans Mongrédien, *Recueil,* I, 220.

[4]   *La Gazette,* 2 août 1664, dans Mongrédien, *Recueil,* I, 220.

[5]   « Le Cardinal Chigi étant à Paris eut envie d'entendre lire le *Tartuffe,* qui était défendu ; Molière vint le trouver pour lui en donner le plaisir. Comme ils en étaient à la troisième scène, il vint des femmes lui demander des indulgences; il alla donc les recevoir dans la salle. Et après les avoir satisfait [*sic*], il revint trouver Molière à qui il dit en riant *E an altra scena :* », *Réponses spirituelles de plusieurs grands hommes* » (1705), Mongrédien, *ibid.*, I, 220.

Placet d'août 1664, Molière ne manqua pas de se prévaloir de l'approbation du légat à laquelle il associe « [...] la plus grande partie de nos prélats ».[6] Voilà-t-il pas que l'auteur du *Tartuffe* va jusqu'à s'annexer l'appui de l'épiscopat français pour le besoin de sa cause ! Sans doute n'eût-il jamais hasardé pareille affirmation sans l'encouragement du roi. Pour Rochemont, il n'y a aucun avantage à trouver dans l'approbation du légat, vu le laxisme de l'église en Italie à l'égard du théâtre.[7]

Dans le sillage de l'interdiction, Molière ne tarda pas à faire de la propagande en faveur de son ouvrage. Au dire du gazetier Loret dans sa chronique en vers du 24 mai 1664

> Afin de repousser l'outrage
> Il a fait coup sur coup voyage
> Et le bon droit représenté
> De son travail persécuté.[8]

Dans son *Premier Placet* il fait état des visites auprès des prélats lesquels « [...] dans les lectures particulières que je leur ai faites de mon ouvrage, se sont trouvés d'accord avec les sentiments de Votre

---

[6] Tralage donne la variante « Messieurs les prélats », *G.E.F.*, IV, 388, n.6. Est-ce que l'embrigadement invraisemblable de l'épiscopat français dans la lutte pour faire jouer *Le Tartuffe* par le *Premier Placet,* qui vit le jour en 1669, est dû à une erreur de copiste, comme le pensent Despois et Mesnard *(G.E.F.,* IV., 388), ou au désir de Molière de chanter bien haut sa victoire sur ses critiques ecclésiastiques ? Nous penchons pour la deuxième hypothèse, ce qui eût constitué pour Molière une petite revanche sur l'incompréhension cléricale dont il se croyait longtemps victime.

[7] *Observations sur le Festin de Pierre,* éd. cit., II, 1203-4. Quoique le *Premier Placet* ne fût publié qu'en 1669, il dut courir en manuscrit une fois écrit. À cette attaque contre l'Italie et la lecture au légat, le défenseur anonyme de Molière répliqua dans sa *Lettre aux observations* (1665): « Ce critique, après avoir fait le procès à l'Italie, et à tous les pays étrangers, veut aussi faire celui de M. le légat ; et comme il n'ignore pas qu'il a ouï lire *Le Tartuffe,* et qu'il ne l'a point regardé d'un œil de faux dévot, il se venge et l'attaque en faisant semblant de ne parler qu'à Molière », éd. cit., II, 1221. Sur la disparité entre les attitudes de l'église française et italienne, voir Urbain et Levesque, *op. cit.,* 34, et J. Dubu, *Les Églises chrétiennes, op. cit.,* 120.

[8] *Muse historique,* dans Mongrédien, *Recueil,* 1,217.

Majesté ».[9] Racine évoque une des multiples lectures, faite chez la duchesse de Longueville ou Mme de Sablé le 26 août 1664, brutalement terminée par la nouvelle de la dispersion forcée des sœurs de Port-Royal, au grand étonnement de Molière.[10] Vers la même époque se passe la lecture des trois premiers actes chez l'académicien Habert de Montmort, en présence de Chapelain, l'abbé de Marolles, et quelques autres personnes selon le *Ménagiana*.[11] On sait de l'abbé de Châteauneuf que Molière donna une lecture des cinq actes du *Tartuffe* chez Ninon de Lenclos, lecture qui doit être postérieure au 29 novembre 1664 qui en marqua la première.[12] Même après avoir terminé sa comédie, il semble avoir limité ses lectures aux quatre actes tant il tenait à préparer sinon allécher son public, à en croire Grimarest: « Il le prévint par des lectures; mais il n'en lisoit que jusqu'au quatrième acte : de sorte que tout le monde étoit fort embarassé [*sic*] comment il tireroit Orgon de dessous la table ».[13] Et Boileau cite une autre lecture (de 1665–1666?) chez le marquis de Villandry, nous disant que « Molière avec *Tartuffe* y doit jouer son rôle ». Il ajoute en 1701 que « *Le Tartuffe,* en ce temps-là, avoit été défendu, et tout le monde vouloit avoir Molière pour le lui entendre réciter ».[14] Selon Brossette, le roi avait seulement recommandé à Molière de ne pas jouer sa pièce : « Sa Majesté se contenta de parler ainsi à Molière, sans lui ordonner de supprimer cette comédie. C'est pourquoi Molière ne se faisait pas une

---

9   Éd. cit., I, 890.

10   Racine, éd. cit., II, 28.

11   Mongrédien, *Recueil,* I, 290. Ce moliériste donne à cette entrée la date provisoire du 6 août 1667. On en comprend la raison, la prochaine phrase rapportant une conversation entre Ménage et le Premier Président M. de Lamoignon, suite à l'interdiction de *L'Imposteur* en août 1667. Il est évident que l'auteur de ces remarques au sujet du *Tartuffe* voulut les grouper, encore qu'elles aient trait aux dates différentes. Grimarest rapporte la même histoire de Ménage, éd. cit., 90.

12   *Ibid.*, I, 253-4. Mongrédien attribue la date provisoire de 1665 à cette lecture.

13   Grimarest, éd. cit., 89. Il faut avouer que la phrase de Grimarest reste un peu ambiguë, mais le contexte se prête à ce sens : « Quand il crut avoir suffisamment préparé les esprits, le 5 d'Aoust 1667, il fait afficher le *Tartuffe* », *ibid.*, 89.

14   *Satire*, III, éd. cit., 29. La note de Boileau nous invite à penser à une lecture plutôt qu'à une représentation. Cette visite ne figure pas en effet dans la liste des représentations que donne La Grange dans l'édition de 1682.

peine de la lire à ses amis ».[15] Quoi qu'il en soit, *Le Tartuffe* restait dans les limbes, et Molière ne pouvait que ronger son frein tout en essayant de tirer autant de parti que possible d'une affaire embrouillée dès le début.

Une deuxième représentation des trois premiers actes eut lieu le 25 septembre 1664 à Villers-Cotterets, chez le protecteur de la troupe, Monsieur, frère du roi. Selon la note en tête de l'édition de 1682 Monsieur « [...] régaloit Leurs Majestés et toute la cour ».[16] La *Gazette* du 27 septembre nous informe que la reine mère était déjà retournée au Château de Vincennes le 18, et peut-être que le roi n'y assista pas non plus.[17] Ce fut sans doute en la femme de Monsieur, Henriette d'Angleterre, marraine en 1664 du fils de Molière et protectrice des écrivains, à qui il avait dédié *L'École des femmes,* que Molière trouva un précieux appui. Nous savons d'après Brossette combien la première femme de Monsieur tenait à faire jouer la pièce et les démarches qu'elle fit auprès du roi à cette fin.[18] La comédie fut finalement représentée « parfaite, entière et achevée en cinq actes » pour la première fois au château du Raincy, maison de plaisance de la princesse Palatine, le 29 novembre, 1664, pour Monsieur le Prince de Condé.[19] Il y en eut une seconde représentation au même endroit le 8 novembre 1665, deux en 1668, au château de Chantilly, le 4 mars et le 20 septembre 1668.[20] Condé, ayant eu pendant sa vie plus que personne d'autre « [...] un esprit plus curieux et plus éloigné de cette soumission aveugle que la religion demande », au dire de Bourdaloue,[21] était depuis le début de l'affaire *Tartuffe* un des plus ardents défenseurs de Molière, témoin son mot mordant au roi en mai 1664 huit jours après l'interdiction de la

---

15   Mongrédien, *Recueil,* I, 290.
16   *G.E.F.,* IV, 270 ; Mongrédien, *Recueil,* I, 224.
17   *G.E.F., IV,* 290.
18   Mongrédien, *Recueil,* I, 290. Brossette parle des déboires du *Tartuffe* de 1664 à 1667, et ne précise pas trop la date de ces démarches, se déroulant « [...] dans un temps où Sa Majesté était irritée contre les dévots de la Cour », *ibid.,* 290.
19   *G.E.F., IV,* 270; Mongrédien, *Recueil,* I, 229.
20   *G.E.F., IV,* 270; Mongrédien, *Recueil,* I, 319.
21   *Oraison funèbre de Condé* (26 avril 1687), dans Couton, éd. cit., I, 842, n.l. Madame de Sévigné consacre sa lettre du 25 avril à l'événement, éd. cit., III, 292–3.

comédie sur la distinction entre *Scaramouche* et *Le Tartuffe* (cité dans le chapitre III, section **F**).[22] La comédie était pourtant loin de sa forme finale et a pu subir bon nombre de remaniements avant d'être présentée au public en août 1667. Une lettre du fils du grand Condé, le duc d'Enghien, datant d'octobre 1665, prie M. de Ricous de demander à Molière s'il avait terminé le quatrième acte.[23] Et Lionne dans sa lettre du 26 février 1666 assura la reine de Suède que la comédie n'avait jamais été menée à bien.[24]

Si nous voulons mesurer les efforts de Molière pour faire jouer sa comédie aux seuls résultats, le bilan de toute cette dépense prodigieuse d'ingénuité, de temps et d'énergie auprès des grands et des personnes influentes avant la nouvelle mouture que sera *L'Imposteur* d'août 1667 reste pour la plus grande partie négatif. Nous en avons un aperçu des plus précieux dans le cheminement de sa pensée à la suite de l'interdiction dans le dernier acte de *Dom Juan*. Cette pièce, conçue au plus fort de la tempête autour du *Tartuffe,* reflète fatalement et les préoccupations de l'auteur et le contexte de la pièce à scandale. Vu son contexte, il est permis de se demander si la voix de l'auteur du *Tartuffe* s'y fait clairement entendre en réponse au chorus des détracteurs. Nous croyons pouvoir l'entendre surtout dans l'acte final. Au portrait du bretteur, du séducteur, du fils ingrat et de l'impie, succède celui de l'hypocrite achevé qui se rabat sur la fausse dévotion, histoire de se tirer d'affaire. Ce qui nous intéresse, c'est moins le fait que Dom Juan se métamorphose en Tartuffe, mais ses mobiles ainsi que son commentaire là-dessus. Car son commentaire éclaire singulièrement non seulement la psychologie de l'hypocrite Tartuffe mais aussi la pensée du *Premier Placet* du *Tartuffe,* dont c'est vraiment le prolongement envenimé. Il se fait sous forme d'analyse des avantages à tirer de l'hypocrisie. Ainsi l'inspiration doit-elle en remonter à une étape préalable, à la dramatisation du faux dévot, c'est-à-dire à celle où se fixe le choix de la « vocation » d'hypocrite dans l'esprit du créateur. Et cette analyse, aboutissant à la terrible conclusion qu'elle contient, est destinée à frapper dur au moyen de son impitoyable logique circulaire.

---

22   Rapporté par Molière dans le dernier paragraphe de la *Préface* de 1669, éd. cit., I, 888.
23   Mongrédien, *Recueil,* I, 249–50.
24   *Ibid.,* 257. Sur ces lettres, voir la note 44 du chapitre II ci-dessus.

L'analyse de Dom Juan porte d'abord sur les défauts humains : « Tous les autres vices des hommes sont exposés a la censure, et chacun a la liberté de les attaquer hautement » (V, ii). La déduction qu'il en fait n'est nullement pour surprendre: « [...] l'hypocrisie est un vice privilégié, qui, de sa main, ferme la bouche à tout le monde, et jouit en repos d'une impunité souveraine ». D'où la conclusion, annoncée dès le début du discours, tant le libertin est charmé par sa découverte : « Le personnage d'homme de bien est le meilleur de tous les personnages qu'on puisse jouer aujourd'hui, et la profession d'hypocrite a de merveilleux avantages. C'est un art de qui l'imposture est toujours respectée; et quoiqu'on la découvre, on n'ose rien dire contre elle ». Reportons-nous au *Premier Placet* du *Tartuffe*. Là, Molière passe, et nous fait passer, par les étapes quelque peu laborieuses de sa découverte à lui au sujet de la fausse dévotion, histoire d'enfoncer le clou: il l'avait crue, parmi tous les vices, « un des plus en usage, des plus incommodes et des plus dangereux ».[25] Or, cette croyance naïve se révèle en deçà de ce que la vérité lui fait constater depuis ce temps-là, à savoir, l'impunité souveraine dont jouissent les faux dévots même auprès du roi : « Les tartuffes, sous main, ont eu l'adresse de trouver grâce auprès de Votre Majesté ; et les originaux enfin ont fait supprimer la copie, quelque innocente qu'elle fût, et quelque ressemblante qu'on la trouvât ».[26] Il est capital de noter que pas un instant dans son *Placet* ni dans ses autres écrits à ce sujet Molière ne suppose le roi ébloui par les menées des faux dévots.[27] Le *Placet* essaie de faire comprendre au roi à mi-voix ce que Dom Juan proclamera tout haut. La lucidité impuissante, même du souverain, c'est précisément ce que vante Dom Juan, ce dont Tartuffe se fût loué en 1669, n'était l'artifice du *deus ex machina* au dénouement: « Que si je viens à être découvert, je verrai, sans me remuer, prendre mes intérêts à toute la cabale, et je serai défendu par elle envers et contre tous. [Quel *nota bene* peu voilé à l'attention de Louis !] Enfin c'est là le vrai moyen de faire impunément tout ce que je

---

[25] Éd. cit., I, 889.

[26] *Ibid.*, I, 890.

[27] À en croire *Le Premier Placet,* l'interdiction est fonction « de la délicatesse de votre âme sur les matières de la religion », corde sensible que les faux dévots ont su si bien toucher chez sa Majesté, qui s'était déjà empressée de confier à son comédien « qu'elle ne trouvait rien à dire dans cette comédie qu'elle me défendait de produire en public », éd. cit., I, 890.

voudrai » (V, ii). Ce que Molière découvre et constate suite à l'interdiction, l'impunité impunie, c'est ce qu'il fait célébrer ici par son libertin. Sous ces accents rhapsodiques du dernier nous retrouvons la rancune amère de l'auteur du *Premier Placet* en train de se muer en cynisme devant l'impuissance de l'autorité temporelle face à la fausse dévotion. Il est évident que pour l'auteur du *Tartuffe* il incombe au roi de ne pas céder le pas aux factions religieuses dans son royaume. Plus tard, le dernier acte ajouté, il fera l'apothéose du roi en même temps qu'il lui fera la leçon au sujet du gouvernement du royaume :

> Nous vivons sous un Prince ennemi de la fraude,
> Un Prince dont les yeux se font jour dans les cœurs,
> Et que ne peut tromper tout l'art des imposteurs.
> D'un fin discernement sa grande âme pourvue
> Sur les choses toujours jette une droite vue; (vv.1906–10)

Le précepteur du futur prince ennemi de la fraude, Le Vayer, avait déjà préparé son élève royal à assumer le rôle que Molière lui attribue ici, soulignant que « [...] les Princes ne participent en rien tant de cette Divinité qu'ils nous représentent ici bas, qu'en l'exercice de la Justice par la distribution des peines et des récompenses ».[28] Pour Le Vayer, la religion n'est autre chose qu'un acte de justice, ou, comme il écrira vingt-sept ans plus tard dans sa *Lettre*, « la perfection de la Raison ».[29] Déjà en 1640 Le Vayer conseillait au futur Louis XIV de ne pas partager son autorité temporelle avec la religion organisée. Tout en prônant les avantages d'une dévotion raisonnable et véritable, il le mettait en garde contre les zélés indiscrets aussi bien que les hypocrites et tous ceux qui « [...] n'employent la piété que comme un fard sur le visage, dont ils se tiendroient interesez au dedans. Ce sont Cignes qui couvrent une chair très-noire avec des plumes fort blanches [...] ».[30] Pour la manière dont est célébré le triomphe de ces cygnes à la chair très noire et aux plumes fort blanches, Molière semble s'être tourné encore une fois vers le satirique normand, Garaby de La Luzerne. Dès le début, le pharisien s'interroge sur

---

28 *De l'instruction de Mgr le Dauphin*, *De la justice*, éd. cit., I (1re partie), 1er vol., 32.
29 *Op. cit.*, 94.
30 *De la religion*, dans *Œuvres*, I, (1re partie), 1er vol., 29.

> le choix d'une façon de vivre
> Que pour profession un homme doive suivre ?[31]

L'emploi du terme « profession » par le pharisien et Dom Juan (« la profession d'hypocrite a de merveilleux avantages» dit ce dernier) est significatif, indiquant en même temps état, emploi, condition, et déclaration publique d'une manière de vivre dévote. En expliquant l'abstrait par le concret, le terme transmet parfaitement la matérialisation de la religion, en quoi consiste la fausse dévotion. Voyons les avantages dont est censé jouir le faux dévot dans les deux satires :

1. *La liberté.* Le choix

> [...] se rapportant à son tempérament
> Luy donne lieu d'agir d'autant plus librement,
> Que, sans faire de peine à son propre génie,
> Il sera satisfait de son genre de vie.[32]

Dom Juan compte agir de même : « Je ne quitterai point mes douces habitudes ; mais j'aurai soin de me cacher et me divertir à petit bruit » (V, ii).

2. *Le droit souverain de tout surveiller.* L'hypocrisie donne à ceux qui en exercent la profession le droit de « Faire passer sur tout leur inquisition » selon La Luzerne.[33] De même, Dom Juan se réjouit d'avoir droit de regard sur tout: « Je m'érigerai en censeur des actions d'autrui, jugerai mal de tout le monde, et n'aurai bonne opinion que de moi » (V, ii).

3. *La solidarité.* Comme nous l'avons constate à propos de Tartuffe, elle est une puissante attraction pour les faux dévots, lesquels « Par un commun support leur crédit establissent ».[34] Pour Dom Juan, « On lie, à

---

31   *Op. cit.*, 81.
32   *Ibid.*, 82.
33   *Ibid.*, 84.
34   *Ibid.*

force de grimaces, une société étroite avec tous les gens du parti » (V, ii).

4. *Le crédit au moyen d'une mine confite.* On fait son chemin en affichant un air de fausse humilité, « baissant les yeux sous cappe »,[35] ou, si l'on s'appelle Dom Juan, par « quelque baissement de tête, un soupir mortifié, et deux roulements d'yeux » (V, ii).

5. *Le profit tiré de la crédulité humaine.* « Tu n'as qu'à te pourvoir d'un estat de Dévot » pour profiter « Finement aux dépens du crédule et du sot ».[36] Selon Dom Juan, « C'est ainsi qu'il faut profiter des faiblesses des hommes et qu'un sage esprit s'accommode aux vices de son siècle » (V, ii).

Si nous essayons maintenant de prendre du recul par rapport au premier *Tartuffe* et à *Dom Juan*, il nous semble possible de dégager la dominante dramatique de chaque pièce, source de sa raison d'être. Dans la première, *l'indignation* de Molière se traduit par la dramatisation du scandale de l'hypocrisie religieuse ; dans la seconde, la constatation amère que ce vice se dérobe aux conséquences s'exprime dans *la célébration de son impunité, impunité* qui ne se trouve que rehaussée par l'artifice de la punition que requiert la légende. *Le Misanthrope* forme le troisième volet du triptyque sur l'hypocrisie et marque une étape nouvelle, *l'intégration et l'acceptation* de l'hypocrisie dans la vie de tous les jours. Certes, Alceste *furiosus* est là pour tonner contre ce vice, et faire preuve de cette belle indignation qui anima le *Premier Placet* contre les Tartuffes, personnifiés par « le franc scélérat » avec lequel il est en procès (vv.125–38). Là il nous fait le portrait véritable de Tartuffe, tel que nous le voyons dans le *Premier Placet* et dans la satire qu'en fait Cléante à son beau-frère (I, v). Dans l'une et l'autre pièce, on décrit un seul et même personnage : « traître »,[37] « fourbe »,[38] « scélérat »,[39] «pied-plat »,[40] « payant le monde de grimaces »,[41] faisant

---

35   *Ibid.*, 83.
36   *Ibid.*, 82. Filerin, le maître fourbe médical de *L'Amour médecin* ne dira rien d'autre à ses confrères trop querelleurs devant leurs clients (III, i).
37   *Le Tartuffe*, v.1586, *Le Misanthrope*, v.125, 1493.
38   *Le Tartuffe*, v.1041, 1699, 1835, 1923, *Le Misanthrope*, v.135.
39   *Le Tartuffe*, v.1487; *Le Misanthrope*, v.124, 135, 1532.

son chemin au moyen « de deux clins d'yeux et d'élans affectés »,[42] de
« roulements d'yeux »,[43] et d'un « ton radouci ».[44]

Les échecs subis par Molière pendant les années 1664–1666 semblent
avoir contribué à grossir la présence de Tartuffe et de ses méfaits dans
sa vision dramatique. La corruption qu'il engendre s'étend au-delà de la
maison d'un bourgeois parisien pour se répandre dans la société et y
devenir monnaie courante. Si courante, en effet, que c'est se vouer
d'avance au ridicule et à la défaite que de partir en croisade là-contre,
comme fait le malencontreux Alceste. S'il ne manque pas de réaliser le
sort qui lui prédit Philinte :

> Je vous dirai tout franc que cette maladie,
> Partout où vous allez, donne la comédie (vv.105–06),

on est obligé de reconnaître qu'il n'en met pas moins en relief un
tableau peu réjouissant du comportement humain. Face à un état de
choses que l'on devine exagéré pour le besoin de la cause par un
tempérament atrabilaire, mais qui reste au fond peu brillant, l'honnête
homme se meut à l'étroit. On peut par politique prendre modèle sur les
Tartuffes et faire ainsi son chemin dans la société, ou bien rompre avec
le monde trop tolérant, ou bien choisir un juste milieu, c'est-à-dire :
prendre son parti de la corruption, louvoyer pour bien mener sa barque,
et tâcher de se garantir, autant que faire se peut, de ce qu'on condamne
en son for intérieur. Sans s'identifier à tel ou tel de ses personnages,
Molière porte en lui la vision dramatique et les fluctuations où ceux-là
se trouvent pris. Sans se départir aucunement de son intention d'exposer
les Tartuffes à la risée du monde, force lui est de constater que, malgré
l'appui du roi, arriver à son but n'est possible que moyennant quelques
adoucissements de sa part. Il s'agit de plier mais de ne pas rompre. Un

---

[40]   *Le Tartuffe*, v.59, *Le Misanthrope*, v.129.
[41]   *Le Tartuffe*, v.325, 330, 362, *Le Misanthrope*, v.137.
[42]   *Le Tartuffe*, v.368.
[43]   *Le Misanthrope*, v.127. Cf. l'avantage que compte tirer Dom Juan d'« un
       soupir mortifié et de deux roulements d'yeux » (V, ii). Voir notre article
       « Alceste and his *fourbe* », *The Seventeenth Century : directions old and new*,
       éd. E. Moles et N.A. Peacock (Glasgow: University of Glasgow, 1992), 62–
       73.
[44]   *Le Misanthrope*, v.127, *Le Tartuffe*, v.875.

peu plus de trois ans après la première du *Tartuffe,* Molière réussit à faire représenter la deuxième version, *L'Imposteur,* mais ne tarde pas à découvrir à tel point la réputation scandaleuse de l'original reste vivante dans les esprits.

B

L'Imposteur

Le roi parti à Flandres à la conquête des Pays-Bas espagnols, Molière afficha sa comédie sous le nouveau titre de *L'Imposteur* au Palais-Royal, le 5 août 1667. Grimarest nous raconte qu'il avait attendu que la fureur des dévots se calme avant d'oser faire paraître la deuxième mouture. Si cet auteur a tort d'affirmer que la représentation fut interrompue par l'arrivée inopinée des officiers de la part du Premier Président, son récit ne nous en communique pas moins l'émotion de l'occasion :

On affiche le *Tartuffe :* les Hypocrites se réveillent ; ils courent de tous cotez pour aviser aux moyens d'éviter le ridicule que Molière alloit leur donner sur le théâtre malgré les deffences du Roi. Rien ne leur paroissoit plus effronté, rien plus criminel que l'entreprise de cet Auteur ; et accoutumés à incommoder tout le monde, et à n'être jamais incommodés, ils portèrent de toutes parts leurs plaintes importunes pour faire réprimer l'insolence de Molière, si son annonce avoit son effet. L'assemblée fut si nombreuse que les personnes les plus distinguées furent heureuses d'avoir place aux troisièmes loges. Et l'on étoit prest de commencer la pièce quand il arriva de nouvelles défenses de la représenter, de la part des personnes préposées pour faire exécuter les ordres du Roi. Les Comédiens firent aussitôt éteindre les lumières, et rendre l'argent à tout le monde.[45]

---

[45]   Éd. cit., 96. Loin de devoir rendre l'argent au public, comme Grimarest le prétend, la troupe fit recette, comme le constate La Grange: « Première représentation publique de *Tartuffe,* sous le titre de *l'Imposteur,* 1890 1. ». Recettes nettement supérieures à celle de la première du *Misanthrope* (1447 1.), mais bien au-dessous de celles de sa seconde représentation publique, le 5 février 1669 (2860 1.).

La représentation eut lieu, mais La Grange nous informe le lendemain qu'« un huissier de la cour du Parlement est venu de la part du Premier Président défendre la pièce ».[46] Molière, outré par pareille déception, écrit son *Second Placet* où il fait état de son droit de représenter sa comédie, droit qu'il estime bafoué en l'occurrence, d'autant plus que « [...] Votre Majesté avait eu la bonté de m'en permettre la représentation, et que je n'avais pas cru qu'il fût besoin de demander cette permission à d'autres, puisqu'il n'y avait qu'elle seule qui me l'eût défendue ».[47] Permission de la part du roi, soit. Encore faudra-il préciser sous quelle forme elle fut donnée. Brossette, d'après ses conversations avec Boileau, que l'on sait intimement mêlé à l'affaire, confirme que « Molière en suite de la permission du Roi, fit représenter son *Tartuffe* le 5 août 1667, et le promit encore pour le lendemain. Mais M. le Président le défendit le même jour ».[48] Grimarest nous laisse entendre que le bon droit de Molière était moins solide qu'il ne le croyait :

> La permission que Molière disoit avoir de Sa Majesté pour jouer sa pièce n'étoit point écrite ; on n'étoit pas obligé de s'en rapporter à lui. Au contraire, après les premieres deffences du Roi, on pouvoit prendre pour une témérité la hardiesse que Molière avoit eue de remettre le *Tartuffe* sur le théâtre, et peu s'en fallut que cette affaire n'eût encore de plus mauvaises suites pour lui ; on le menaçoit de tous côtez.[49]

Sans doute Molière n'avait-il obtenu qu'une promesse verbale de la part du roi : il est évident que le Premier Président, que l'on sait membre influent de la Compagnie du Saint-Sacrement, ne voulait ni outrepasser autorité dont le roi l'avait chargé ni s'attirer la hargne de ses confrères dévots en souscrivant à cette promesse. D'où sa réponse diplomatique faite au demandeur : « Quand le Roi sera de retour, il vous permettra, s'il le trouve à propos, de représenter le *Tartuffe,* mais, pour moi, je croirais abuser de l'autorité que le Roi m'a fait l'honneur

[46]   Molière, *Recueil,* I, 287. Ce qu'avait anticipé la lettre de Desfontaines à de Lionne, du 6 août, citée plus haut à la page 173.
[47]   Éd. cit., I, 892.
[48]   Molière, *Recueil,* I, 290.
[49]   Éd. cit., 96-7.

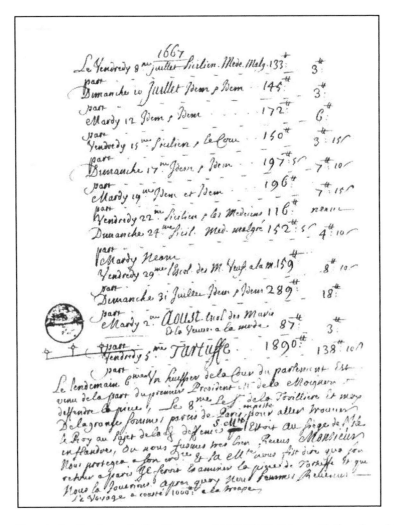

Extrait du *Registre* de La Grange, 1667 Bibliothèque Nationale, cl BN

de me confier pendant son absence, si vous accordais la permission que vous me demandez ».[50] Dans les circonstances, Molière dut se rabattre sur l'action directe et s'adresser au roi lui-même. Le *Second Placet* fut envoyé en toute hâte au roi, aux bons soins de deux comédiens des plus fidèles :

Le 8e le sieur de la Thorillière et moi, de la Grange, sommes partis de Paris en poste pour aller trouver le Roi au sujet de ladite défense. Sa Majesté était au siège de Lille en Flandres, où nous fûmes très bien reçus. Monsieur nous protégea à son ordinaire et Sa Majesté nous fit dire qu'à son retour à Paris il ferait examiner la pièce de *Tartuffe* et que nous la jouerions.[51]

Molière entreprit une démarche supplémentaire, qui devait rester sans suite, en se tournant vers Henriette d'Angleterre, femme de Monsieur, frère unique du roi et depuis octobre 1658 protecteur de la troupe, chez qui avait eu lieu une représentation des trois premiers actes scandaleux le 25 septembre 1664.[52] Madame chargea M. Delavau, un de ses assistants, d'en saisir le Premier Président, mais ce dernier coupa court à l'entretien. Selon Brossette, « M. le Premier Président lui [à Madame] fit en effet une visite trois ou quatre jours après, mais cette Princesse ne trouva pas à propos de lui parler de *Tartuffe,* de sorte qu'il n'en fut fait aucune mention ».[53] Molière finit par avoir recours à une initiative personnelle auprès du Premier Président. En compagnie de Boileau, qui lui ménagea l'entretien, il fut reçu fort civilement par le Premier Président, lequel alla jusqu'à lui faire des compliments sur sa réputation comme acteur et auteur. Molière se fit l'avocat éloquent de sa comédie ; mais le magistrat lui opposa une fin de non-recevoir : « Je suis persuadé qu'elle est fort belle et fort instructive, mais il ne convient pas à des comédiens d'instruire les hommes sur les matières de la morale chrétienne et de la religion ; ce n'est pas au théâtre à se mêler de prêcher l'Evangile ».[54] Molière eut beau essayer de mettre en avant la valeur morale de son ouvrage : le « savant maître d'escrime dans les

---

[50]   Molière, *Recueil,* I, 291.
[51]   *Ibid.,* I, 287-8.
[52]   *Ibid.,* I, 224.
[53]   *Ibid.,* I, 291.
[54]   *Ibid.*

combats des esprits »[55] demeura court devant cette objection de poids et savait bien que la partie était perdue d'avance.[56] Une fois parti, Molière passa sa colère non sur Lamoignon, qui avait agi avec circonspection, mais sur l'archevêque de Paris, le croyant responsable de la mauvaise tournure qu'avait prise l'affaire.[57] Il avait deviné juste, Hardouin de Péréfixe ne tardant pas à seconder Lamoignon, en faisant promulguer son *Ordonnance* à tous les curés et vicaires de Paris et de ses environs, où défense fut faite « [...] à toutes personnes de nostre Diocese, de représenter sous quelque nom que ce soit la susdite Comedie, de la lire, ou entendre réciter, soit en public, soit en particulier, sous peine d'Excommunication ».[58]

Il est évident que l'interdiction de *L'Imposteur,* les arguments massue de Lamoignon, et l'ordonnance de l'archevêque marquèrent une nouvelle péripétie dans l'évolution de l'affaire *Tartuffe* pour Molière et la troupe. À la suite de la conversation avec le Premier Président, Molière ne pouvait que voir plus clairement où se trouvait le nœud du débat autour du *Tartuffe,* à savoir : le théâtre avait-il ou non le droit de parler de la religion sur la scène ? Il peut à première vue paraître surprenant que Molière se soit trouvé à court d'arguments devant Lamoignon. N'avait-il pas disposé de trois ans pour entendre et considérer tous les points de vue sur la question et méditer sa propre réponse ? Oui, en théorie. Mais si nous en venons aux faits, il n'en est nullement ainsi. Nous constatons en effet une lacune étonnante dans la panoplie de ses arguments, que n'avait pas tardé à mettre en lumière le Premier Président. Le plaidoyer de Molière de l'un et de l'autre *Placet* (1664–1667) s'évertue passionnément à faire la distinction entre la vraie

---

55   Boileau, *Satire*, II.
56   « Molière, qui ne s'attendait pas à ce discours, demeura entièrement
      déconcerté, de sorte qu'il lui fut impossible de répondre à M. le premier
      Président. Il essaya pourtant de prouver à ce magistrat que sa comédie était
      très innocente, et qu'il l'avait traitée avec toutes les précautions que demandait
      la délicatesse de la matière du sujet ; mais, quelques efforts que pût faire
      Molière, il ne fit que bégayer et ne put point calmer le trouble où l'avait jeté
      M. le premier Président ». Molière, *Recueil*, I, 291.
57   *Ibid.*, I, 292.
58   Pour faire bonne mesure, l'archevêque réitère plus loin cette défense expresse.
      L'ordonnance, du 11 août 1667, est reproduite dans notre reconstruction de
      L'Imposteur, en regard de la page 10.

dévotion pour laquelle il conçoit le plus grand respect, et la fausse, dont il attaque les partisans avec vigueur. Ayant étayé son plaidoyer sur ce distinguo important mais au fond subjectif, il évite d'aborder la question du principe général qu'évoque Lamoignon. Et pour cause. On comprend bien qu'un auteur dramatique ne se lance pas à la légère dans ce nid de guêpes qu'est la querelle du théâtre au 17e siècle en France (voir le chapitre I, section **B**). Racine est infiniment plus astucieux que Molière dans ce domaine. Malgré le ton badin qu'il prend dans sa polémique avec son ancien maître Nicole en janvier 1666, il se garde bien de s'engager dans la controverse théologique sur la moralité du théâtre, préférant répondre par une pirouette : « Je ne suis pas un théologien comme vous ».[59] En outre, il nous semble fort probable qu'avant d'être pris au dépourvu par la question pertinente de Lamoignon, Molière s'était investi à tel point dans sa croisade à lui contre les hypocrites, devenue un véritable corps à corps, que la question de la religion sur la scène avait été laissée de côté. Nous avons vu que par politique, manque de prévoyance ou simple inadvertance il n'en est pas question du tout dans les *Placets* de 1664 et 1667. Là, en effet, il s'agit du droit qu'a la comédie d'attaquer les vices humains, y compris l'hypocrisie religieuse. La question de savoir si la comédie a ou non le droit de parler de la religion sur la scène n'est nullement invoquée. Point faible dans la polémique de Molière, qui lui coûta cher face au Premier Président. En étendant le champ de la comédie pour embrasser des sujets religieux, il était plus ou moins inévitable que l'homme de théâtre oubliât de ménager les susceptibilités dévotes. Croire passionnément que la comédie a le devoir d'attaquer tous les vices, c'est du coup se rendre moins capable de comprendre le bien-fondé de l'objection de Lamoignon. Toujours est-il que Molière comprit très bien la portée de la question du magistrat, y consacrant la plus grande partie de la *Préface* de 1669.[60] Tant qu'elle demeurait sans réponse de sa part, il se condamnait à se trouver en mauvaise posture face à l'église et aux dévots. Il comprit aussi qu'il n'avait lui-même ni le temps ni les connaissances requises ni la crédibilité pour mener à bien pareille tâche. À cette fin, il se tourna vers son ami, le philosophe Le

[59]   *Lettre à l'auteur des hérésies imaginaires,* dans Racine, éd. cit., 20. Voir
       « Les Frères ennemis : Racine, Molière and 'la querelle du théâtre' », art. cit.
[60]   Voir l'édition citée, 884 sqq.

Vayer, l'ancien précepteur du jeune roi comme de Monsieur, passé maître dans l'art de l'éristique. Dans une génération précédente, Le Vayer, avec le père Sirmond, confesseur du roi, avait mis sa plume déliée d'académicien au service du cardinal Richelieu, soucieux de juguler le cours du jansénisme en minant la théologie de l'*Augustinus*.[61] Sa *Lettre sur la comédie de 'L'Imposteur'* du 20 août 1667 fut publiée sous le couvert de l'anonymat. Elle tient en deux parties, dont la première nous fournit une description détaillée de l'action et des personnages de *L'Imposteur*. Elle a le grand avantage de contenir plus d'une centaine de « citations » de la comédie, données en prose pour circonvenir l'oukase de l'archevêque interdisant aux fidèles de « la lire, ou entendre réciter, soit en public, soit en particulier, sous peine d'Excommunication ». La seconde partie comprend la défense la mieux raisonnée et la plus puissante que nous ayons de la valeur morale de *L'Imposteur,* comme du théâtre moliéresque, et se fait un plaisir de démolir, pièce par pièce, l'argument de Lamoignon que « ce n'est pas au théâtre à se mêler de prêcher l'Évangile ».[62] Elle marque un point

---

[61]   Dans son ouvrage *De la Vertu des Payens* (1642) Le Vayer réfute le jansénisme au moyen des arguments subtils en faveur du salut des penseurs vertueux de l'antiquité, qu'il rend bénéficiaires inconscients de la grâce divine moyennant la foi implicite. Arnauld répondit par écrire *De la nécessité de la foi en Jésus-Christ* où il accusa Le Vayer d'établir une nouvelle religion consistant à suivre la nature.

[62]   Avant d'entamer l'œuvre de démolition, Le Vayer s'attarde sur « [...] l'étrange disposition d'esprit touchant cette Comédie, de certaines gens, qui, supposant ou croyant de bonne foi qu'il ne s'y fait ny dit rien qui puisse en particulier faire aucun méchant effet, ce qui est le point de la question, la condamnent toutefois en général, à cause seulement qu'il y est parlé de la Religion, et que le Théâtre, disent-ils, n'est pas un lieu où il la faille enseigner », éd. cit., 80. On reconnaît là une référence peu ambiguë à chacun des deux éléments de l'argument de Lamoignon, c'est-à-dire, votre comédie a beau être instructive, il n'en convient pas moins aux comédiens d'instruire les chrétiens sur la morale. Cf. le dernier tercet du sonnet *Sur la comédie* d'Antoine Godeau (1654), nommé par Richelieu à l'Académie Française, futur évêque de Grasse, et membre éminent de la Compagnie du Saint -Sacrement :

> Elle (la comédie) peut réformer un esprit idolâtre,
> Mais pour changer leurs mœurs, et régler leur raison,
> Les Chrétiens ont l'Église et non pas le théâtre.
> *Traité de la comédie,* éd. L. Thirouin, 124.

Il était à la fois membre de la Compagnie et proche du cardinal de Richelieu.

tournant et dans la défense de Molière et dans la polémique autour de la comédie. Pour la première fois, le dramaturge voit la défense de sa pièce dotée d'une solide armature morale composée d'arguments érudits et religieux qu'il exploite à fond dans la *Préface* de 1669. L'exactitude de l'ample description de *L'Imposteur* dans la *Lettre* nous permet de dissiper une erreur à la vie trop dure, qui veut que la seconde version soit plus ou moins la même que *Le Tartuffe* de 1669. Ce fut Voltaire qui la renforça en nous informant que dans la seconde version l'hypocrite se nommait Panulphe, et qu'« à cela près, la pièce était comme elle est aujourd'hui ».[63] Nous avons fait ailleurs le relevé des nombreuses différences entre les versions.[64] Il suffira ici de signaler comment la *Lettre* éclaire l'évolution du phénomène *Tartuffe* à travers sa deuxième phase. *L'Imposteur* se situe chronologiquement à mi-chemin entre l'original de mai 1664 et la pièce achevée de février 1669. En tant que version intermédiaire, elle nous offre à la fois des reflets de l'original et une ébauche de la comédie finale.

Le prédécesseur de Cléante de 1669, auquel Le Vayer ne donne que le nom de beau-frère, nous offre un excellent exemple du caractère intermédiaire de *L'Imposture*. Nous y voyons le personnage en phase évolutive. Il garde la combativité et la langue acérée dont Molière avait grand besoin au début de ses luttes contre les dévots. Nous l'avons décrit comme « la cognée » de Molière en 1664 (voir le chapitre III, section **G**, ci-dessus). En 1667, le beau-frère est beaucoup plus engagé dans l'action que Cléante en 1669. Si celui-ci n'oppose que des propos lénifiants aux injures de Madame Pernelle, le beau-frère n'a pas du tout le même caractère placide (I, i). Il est peu disposé à passer sous silence l'éloge de son saint homme ni sa critique aigre de la famille. Il intervient pour lui fermer la bouche avec une longue diatribe : selon Le Vayer il commence à « [...] faire voir quelle est la véritable dévotion, par rapport à celle de Monsieur Panulphe ; de sorte que le venin, s'il y en a, à tourner la bigotterie en ridicule est presque précédé par le contrepoison ».[65] À la fin de la première scène, il rudoie la Vieille quand il met à nu les mobiles intéressés des dévots : « Le Frere de la

---

[63]   Voir A. Tallon, *op. cit.*, 21.

[64]   *Vie de Molière*, éd. cit., 448.

[65]   Reconstruction de *L'Imposteur,* éd. cit., 28 sqq.

        Lettre, éd. cit., 4–5.

Bru continuë par un caractère sanglant qu'il fait de l'humeur des gens de cet âge, *qui blâment tout ce qu'ils ne peuvent plus faire* ».[66] En 1669 c'est à la servante que sont confiées ces répliques mordantes.[67] Le beau-frère est aussi porté à rompre une lance contre Panulphe que contre la Vieille, faisant preuve d'un dédain ouvert et « d'un emportement fort naturel » à l'égard du faux dévot selon la *Lettre*.[68] Tout cela n'empêche pas Le Vayer de qualifier le personnage d'« honnête homme » capable de faire des « réflexions très solides » sur les différences entre la vraie et la fausse dévotion.[69] Tantôt agressif, tantôt honnête homme, il se trouve loin du personnage poli et diplomate qui s'appelle Cléante, la modération en personne en 1669.[70] En 1667 il reste un curieux hybride, affichant à la fois un côté de la servante forte en gueule et un côté Cléante, un élément fruste, survivance de 1664, et une promesse de 1669.

Le faux dévot de 1667 n'était plus le directeur de conscience laïque qui avait déclenché le tollé avant, pendant, et après l'unique représentation de mai 1664. Molière eut beau croire éviter les remous en le présentant en homme du monde, comme il l'avoua dans son *Second Placet* du début d'août :

> En vain je l'ai produite [ma comédie] sous le titre de *L'Imposteur,* et déguisé le personnage sous l'ajustement d'un homme du monde ; j'ai eu beau lui donner un petit chapeau, de grands cheveux, un grand collet, une épée, et des dentelles sur tout l'habit, mettre en plusieurs endroits des adoucissements, et retrancher avec soin tout ce que j'ai jugé capable de fournir l'ombre d'un prétexte aux célèbres originaux du portrait que je

---

[66]   *Ibid.*, 7.

[67]   Voir l'édition citée de *L'Imposteur,* 29 sqq.

[68]   Éd. cit., 47 ; *L'Imposteur,* 37.

[69]   *Lettre,* 89, 77.

[70]   Du point de vue politique, il importait beaucoup à Molière de le présenter en honnête homme. Il serait toutefois faux de le jouer en personnage falot, car il est de taille à tênir tête à Tartuffe, comme l'a bien montré N.A. Peacock, « The 'Raisonneur' in Molière's Theatre », *The Modern Language Review,* 76 (1981), 302. Pour P. Dandrey, Cléante incarne tous les aspects des raisonneurs précédents, se faisant aussi le défenseur de Molière calomnié par les dévots, *Molière ou l'esthétique du ridicule* (Paris : Klinksieck, 1992), 191.

voulais faire : tout cela n'a de rien servi. La cabale s'est réveillée aux simples conjectures qu'ils ont pu avoir de la chose.[71]

En effet, l'archevêque de Paris n'était nullement homme à se laisser abuser par le changement du titre et du personnage : pour lui, ainsi que pour les dévots, il n'en s'agissait pas moins de ce *Tartuffe* qui sentait autant le soufre en 1667 qu'en 1664, comme le laisse entendre sa condamnation de la nouvelle mouture : « [...] le Vendredi cinquième de ce mois, on représenta sur l'un des Théâtres de cette Ville, sous le nouveau nom de *l'Imposteur,* une comédie très dangereuse [...] ».[72]

En dehors des autres adoucissements que Molière prétendit avoir introduits dans la comédie, la *Lettre* fait apparaître d'autres éléments dans le jeu du faux dévot, absents en 1669, qui nous semblent s'apparenter à la conception primitive du personnage. Le côté physique du personnage, aspect forcément en vue dans une satire de la fausse dévotion, mais davantage accentué, encore plus savoureux chez un directeur de conscience, est mis pleinement en relief dans *L'Imposteur.* En particulier, les efforts réitérés de la part de Panulphe pour palper le genou et le collet de la dame ne sauraient nous laisser indifférents. De fait, il semble avoir une prédilection particulière pour les vêtements et le corps de sa belle interlocutrice, y promenant la main à plusieurs reprises, alors qu'en 1669 nous devons nous contenter d'une seule indication de scène qui nous laisse sur notre faim : « Il lui met la main sur le genou » (après le vers 916).[73] Dans son premier entretien avec la dame, Panulphe donne libre cours à ses frustrations sexuelles, et dans le second il justifie l'adultère à grand renfort d'autorités ecclésiastiques. Sous ses dehors mondains, il reste le mâle refoulé à la recherche de sa proie, ce qui dut exaspérer au-delà de toute mesure les dévots, encore qu'il lui manque le statut infiniment plus scandaleux de directeur de conscience en mal de femme. Plus explicite dans ses gestes, sa déclaration de pardon pour le fils qui l'accuse devant son père d'avoir

---

[71]   Éd. cit., I, 891-2.
[72]   *Ordonnance,* dans *L'Imposteur,* en face de la page 10 de l'édition citée.
[73]   Dans la *Lettre,* Panulphe brûle les étapes dans sa séduction manquée : après lui avoir pris la main et avoir entendu protester la dame, il revient à la charge : « Un moment après il s'oublie de nouveau, et promenant sa main sur le genouil de la Dame [...] s'attaque à son colet dont le point luy semble admirable. Il y porte la main encore pour le manier et le considérer de plus près [...] », 39-40.

voulu séduire sa belle-mère frôle le blasphème : « O Ciel, pardonne-lui comme je lui pardonne ».[74] Panulphe, de même que le beau-frère, renferme des éléments évoquant son prédécesseur et anticipant son successeur à la fois. Si la satire devient moins particulière et explicite et le costume perd son aspect scandaleux de 1664, par contre le prédateur perce les dehors mondains avec davantage de désinvolture qu'en 1669.

La tendance à l'adoucissement de la pièce, évidente en 1667, va s'accentuant de 1667 à 1669. Dans la version finale, Cléante, l'honnêteté faite homme, incarne la juste raison qui juge sainement de tout et nous empêche sinon de vitupérer contre la fausse dévotion, au moins de nous y plaire. Il semble nous rappeler le même conseil que la maxime de La Rochefoucauld : « La souveraine habileté consiste à bien connaître le prix des choses ».[75] Tartuffe, tout en restant faux dévot dans la trame de la comédie, se fait un séducteur moins cru et plus poli. Ce dernier terme appelle une explication. Plus poli, du moins, en ce qui concerne le personnage que Molière campe devant nous, Jules Lemaître a bien mis en lumière le paradoxe qu'est Tartuffe en 1669 et qui ne cesse de troubler ses commentateurs à l'intérieur et à l'extérieur de son théâtre. Il attire notre attention sur Tartuffe le « pourceau béat », qu'évoquent pour nous les membres de la famille dans les deux premiers actes,[76] Tartuffe le « cagot de critique » (v.45), le « pied plat » (v.59), le « gueux » (v.63), Tartuffe « gros et gras, le teint frais et la bouche vermeille » (v.234), le campagnard à l'oreille rouge et au teint bien fleuri au dire de Dorine (vv.636–48), s'empiffrant aux dépens du bourgeois qu'il parasite. Entre « ce marmiteux de la cagoterie » et Tartuffe « élégant et redoutable, l'aventurier subtil, le fourbe renommé du Ve acte »[77] qui paraît sur le point de séduire au moyen de ces blandices charismatiques, entre le goinfre dont autrui nous livre ses impressions et le fourbe tel que *nous le voyons de nos yeux*, il y a un abîme. C'est entre ces deux pôles que se développe le drame comique de Tartuffe en 1669. Même en pleine période oratoire, le faux dévot

---

74   V.984 dans notre reconstruction. À côté ce cette parodie du pardon du Christ sur la croix « Père, pardonne-leur : ils ne savent ce qu'ils font » (Luc 23:34), le vers de Tartuffe en 1669 fait pâle figure : « O Ciel, pardonne-lui (Damis) la douleur qu'il me donne » (v.1142).

75   No. 244 dans l'édition citée.

76   *Impressions de Théâtre*, 37-48.

77   *Ibid.*, 39, 43–44.

nous rappelle la coexistence de ces deux pôles chez lui : « Ah ! pour être dévot, je n'en suis pas moins homme » (v.966).[78]

La pièce de 1669 marque un progrès indéniable par rapport à son prédécesseur de 1667 à tout point de vue. Les raffinements apportés dans les personnages de Tartuffe et de Cléante mis à part, elle se révèle plus théâtrale, délestée des développements verbeux. *L'Imposteur* est encombré de trois conseils de famille (I, ii; II, v; IV, ii), qui durent ralentir singulièrement la marche dramatique. Quelques allusions seulement en tiennent lieu en 1669 (vv.840–44,1 269–75) et la liaison des scènes se fait plus efficacement par conséquent. Les deux longs discours du beau-frère sur la vraie et la fausse dévotion disparaissent de la première scène où ils risquent d'immobiliser l'action et sont mieux à leur place dans le tête-à-tête de Cléante avec Orgon en 1669, que celui-là au moins veut réfléchi (I, v). La colère d'Orgon qui éclate à l'accusation de Damis contre Tartuffe à la fin de l'acte III s'exprime de façon moins diffuse qu'en 1667. Il en est de même des discours de la famille à Orgon visant à lui dessiller les yeux sur son saint homme (IV, iii).

Les effets théâtraux des jeux de scène sont aussi plus subtils. Le jeu de pied de la dame pour avertir son mari sous la table des avances trop pressantes de Panulphe se transforme en un feint accès de toux d'Elmire qui se voit offrir un morceau de jus de réglisse par un séducteur aussi prévoyant que prévenant (IV, vi, v.1498). Jeu qui donne l'occasion à l'objet de la séduction de faire de l'ironie aux dépens du mari et du séducteur :

---

[78]   Nous explorons ce paradoxe dans « L'Imposteur bipolaire », *Nottingham French Studies,* 33:1 (1994), 91-100. Dans sa *Lettre,* Le Vayer commente l'éloge manqué que fait le père de son Panulphe, qui se réduit à la phrase « c'est un homme enfin », comme suit : « ce qui veut dire plusieurs choses admirables ; l'une, que les bigots n'ont pour l'ordinaire aucune bonne qualité, et n'ont pour tout mérite que leur bigoterie ; ce qui paroît en ce que l'homme mesme qui est infatué de celuycy ne sait que dire pour le louër. L'autre est un beau jeu du sens de ces mots, *c'est un homme,* qui concluent très véritablement que Panulphe est extrêmement un homme, c'est à dire un fourbe, un méchant, un traître et un animal très pervers dans le langage de l'ancienne comédie », éd. cit., 19.

> et je vois bien
> Que tous les jus du monde ici ne feront rien. (vv.1499-1500)

Quand le faux dévot regagne la pièce après s'être assuré à la demande de la dame que son mari ne se trouve pas dans la galerie en 1667, « [...] le mary sort de dessous la table, et se trouve droit devant l'Hypocrite ».[79] En 1669 une indication de scène nous informe qu'« *Elle fait mettre son mari derrière elle* » (après v.1538), ce qui permet à Molière de prolonger le suspense au grand dam de Tartuffe. Le personnage n'insiste plus pour proférer des excuses comme Panulphe qui « [...] pour commencer à se justifier près de son *frère,* car il ose encore le nommer de la sorte, dit quelque chose du *dessein qu'il pouvait* avoir dans ce qui vient d'arriver ».[80] Dans l'acte V en 1669 les rengaines interminables de la Vieille sur la malveillance familiale dont Panulphe est victime disparaissent. Le retour triomphal du fils expulsé à la fin de l'acte IV forme une nouvelle scène en 1669, complétant de façon symétrique le rétablissement de la maisonnée. Le dénouement est nettement supérieur sur le plan dramatique à celui de *L'Imposteur.* Là, Valère informe le père que « [...] *Panulphe, par le moyen des papiers qu'il a entre les mains, l'a fait passer pour criminel d'État près du Prince ; qu'il sait cette nouvelle par l'Officier mesme qui a ordre de l'arrêter, lequel a bien voulu luy rendre ce service que de l'en avertir* ».[81] En 1669, l'Exempt arrive en compagnie de Tartuffe et ne s'intéresse au sort de la famille qu'au moment le plus angoissant de leur détresse, moment où Tartuffe est au comble de son triomphe comme au bord de sa chute. Le coup de théâtre préparé par cette indifférence, la dénonciation et l'arrestation de Tartuffe par l'Exempt, s'avère d'autant plus grand que l'agencement de la scène nous avait induits à croire ce dernier à la solde de Tartuffe.

Les trois actes du premier *Tartuffe* annoncèrent l'arrivée d'un théâtre de choc. En heurtant de front et de la façon la plus flagrante les sensibilités dévotes Molière proclame hardiment que, dorénavant, aucun sujet n'est tabou pour le théâtre. Même celui de la religion relève de la comédie. Devant la réaction effrénée, on comprend facilement qu'il lui

---

79   *Lettre,* 60.
80   *Ibid.*, 62. C'est Le Vayer qui souligne.
81   *Lettre,* 73.

arrive de regretter d'avoir mis si haut les prétentions de la comédie. On peut considérer *L'Imposteur* comme une tentative malencontreuse d'en rabattre. La troisième version, victime des circonstances, de ce laps de temps fâcheux entre conception et réalisation, du travail d'adoucissements imposés, nous semble paradoxalement en avoir fait son profit. Si la satire des versions 1667–1669 perd la force incisive et la satire personnelle de la première, la pièce achevée gagne sur le plan esthétique et idéologique. Si *Le Tartuffe* de 1669 est moins capable de choquer que ses prédécesseurs, elle est en revanche plus capable de faire réfléchir. Au fil des années la comédie se transforme en véhicule d'une attaque moins particulière, moins concentrée et limitée, et partant plus universelle. Elle se dirige désormais contre la fausse dévotion plutôt que contre une fausse dévotion. Pour avoir perdu des portraits satiriques fielleux destinés à anéantir les originaux, nous n'en avons pas moins gagné une de ces pièces moliéresques qui appartiennent, au dire d'un des témoins et des acteurs principaux du drame *Tartuffe,* aux « chefs-d'œuvre qu'on ne saurait assez admirer ».[82]

---

[82]   La Grange, *Préface* de l'édition de 1682, éd. cit., I, 100.

Appendice I

Le premier *Tartuffe*

À la lumière du témoignage succinct mais peu équivoque de La Grange en faveur d' un premier *Tartuffe* inachevé en trois actes, il n' est guère surprenant que l' unanimité ait régné longtemps parmi les moliéristes à ce sujet. L' historien Michelet au dix-neuvième siècle fut le premier à mettre en doute cette interprétation des faits, concluant qu' en mai 1664 *Tartuffe* formait une comédie complète en trois actes: « (Molière) s' acharnait à faire jouer *Tartuffe*. C' est en vain qu' il avait cousu à la pièce, complète en trois actes (et plus forte ainsi), deux actes qui font une autre pièce pour l' apothéose du roi ».[1] Il est évident que la vue de Michelet ne repose sur aucune recherche littéraire ou historique, mais fait partie d' une tentative de résumer de façon sommaire une situation complexe. Ce qu' il tient à nous faire comprendre, c' est moins l' hypothèse d' une pièce complète en trois actes que la ténacité des dévots: l' ajout de deux actes ne parvint nullement à dissiper leur rancune contre Molière.

N' empêche que des moliéristes du XXe siècle ont pris au sérieux l' hypothèse de l' historien et l' ont élaborée différemment. J.J. Weiss arriva à la conclusion que le troisième acte tel que nous l' avons termina la comédie de 1664, et que Tartuffe resta implanté dans la maison d' Orgon.[2] Ph. Morf embrassa la vue quelque peu paradoxale que le premier *Tartuffe* consistait des trois derniers actes de la version actuelle.[3] Gustave Michaut tint mieux compte de l' histoire de la comédie et suggéra un *Tartuffe* complet en trois actes, se terminant avec l' acte III de la version de 1669.[4] Orgon serait en passe de se cocufier et

---

[1]   *Histoire de France* (Paris : A. Lacroix et Cie, 1876-1877,), XV, ch. 7, 114.
[2]   *Molière* (Paris : C. Lévy, 1900), 130.
[3]   *Aus Dichtung und Sprachen der Romanen* (Berlin-Leipzig, 1922), 67–107. Voir les remarques pertinentes à cet égard d' H. Carrington Lancaster, « The Tercentenary of Molière: its contribution to scholarship », *The Modern Language Journal,* 8:2 (November 1923), 68–70.
[4]   *Les Luttes de Molière* (Paris : 1925), 56 sqq.

l' hypocrite triompherait à la maison. Une trentaine d' années plus tard, John Cairncross s' aventura plus loin que Michaut dans sa conception de la première version. Pour lui, celle-ci serait complète en trois actes et comprendrait les actes I, III, et IV de la pièce de 1669.[5] Il a avancé cette théorie sous une forme plus systématique que ses prédécesseurs: nous nous reportons par conséquent à ses arguments. Ceux-ci appartiennent à deux catégories: dans la première, il fait état des descriptions contemporaines du *Tartuffe;* dans l' autre, il fait ce que refusa de faire Michaut, et rejette le témoignage contemporain de La Grange au sujet de la première version.

Cairncross remarque qu' il y a des références contemporaines en 1664 qui le disposent à penser qu' il s' agit non pas d' un fragment en trois actes mais d' une pièce, témoin la mention par la Compagnie du Saint-Sacrement le 17 avril de « la méchante comédie de *Tartuffe* ».[6] Comme nous l' avons dit dans le chapitre II, section **A**, il est question avant tout pour les dévots de convenir d' un plan d' action urgente avant de se faire découvrir par Molière. Quand on flaire le danger, foin des distinctions. Les circonstances nous paraissent tenir compte parfaitement de l' usage du terme « comédie ». Cairncross prétend tirer la même conclusion de la *Muze historique* de Loret du 24 mai 1664 où il parle ainsi de *Tartuffe:* « Pièce, dit-on, de grand mérite ».[7] Il est pourtant évident que le chroniqueur en rimes n' en parle que par ouï-dire. Conclure à une pièce complète en trois actes de pareille allusion c' est beaucoup bâtir sur un si mince fondement. Cairncross cite le curé Roullé, lequel en août 1664 fait allusion à une « piece toute prête d' être rendue publique ».[8] Comme il est facile de constater à la lecture de ce pamphlet, le ton et le contenu sont à dessein alarmistes, destinés à inciter les autorités tant ecclésiastiques que royales contre Molière. Qui plus est, ce ne serait nullement dans le genre de Roullé d' annoncer avec calme et clarté qu' il était question d' une pièce inachevée en trois actes.

---

[5]   *New Light on Molière* (Geneva : Droz, 1956), 1–51; *Molière bourgeois et libertin* (Paris : Nizet, 1963), 118–64. Point de vue auquel se rangent J.D. Hubert, *Molière and the Comedy of Intellect* (Berkeley : University of California Press, 1962), et J. Guicharnaud, *Molière une aventure théâtrale* (Paris : Gallimard, 1963).

[6]   Mongrédien, *Recueil,* I, 214.

[7]   *Ibid.,* I, 217.

[8]   *Ibid.,* 220.

Cairncross se réfère à la mention par Racine en mai 1666 d'une lecture projetée mais interrompue de «cette comédie», *Le Tartuffe*, du 26 août 1664.[9] Mais ni l'une ni l'autre de ces descriptions ne dit explicitement qu'il s'agissait d'une pièce complète en trois actes. Il est possible que Racine, écrivant deux ans après la première représentation à Versailles, se soit servi de telles descriptions pour parler d'un fragment substantiel d'une comédie; mais il nous semble plus probable qu'il confondait le *Tartuffe* de 1664 avec la comédie en cinq actes telle qu'elle existait en 1666, Molière ayant ajouté les deux actes à partir du 29 novembre 1664, selon La Grange.[10]

Il est vrai que le récit officiel des *Plaisirs de l'Île enchantée* parle d'«une comédie nommée *Tartuffe*». Mais La Grange corrigea explicitement cette description deux fois (voir le chapitre II, section **B**). Quoi qu'il en soit, le terme «comédie» porte principalement sur *le genre* de la première version, puisque le rédacteur le fait suivre du qualificatif «fort divertissante».[11]

À l'appui de sa thèse, Cairncross fait état de l'absence de précision de la part de Molière quant à la forme inachevée de sa comédie. On constate en effet que dans son *Premier Placet* il parle de «cette comédie» et allègue que le roi «ne trouvait rien à redire dans cette comédie».[12] Comme l'indique pourtant le contexte, il importait avant tout à Molière de persuader le roi du caractère innocent de la représentation, de l'assurer qu'elle ne contenait rien d'irréligieux. Si le roi n'avait vu que trois actes, il est bien possible qu'il eût conçu des soupçons sur le reste de l'œuvre. Il nous semble plus que hasardeux d'exploiter le prétendu silence de l'auteur à ce sujet pour prouver l'existence d'une pièce complète.[13]

9   *New Light on Molière*, 6. Racine, *Œuvres*, éd. cit., II, 28.
10 La Grange, *Registre*, I, 71; La Grange et Vivot font précéder l'édition de la pièce de 1682 d'une notice historique qui précise que «Cette comédie, parfaite, entière et achevée en cinq actes, a été représentée, la première et la seconde fois, au château du Raincy, près Paris, pour S.A. S. Monseigneur le Prince, les 29ᵉ novembre 1664 et 8ᵉ novembre de l'année suivante 1665, et depuis encore au château de Chantilly, le 20ᵉ septembre 1668».
11 *G.E.F.*, IV, 231; Cairncross, *New Light*, 4-7; Michaut, *op. cit.*, 60.
12 Éd. cit., I, 890.
13 *New Light*, 6-7; Michaut, *op. cit.*, 60.

On prétend que ce n' était nullement dans les habitudes de Molière de présenter une comédie inachevée, d' où l' existence d' un *Tartuffe* complet en 1664. Cette affirmation nous semble procéder du même genre d' illogisme qui sous-tend les précédentes conclusions, consistant à vouloir faire cadrer les témoignages avec un concept choisi au préalable. On aboutit fatalement à un argument circulaire, qui accepte comme conclusion ce qui reste précisément à être démontré. Le concept qu' il s' agit d' imposer ici veut que Molière ne porte sur la scène que des comédies complètes. Tout en admettant que cela était sans doute son idéal, qu' en est-il des faits? La vie trépidante du directeur d' une troupe ne lui laissait pas le loisir d' un homme de lettres. On n' en veut pour preuve que les changements de dernière minute apportés à *La Princesse d' Élide* (voir le paragraphe suivant). *Mélicerte comédie pastorale héroïque* (1666), la seule œuvre inachevée entièrement de la main de Molière, forme un fragment tout à fait cohérent avec son dénouement. Pourquoi n' en serait-il pas de même pour le premier *Tartuffe*? Cairncross accepte la logique de cette interprétation, avancée notamment par Michaut, mais rejette par la suite la conclusion tout aussi logique du critique français que les trois premiers actes du *Tartuffe* aient pu se suffire de façon analogue.[14] Il nous paraît au contraire tout à fait raisonnable de supposer que Molière les joua le 12 mai tels quels, d' autant plus que la nouvelle de la représentation du 12 mai devant le roi s' était déjà ébruitée trois semaines à l' avance et avait eu pour effet de mettre les dévots en émoi. Pris de court, il importa à Molière de parer au plus pressé.

Cairncross affirme que Molière avait suffisamment de temps pour mener à bien sa comédie. Assertion vraiment étonnante, car il devait présenter *La Princesse d' Élide* le 8 mai 1664 aux *Plaisirs de l' Île enchantée*, mais se trouva pressé à tel point qu' il fut obligé d' interrompre cette pièce en vers au début de l' acte II afin de donner l' avis suivant: « Le dessein de l' auteur étoit de traiter ainsi toute la comédie. Mais un commandement du Roi qui pressa cette affaire l' obligea d' achever tout le reste en prose, et de passer légèrement sur plusieurs scènes qu' il auroit étendues davantage s' il avoit eu plus de loisir » (II, ii). Quel pouvait être ce commandement imprévu de la part de Louis qui le fit changer si subitement de plan? La conception de cette

---

pièce, aux machines et au ballet, le destine au public royal des fêtes. Il nous semble que *Le Tartuffe* fut d'abord écrit pour le public au Palais-Royal pour faire suite à *L'École des femmes* de 1663. Le commandement qui prit Molière au dépourvu n'était autre que la requête du roi que Molière joue une partie au moins de sa nouvelle comédie, dont on avait déjà tant parlé, aux Fêtes de Versailles.

Cairncross attribue à ses arguments à lui la qualité de « preuves persuasives et positives » en faveur d'une pièce complète en 1664.[15] Mais aucune n'est explicite et dépourvue d'ambiguïté dans son contexte. Il y a pourtant une phrase de la *Lettre sur les observations d'une comédie du Sieur Molière* d'août 1665 qu'a avancée Antoine Adam pour prouver l'état incomplet de la première version. Parlant des efforts qu'avaient faits les dévots pour empêcher la représentation de la comédie, la *Lettre* continue :

> Ils n'ont point démenti leur caractère pour en venir à bout: leur jeu a toujours été couvert, leur prétexte spécieux, leur intrigue secrète. *Ils ont cabalé avant que la pièce fût à moitié faite,* de peur qu'on ne la permît, voyant qu'il n'y avoit point de mal. Ils ont fait enfin tout ce que des gens comme eux ont de coutume, et se sont servis de la véritable dévotion pour empêcher de jouer la fausse.[16]

Prise hors de contexte, il faut reconnaître que la phrase soulignée pourrait signifier que la cabale intriguait avant la représentation de la première version, et ainsi ne supprimait pas forcément une pièce incomplète. C'est le sens que Cairncross et Guicharnaud lui prêtent.[17] Dans son contexte immédiat, toutefois, qui évoque la suppression qu'obtiennent leurs menées (« Ils n'ont point démenti leur caractère pour en venir à bout »), la phrase semble désigner la façon efficace dont intriguèrent les dévots pour écraser la pièce de Molière dans l'œuf. L'accumulation des phrases décrit les intrigues souterraines des dévots, lesquels aboutissent à leur triomphe perfide. Le ton amer provient de celui qui s'estime injustement lésé par ceux qui ont triomphé par des voies si peu scrupuleuses. Il est en effet voisin de celui qui domine les deux *Placets* de Molière en 1664 et en 1667. Il est intéressant de

---

[15] *New Light*, 8.
[16] Éd. cit., II, 1228, les italiques sont de nous ; A. Adam, *op. cit*, III, 294.
[17] *New Light*, 8-11; *Molière une aventure théâtrale*, 538.

remarquer que le vocabulaire même de Molière témoigne non seulement
de son ressentiment gardé de l'injustice monumentale dont il se croit
victime, mais aussi de son impression d'avoir été pris au dépourvu,
voire dépassé, par des manœuvres effectuées avec une précision
militaire.[18]

Le second faisceau d'arguments mis en avant par Cairncross à
l'appui de sa théorie repose sur l'affirmation que la description originale
par La Grange est tout simplement erronée. Cette affirmation s'étaie à
son tour sur deux suppositions: la première veut que le registre n'ait pas
été un rapport fait au jour le jour des activités de la troupe, mais plutôt
rédigé en bloc ou copié d'un autre registre longtemps après les
événements dont il parle. La seconde supposition prétend que la date à
laquelle La Grange copia son registre d'une autre source est à situer en
1685 au plus tôt. Il va de soi qu'un si grand laps de temps entre
événement et rédaction eût rendu la mémoire de La Grange faillible au
possible. Mais, comme l'ont démontré les éditeurs de l'édition du
registre qui fait autorité, La Grange tenait son livre comme un mémoire
personnel des activités de la troupe, et que ce ne fut qu'à la suite de
l'amalgame de celle-ci avec la troupe de l'Hôtel du Marais en 1673
qu'il n'avait plus le temps de rédiger son propre livre, mais puisait de
plus en plus dans le registre officiel de la troupe augmentée. Par
conséquent, c'est à partir de cette date que nous trouvons les
inscriptions 1er registre, 2e registre, etc., au-dessus de chaque année
officielle pour distinguer entre les deux registres des troupes.[19]

La conclusion suivante nous semble s'en dégager : le registre de La
Grange est, jusqu'à la mort de Molière en 1673, à la fois un écrit
personnel et essentiellement sûr. Si l'on examine de près les erreurs
faites pendant sa carrière dans la troupe de Molière (1659–1673), on ne

[18] « On a profité, Sire, de la délicatesse de votre âme sur les matières de religion,
      et l'on a su vous prendre par l'endroit seul que vous êtes prenable [...]. Les
      tartuffes, sous main, ont eu l'adresse de trouver grâce auprès de Votre
      Majesté; et les originaux ont fait supprimer la copie [...] », *Premier Placet,*
      éd. cit., I., 890. Nous entendons ce même ton désabusé dans la note de
      reproche à peine voilé dans le *Second Placet* d'août 1667, éd. cit., I, 892.
[19] B.E. et G. Young, *Le Registre de La Grange, op. cit.,* II, 88; I, 150, 159,
      172, 182.

constate que de rares fautes. Il est à remarquer que des erreurs énumérées par Cairncross, la plupart sont commises *après* 1673.[20]

Quoi qu' il en soit, l' argument le plus convaincant pour la fidélité de La Grange en ce qui concerne la première version du *Tartuffe* se situe ailleurs, à nos yeux, et est à trouver dans son association de longue durée avec le chef de sa troupe et dans le rôle qu' il joua lui-même dans l' affaire *Tartuffe* s' étalant au cours de cinq ans. Sans répéter ici ce que nous avons avancé plus haut dans notre chapitre II, section **B**, il nous paraît inconcevable que La Grange ait pu se tromper sur l' événement le plus remarquable dans la vie de la troupe et qui la marqua profondément. On peut épiloguer et gloser tant que l' on voudra sur son témoignage, histoire de lui faire dire ce que l' on voudra. Subsiste un fait, à nos yeux capital: à l' exception de Molière lui-même, personne n' était plus qualifié que La Grange pour nous dire en quoi consistait la première version du *Tartuffe*. Son témoignage, à tous points de vue, demeure irrécusable.

[20]   *New Light*, 16–17. Voir aussi le *Registre,* éd. cit., II, 94–95.

Appendice II

Les modèles possibles de Tartuffe

Commençons avec un aveu plutôt négatif : nous ne le croyons pas possible aujourd'hui d'affirmer que tel ou tel particulier a été à l'origine du personnage. Et cela pour une raison qui nous paraît concluante : il n'y a guère d'apparence que ce qui n'était pas possible au siècle de Molière le devienne plus de trois siècles plus tard. D'abord, c'est Molière lui-même qui nous interdit, que ce soit par prudence politique ou par pratique dramatique, de nous embarquer dans une chasse à l'original. Dans son *Premier Placet* d'août 1664 il parle non pas d'un original de sa pièce mais des originaux, et dans son *Second Placet* d'août 1667, des « [...] célèbres originaux du portrait que je voulais faire ».[1] Ensuite parce que le personnage commença très tôt à vivre de sa propre vie et à s'investir d'une qualité mythique au point où l'on mit un point d'honneur soit à connaître le vrai original du saint homme soit à le dépister. Comme nous avons essayé de le montrer dans le chapitre III, section **H**, le siècle qui suivit celui de la Réforme et vit se développer la contre-réforme connut une activité religieuse d'une diversité et d'une intensité prodigieuses, culture plus que favorable à la floraison des tartuffes au petit pied. Pour composer le portrait de son faux dévot, Molière n'avait qu'à y puiser à pleines mains. « Molière aura toujours plus de sujets qu'il n'en voudra », nous dit-il moins de sept mois avant la représentation du *Tartuffe* à Versailles.[2] Vu l'embarras du choix qui s'offrit à Molière et la phrase de son *Placet* cité dessus, il serait oiseux de vouloir trouver le portrait de Tartuffe dans un seul modèle. Sans doute a-t-il fondu ensemble de nombreux traits pour en faire un seul personnage, reprenant ici, comme ailleurs, son bien où

---

[1] Éd. cit., I, 890; II, 892.
[2] *L'Impromptu de Versailles*, sc. iv. La troupe joua cette petite comédie entre le 15 et le 19 octobre, 1663. Voir Couton, I, 672, à la note 2.

il l'a trouvé, maniant son matériau au gré de sa fantaisie et des comptes
à régler.

1. Le marquis de Salignac-Fénelon (1622–1682)

L'oncle du futur évêque de Cambrai, ayant fait preuve de sa valeur dans
le métier des armes, subit par la suite l'influence de M. Olier et fonda
une association contre les duels. Il fit tant et si bien qu'il obtint
l'approbation des maréchaux de France et un édit du jeune roi contre les
duels (1651). Homme de grande capacité, le grand Condé nous le peint
« également propre pour la conversation, pour la guerre, pour le
cabinet ».[3] Ce fut l'un des membres les plus en vue de la Compagnie du
Saint-Sacrement (voir chapitre II, section **A**).

2. Gabriel de Roquette (1624–1705)

Natif de Toulouse, il se trouva très jeune dans l'entourage du Prince de
Conti, à partir de 1645. Ce fut là que se polirent ses manières et qu'il
commença à se faire une réputation d'abbé galant. Il gravita volontiers
autour des belles femmes près du pouvoir, sachant flatter leurs goûts et
ne négligeant nullement de pousser en même temps sa fortune. De son
vivant, on le fit passer pour l'original du faux dévot, surtout dans la
double scène entre Elmire et Tartuffe, inspirée par un épisode peu
édifiant chez la duchesse de Longueville. Au dire de son biographe il
était « Actif, dévoué, insinuant, possédant un grand empire sur lui-
même ». Il se trouva très tôt en possession du titre de Tartuffe. On parla
de lui comme l'amant de Mlle de Guise, précisant que «c'était un grand
hypocrite, et l'on disait même que J.B. Molière l'avait pris pour le

---

[3]   Cardinal de Bausset, *Histoire de Fénelon archevêque de Cambrai* (Versailles :
        J.A. Lebel (1817), I, 8). Les mots qu'il ne craignit pas d'adresser à Harlay de
        Champvallon à l'occasion de la nomination de celui-ci à l'archevêché de Paris
        nous donne une idée de son caractère ferme : « Il y a, Monseigneur, bien de la
        différence du jour où une telle nomination attire les compliments de toute la
        France à celui de la mort, où l'on va rendre compte à Dieu de son
        administration », *ibid.*, 8.

L'abbé de Roquette, Bibliothèque Nationale, cl BN

modèle de son Tartuffe ».[4] Une autre note anonyme le dit venu à Paris
« les sabots aux pieds » et attribue son avancement à Mlle de Brienne,
nous assurant «[...] qu'il est le Tartuffe de Molière ».[5] L'anonyme
Plainte de la ville d'Autun au Roi parle de ses ancêtres comme sortis
« du creux d'une cuisine », met en vue son ambition démesurée qui
l'attache à la cour des puissants, son intérêt et sa fausse piété, ses
intrigues, son avarice, et surtout ses amours :

> C'est lui qui, depuis peu, aux dames de la cour
> Osait impunément parler de son amour;
> C'est lui que, d'un faux nom, cet admirable auteur
> Appelle, dans ses vers : Tartuffe ou l'Imposteur.
> C'est lui qui, transporté d'une flamme amoureuse,
> Reconnut si l'étoffe était fine ou moelleuse.
> Et cet homme, qu'on croit un fameux scélérat,
> Vous me l'avez donné, Sire, pour mon prélat.[6]

On le dépeint comme pilleur de l'argent des églises et voleur des
bénéfices, et aussi comme grand réformateur du clergé, pratiquant la
chasse aux bons pasteurs pour les priver de leurs revenus, soudoyant les
crédules pour en faire son parti, quitte à les trahir incontinent.[7] D'autres
contemporains le voient sous un jour plus favorable : fondant des
œuvres pour soulager les pauvres, réformant le clergé, le louant pour
les

> [...] suppressions que vous avez faites dans votre diocèse de plusieurs
> anciennes coutumes dont la pratique était contraire à ce qui nous est prescrit
> par les saints décrets et canons, [...] la guerre que vous avez déclarée à

---

[4]   J.-H. Pignot, *Gabriel de Roquette évêque d'Autun* (Paris : Durand et Pedone-
Laval, 1877), I, 9. Mongrédien, *Recueil*, I, 329–30. *La Chanson par
contrevérités* entretient le bruit en feignant de le nier :

> Et tout ce qu'on dit
> De Tartuffe [Roquette] et de son Altesse
> N'est rien qu'un faux bruit. (*Recueil*, I, 330)

[5]   *Recueil*, I, 332; on décrit Tartuffe comme « ce pied-plat » (portant des souliers
tout unis, v.59), et n'ayant pas de souliers (v.63), autrement dit, à l'instar de
Roquette, un rustre venu à Paris en sabots. Voir la note 143 du chapitre III.

[6]   Pignard, *op. cit.*, I, 611.

[7]   *Ibid.*, 14–15.

l'hérésie, procurant par vos soins le renversement des temples et la défense de continuer l'exercice d'une fausse religion.[8]

On reconnaît là les activités et le même zèle qui animent la Compagnie du Saint-Sacrement, dont il est membre, lors de leur persécution des huguenots.[9]

L'abbé Deslions nous a laissé un paragraphe sur lui qui en dit long sur l'opportunisme et l'avarice du personnage, avant sa nomination à l'épiscopat, le 1er mai, 1666 :

> J'ai su que l'abbé Roquet [*sic*] prêche les sermons que lui compose le P.G. [le Père Général des pères de la Doctrine chrétienne]. L'abbé de Lamon ayant vu sur sa table un excellent sermon du scandale et de la gloire de la Croix, l'entendit quinze jours après prononcer par cet abbé le mardi gras à Saint-Nicolas-du-Chardonnet, et la même année devant la Reine, le jour de l'Exaltation de la Sainte Croix à certaines Religieuses. J'ai découvert la pension de 800 livres qu'il donne à son compositeur qui me l'a dit lui-même sans les nommer. C'est contre cet abbé qu'on dit que Molière a composé le *Tartuffe* ou *l'Hypocrite* par envie qu'il a, dit-on, contractée autrefois contre lui chez le prince de Conti où ils demeuraient tous les deux, sur quoi la raillerie de Marigny chez Monsieur où cet abbé se trouva. Cet abbé a 30.000 livres de rente en bénéfices.[10]

Mme de Sévigné l'associe à plusieurs reprises à Tartuffe. « M. l'évêque d'Autun ayant fait le panégyrique de M*** aux jésuites [dans l'église des jésuites] qui avaient tous la musique de l'Opéra, on a dit à Paris que les jésuites avaient donné deux comédies en un jour : l'Opéra et le *Tartuffe* ».[11] Le 3 septembre 1677 elle écrit : « Il a fallu aller dîner chez Monsieur d'Autun [le pauvre homme !] ». Le 12 avril 1680 elle en reparle, à l'occasion de la mort de Mme de Longueville :

---

[8]   *Ibid.*, 616.
[9]   Allier, *op. cit.*, 34.
[10] Du 29 août 1665. Mongrédien, *Recueil*, I, 242–3; les portraits de Tartuffe doivent beaucoup au climat empoisonné de la cour de l'ancien protecteur de Molière, nous semble-t-il, comme nous le laisse deviner l'abbé de Choisy lequel nous fait parvenir des échos. Voir ses observations quelques paragraphes plus loin dans cet appendice.
[11] Le 24 avril 1672, dans *Correspondance*, éd. R. Duchêne (Paris : Gallimard, 1972–1978), I, 489.

Vraiment elle [la Providence] voulut hier que Monsieur d'Autun fît aux
Grandes Carmélites l'oraison funèbre de Mme de Longueville, avec toute la
capacité, toute la grâce et toute l'habileté dont un homme puisse être
capable. Ce n'était point Tartuffe, ce n'était point un Patelin, c'était un
prélat de conséquence [...] parcourant toute la vie de cette princesse avec
une adresse incroyable, passant tous les endroits délicats, disant et ne disant
pas tout ce qu'il fallait dire ou taire.[12]

Son cousin à elle, Bussy-Rabutin, fait mine de le louer mais son
jugement n'en est que plus sévère :

Il faut dire la vérité, Monsieur d'Autun a bien conduit sa fortune, et sa
fortune l'a bien conduit aussi, il a eu l'amitié et la confiance de beaucoup de
gens illustres, il a grand honneur à la réforme de son diocèse, il conte
agréablement, il fait bonne chère, mais il n'est point naturel, il est faux
presque partout. Il n'a nulle conversation, nulle aisance dans le commerce; il
contraint les autres, parce qu'il est contraint. Il est sur la régularité de ses
devoirs comme était M. de Turennes sur sa principauté, toujours en
brassières.[13]

L'abbé de Choisy n'est guère plus tendre :

L'abbé Roquette, depuis évêque d'Autun, avait tous les caractères que
l'auteur du *Tartuffe* a si parfaitement représentés sur le modèle d'un homme
faux [...] la haine que M. d'Autun et lui [Daniel de Cosnac] ont depuis
conservée l'un pour l'autre et qui fit faire à Guilleragues, ami de l'abbé de
Cosnac, les Mémoires sur lesquels Molière a fait depuis la comédie du Faux
Dévot.[14]

---

[12]   Éd. cit., II, 902.
[13]   Le 13 mai 1689 dans Sévigné, éd. cit., III, 598; Lenet nous le dépeint avec
      « [...] une petite mine douce et dévote» qui « [...] s'étoit introduit dans les
      bonnes grâces de la princesse [douairière de Condé] par une dévotion affectée
      de laquelle il masquoit les desseins que son ambition lui avoit fait naître. Il
      couvroit du même masque les intentions que la tendresse qu'il avoit pour
      quelques-unes de sa cour lui faisoit concevoir, et qu'on a vu depuis éclater
      avec scandale », *Mémoires de Lenet*, dans Pignot, 9, et à la note 1 de la même
      page.
[14]   Mongrédien, *Recueil*, I, 332. Selon Guilleragues, en apprenant que Molière
      faisait une comédie contre l'hypocrisie religieuse, il lui porta « un ample

En 1691, la sixième édition des *Caractères* de La Bruyère contient le portrait de *Théophile* derrière lequel on reconnaît l'évêque d'Autun :[15]

Quelle est l'incurable maladie de *Théophile?* Elle lui dure depuis plus de trente années, il ne guérit point : il a voulu, il veut, et il voudra gouverner les grands; la mort seule lui ôtera avec la vie cette soif d'empire et d'ascendant sur les esprits. Est-ce en lui zèle du prochain? est-ce habitude? est-ce une excessive opinion de soi-même? Il n'y a point de palais où il ne s'insinue; ce n'est pas au milieu d'une chambre qu'il s'arrête : il passe à une embrasure ou au cabinet; on attend qu'il ait parlé, et longtemps et avec action, pour avoir audience, pour être vu. Il entre dans le secret des familles; il est de quelque chose dans tout ce qui leur arrive de triste ou d'avantageux; il prévient, il s'offre, il se fait de fête, il faut l'admettre. Ce n'est pas assez pour remplir son temps ou son ambition, que le soin de dix mille âmes dont il répond à Dieu comme de la sienne propre; il y en a d'un plus haut rang et d'une plus grande distinction dont il ne doit aucun compte, et dont il se charge plus volontiers. Il écoute, il veille sur tout ce qui peut servir de pâture à son esprit d'intrigue, de médiation et de manège. À peine un grand est-il débarqué, qu'il l'empoigne et s'en saisit ; [Jacques II d'Angleterre arriva à la cour de France en 1689 et Roquette s'empressa autour de lui] ; on entend plus tôt dire à Théophile qu'il le gouverne, qu'on n'a pu soupçonner qu'il pensait à le gouverner.[16]

Laissons à Saint-Simon le mot de la fin sur ce personnage insondable et controversé, que recoupent les témoignages précédents : il nous le dépeint obséquieux au dernier point :

[...] toute sa vie, [il] n'avait rien oublié pour faire fortune et être un personnage [...] homme de fort peu, qui avait attrapé l'évêché d'Autun [...]. Il avait été de toutes les couleurs : à Mme de Longueville, à M. le prince de Conti son frère, au cardinal Mazarin; surtout abandonné aux jésuites; tout sucre et tout miel, lié aux femmes importantes de ces temps-là, et entrant

---

mémoire de toutes les hypocrisies de l'abbé Roquette », *Anecdotes dramatiques*, II, 205.

[15]   Pignard, *op. cit.*, 540 sqq.

[16]   *Les Caractères*, édition de R. Garapon (Paris : Garnier, 1962), 257–8. Cette passion de gouverner les grands, se traduisant par l'ingérence dans les familles, était une des caractéristiques de la Compagnie du Saint-Sacrement notées par Guy Patin. Voir la note 189 du chapitre III.

dans toutes les intrigues; toutefois grand béat. C'est sur lui que Molière prit
son Tartuffe, et personne ne s'y méprit.[17]

Vu l'association de Molière avec la cour de Conti dans les années 50,
(voir le chapitre I, section **B**), il était bien renseigné de première main
sur le caractère de l'abbé de Roquette. Il est raisonnable de supposer
qu'il a dû fournir plus d'un élément au portrait de Tartuffe.

3. L'abbé Pierre de Pons (c.1608–1680)

À propos de Ninon de Lenclos, Tallemant des Réaux raconte l'histoire
de la cour faite par un abbé de Pons à cette grande amie de Molière :

> Un abbé qui se faisoit appeler l'abbé de Pons, grand hypocrite, qui faisoit
> l'homme de qualité et n'estoit que fils d'un chapellier de province, la servoit
> assez bien; c'estoit un drosle qui de rien s'estoit fait six à sept mille livres de
> rentes; c'est l'original de Tartuffe, car un jour il luy declara sa passion; il
> estoit devenu amoureux d'elle. En traittant son affaire, il luy dit qu'il ne
> falloit pas qu'elle s'en estonnast, que les plus grands saints avoient esté
> susceptibles de passions sensuelles; que saint Paul estoit affectueux, et que le
> bienheureux François de Salles n'avoit pu s'en exempter.[18]

---

[17]   *Mémoires*, éd. G. Truc (Paris : Gallimard, 1959–1961), II, 754–5.
[18]   *Historiettes*, éd. cit., II, 448–9. La surprise d'Elmire causée par la déclaration
       d'amour de Tartuffe, comme la manière dont ce dernier l'explique, se
       modèlent de près sur cet épisode :

ELMIRE
La déclaration est tout à fait galante,
Mais elle est, à vrai dire, un peu bien surprenante.
Vous deviez, ce me semble, armer mieux votre sein,
Et raisonner un peu sur un pareil dessein.
Un dévot comme vous, et que partout on nomme...

TARTUFFE
Ah! Pour être dévot, je n'en suis pas moins homme; (vv.961–66)

       Cet abbé était connu pour son opposition aux jansénistes, comme l'était aussi
       Mme de Sénecé, qui, avec Mme de Vendosme, conduisirent Ninon au couvent
       des Madelonnettes, sur l'ordre d'Anne d'Autriche. Voir Adam, *Histoire*, III,

Dans son *Dialogue sur la musique* publié en 1725 l'abbé de Châteauneuf raconte la même anecdote à quelques différences près. Ce serait au cours d'une lecture faite à Ninon du *Tartuffe* qu'elle aurait fait le récit à Molière de ses démêlés avec un scélérat pareil « [...] dont elle lui fit le portrait avec des couleurs si vives et si naturelles que si sa pièce n'eût pas été faite, nous disait-il, il ne l'aurait jamais entreprise, tant il se serait cru incapable de rien mettre sur le théâtre d'aussi parfait que le Tartuffe de Leontium [Ninon] ».[19]

Dans ce cas, Ninon n'aurait rien fourni à la première version. Gaument et Chouville ont suggéré avec vraisemblance que cette tentative maladroite de séduction eut lieu en 1664 (la comédie était déjà terminée en novembre de cette année) et que « [...] le récit de Ninon fut utilisé pour corser en 1667 les deux grandes scènes de déclaration ».[20] Hypothèse incontrôlable mais non sans vraisemblance, car on imagine mal Molière négligeant de mettre à profit semblable anecdote, vu les ressemblances relevées plus haut entre son faux dévot et l'abbé galant.

4. *Charpy, sieur de Sainte-Croix (1610–1678)*

D'origines modestes de Macon, Charpy fut travaillé par l'amour du lucre et de la noblesse. Impliqué dans une affaire d'escroquerie, il se

302, II, 208, et Tallemant des Réaux, II, 1288. Ce docteur de théologie, sieur de Sainte-Croix du Mont, abbé de Sainte Marie-Madeleine de Lacroi, est donné par plusieurs documents comme originaire de Riez (Basses-Alpes). Il est bel et bien provincial, comme l'indique Tallemant, de même que Tartuffe. Domicilié au séminaire des Missions-Étrangères, il en devint directeur, sollicitant au pape l'autorisation d'acquérir pour les missions une maison et un hospice à Rome. La liste des anciens élèves du Séminaire de Saint-Sulpice nomme un Pierre de Pont, chanoine d'Apt, entré en 1644. Voir le P. Adrien Launay, *Mémorial de la Société des Missions étrangères* 1658–1913 (Paris : Séminaire des Missions Étrangères, 1912–1916). Sans doute s'agit-il du même personnage. Le P. J.-J. Olier, fondateur du séminaire à Vaugirard en 1641 qu'il transporta à Saint-Sulpice en 1642, n'avait aucune sympathie pour le parti janséniste qui avait introduit la scission au sein de l'Église. Voir H. Bremond, *Histoire Littéraire*, III, 478 sqq.

[19] Mongrédien, *Recueil*, I, 253–4.
[20] Art. cit., 63–65.

trouva pendu en effigie et s'enfuit à Naples. Il réussit à s'imposer dans l'entourage de Christine de France, duchesse de Savoie, et en 1651 se para du titre de gentilhomme ordinaire de la Chambre de Madame Royale. Il se vit accorder une pension de quatre mille livres et devint alors M. de Sainte-Croix. Il remplit une mission secrète pour Mazarin, s'insinua dans les cercles de la Compagnie du Saint-Sacrement. La clef du personnage semble se trouver dans son orgueil et sa volonté de réussir, qui le dotent d'une confiance totale en sa capacité de tout assumer et de triompher de tous les obstacles. Charismatique au plus haut point, il présida à l'accouchement miraculeux de Louise Angélique Patrocle, grâce au bouillon qu'il lui prépara. Il écrivit un livre apocalyptique *L'Ancienne Nouveauté ou l'église triomphante en terre* (1657), où est prédit l'avènement des tribulations dernières entraînant la punition des méchants et la justification des fidèles, que dénonça Desmarets de Saint-Sorlin à Mazarin. Charpy n'en continua pas moins sa carrière d'écrivain en publiant les lettres de direction de Jean de Bernières-Louvigny, que la Compagnie lui confia, mais sa conduite les embarrassa et ils eurent tôt fait d'effacer les traces de son travail pour eux.[21] Mazarin lui donna le prieuré de Notre-Dame de l'Espinasse de Milhau en Rouergue vers 1658. Mazarin mourut le 9 mars 1661, et Charpy fut mis à la Bastille en juin. *L'Ancienne Nouveauté* fut condamnée à être brûlée par le bourreau. Sa fin dramatique fut à la mesure de sa vie mouvementée : il s'éteignit en 1678 empoisonné par son amante pour faire place à un rival. Tallemant note qu'il était galant et faisait d'assez méchants vers. En effet, comme Tartuffe, il était plus que sensible à la beauté féminine, malgré sa grande déclaration dans *L'Ancienne Nouveauté* que la vie chrétienne ne consiste qu'« [...] à mourir à la chair et aux choses du monde [...] et ne vivre qu'en Dieu ».[22] On peut citer un exemple de cette galanterie de son *Catéchisme eucharistique* pour Mme Henriette-Adélaïde, Princesse Royale de Savoie, duchesse électrice de Bavière :

> C'est par la grâce corporelle de Jésus-Christ, Madame, que la beauté corporelle, qui a semblé dez vostre enfance estre parfaite en vous, est

---

[21]   Sur les rapports turbulents entre Charpy et la Compagnie, voir Emard, *op. cit.*, 82–89.

[22]   *L'Ancienne Nouveauté*, 233.

devenue un charme universel, non pour faire naistre en nos cœurs des désirs criminels, mais pour les élever à l'admiration du divin Exemplaire, dont on voyoit et dont on voit en Vous une si vive et si touchante expression. Cet assemblage incomparable d'agrémens qui brillent en Votre Altesse et dans toutes ses actions et en toutes ses paroles, en ravissant l'esprit de toux ceux qui la voyent, n'a pas enflé le vostre et vous avez toujours bien ménagé vostre vertu entre l'éclat de vos beautés sensibles et le devoir de vostre ame chrestienne. [...]

Et lorsque je me laisse échapper à dire quelque chose de cette prodigieuse effusion de grâce corporelle que Jésus-Christ, le plus beau des hommes et l'Image substantielle de la beauté de son Père Éternel, a faite en Vous, je ne le fais que pour apprendre à toute la terre que vostre chair est déjà presque toute changée en celle du Sauveur, qui vous sert si souvent de nourriture et qu'encore qu'elle soit exposée par son poids naturel aux infirmités et à la mort, elle est pourtant comme transformée en celle de Jésus-Christ, elle entre dans ses inclinations divines, et elle divinise en certaine manière tous ceux en qui elle fait quelques impressions [...].[23]

Tallemant des Réaux raconte l'épisode tartuffien de cet exalté et aventurier. Il se mit dans la dévotion, rencontra Mme Ransse, veuve de l'apothicaire de la reine dans l'Église des Quinze-Vingts. Il la charma au point de se faire inviter chez elle, où il s'énamoura de la fille de sa logeuse, Mme Patrocle. Les parallèles avec Tartuffe sont frappants, quand on lit la suite que nous raconte Tallemant :

Charpy se met si bien dans l'esprit du mary et s'impatronise tellement de luy et de sa femme, qu'il en a chassé tout le monde, et elle ne va en aucun lieu qu'il n'y soit, ou bien le mary. Mme Ransse, qui a enfin ouvert les yeux, en a averty son gendre; il a respondu que c'estoient des railleries, et prend

---

[23] *Ibid.*, 224–5. On peut penser qu'on n'a pas besoin de chercher ailleurs la source de la rhétorique spécieuse à coloration dévote où Tartuffe divinise les appas d'Elmire. Charpy et Tartuffe, loin de voir dans l'hommage rendu à la créature le moindre signe de péché, prétextent plutôt y trouver matière à adorer le créateur : Tartuffe, à l'instar de Charpy, prend soin d'évoquer l'objection ordinaire à pareille thèse, avant de démontrer avec brio qu'il n'en est rien et que l'adoration de Dieu et d'une belle femme ne font qu'un (vv.933–52).

Charpy pour le meilleur amy qu'il ayt au monde. Souvent les marys font
leurs héros de ceux qui les font cocûs.[24]

L'affaire, antérieure au premier *Tartuffe*, était sûrement connue de
Molière, qui, à partir de mai 1664, habita la même rue à Paris, Saint-
Thomas-du-Louvre. Même si le personnage a pu fournir plus d'un trait,
il serait imprudent de conclure à la seule ou même à la majeure source
de la comédie.[25] Comme les abbés Roquette et Pons, Charpy réunit
admirablement en sa personne tous les cinq titres requis pour tenir le
rôle de l'imposteur, c'est-à-dire: être d'une origine provinciale modeste
et fort obscure, vouloir réussir à tout prix et aux dépens d'autrui,
exercer de l'ascendant sur son entourage, avoir une grande soif de
l'argent, et un fort appétit sexuel que ne saurait déguiser son jeu dévot,
si concerté qu'il soit.

5. Henri-Marie Boudon (1624-1702)

Il se trouva très tôt membre et animateur d'une assemblée de jeunes
gens pieux se réunissant sous l'autorité du P. Bagot, jésuite, à partir de
1646 à Paris. Cette assemblée était distincte de la Compagnie du Saint-
Sacrement, quoique ayant d'étroits liens avec elle, et la plupart des
associés en deviendraient membres. Ils se destinaient à la prêtrise, et
cherchaient avant tout à rendre plus intense la vie spirituelle au moyen
de l'oraison mentale, des pèlerinages, de l'adoration du Saint-
Sacrement, et de la dévotion mariale. Quand on créa un séminaire des

---

[24] *Historiettes*, éd. A. Adam (Paris : Gallimard, 1960-1961), II, 858-9.
[25] Voir les remarques judicieuses d'Adam à ce sujet, dans son édition de
Tallemant des Réaux, éd. cit., 1565, n.3, et son *Histoire*, III, 299-300; sur
l'épisode, voir A. Rébelliau qui signale une lettre de la Compagnie du Saint-
Sacrement à un membre de la succursale à Marseilles leur annonçant la
regrettable mort d'un « M. Patrocle, gentilhomme de grande vertu qui a laissé
une bonne odeur de vie par ses bons exemples. » Cet historien ajoute « […] la
date (1642) empêche que ce Patrocle ait été autre chose que le père ou le frère
aîné du trop crédule mari de la réelle Angélique; mais dans la Compagnie du
Saint-Sacrement, les dynasties ne sont pas rares: plus d'une fois nous voyons
les fils ou les cadets aînés s'y enrôler après leurs parents ou leurs aînés »,
Deux ennemis de la Compagnie du Saint-Sacrement, art. cit., 911.

missions étrangères la Compagnie les soutient: « Il y eut lors [le 26 février 1653] de grands projets et de grandes entreprises de missions étrangères auxquelles la Compagnie s'intéressa puissamment », nous disent les *Annales*.[26] Au sein de cette petite communauté religieuse, la vie était strictement réglée, et on partageait le temps entre les activités d'assistance sociale, la prière et le travail. Leur directeur les astreignait au régime de Saint Ignace de Loyala, comportant la pauvreté et la mortification continuelles. Boudon devint membre de la succursale de Caen, où un semblable train de vie monacal se pratiqua. Oraison et messe de grand matin, la journée répartie entre les exercices de piété personnelle et les bonnes œuvres, visites auprès des malades, catéchismes aux orphelins ; on fait surtout grande attention à ce que les ecclésiastiques dans les environs n'enfreignent pas la doctrine orthodoxe et on surveille de près les protestants.[27] Boudon semble avoir poussé très loin le goût pour l'ascèse, comme on pouvait l'attendre du plus ardent disciple de Jean de Bernières. Un épisode particulier a des ressemblances avec la conduite de Tartuffe: étudiant affamé à Paris, Boudon mendia à Notre-Dame, demanda l'aumône à un gentilhomme qui n'eut aucune cure de lui mais se ravisa par la suite :

Charmé de voir qu'à l'exemple de son divin Maître, l'indigence et les opprobres se réunissaient en sa personne, il se retira à l'écart pour lui en rendre de très humbles actions de grâces. La douceur et la patience du jeune étranger frappèrent celui qui l'avait si mal reçu; il se détourna, le suivit des yeux, et l'ayant aperçu derrière un pilier dans cette attitude de respect où l'Écriture nous représente les Séraphins devant la suprême Majesté, il quitte sa place, va le joindre, lui demande qui il est, d'où il est, et ce qu'il est venu faire à Paris. C'était le lieu de dire un mot de sa naissance, Boudon n'en parla point. Il se contenta de répondre qu'il était un pauvre écolier venu de Normandie pour achever ses études dans l'Université, mais que n'ayant pas de quoi vivre, il était obligé de demander l'aumône. [...] [Le gentilhomme] changeant tout à coup et d'air et de langage, lui demanda avec beaucoup de bonté s'il voulait accepter sa maison, ajoutant qu'il y aurait toutes les facilités possibles pour continuer sa Philosophie, qu'il ne manquerait de rien, et qu'on le priait seulement de conférer de ses études avec un jeune

[26]   Dans Allier, *op. cit.*, 151; voir aussi R. Derche, « Encore un modèle possible de Tartuffe », *Revue d'Histoire Littéraire de la France*, 51 (1951), 129–53.

[27]   Allier, *op. cit.*, 240.

ecclésiastique [...]. Il accepta de grand cœur un poste où il y avait du bien à faire.[28]

M. Derche a signalé la ressemblance entre le comportement de Boudon et les actions de Tartuffe lors de sa première rencontre avec Orgon.[29] En effet, Tartuffe attire l'attention d'Orgon par son étalage d'humilité, de recueillement et de fausse charité, et finit par loger chez sa dupe (vv.281–300). Le même historien tire notre attention sur un second point d'analogie avec la comédie. En 1662, Boudon avait fait paraître un ouvrage *Dieu seul*, ou *Association pour l'intérêt de Dieu seul*, reprenant ainsi une idée maîtresse du fondateur de la Compagnie du Saint-Sacrement, le duc de Ventadour, de créer une société pour abattre l'orgueil des libertins et faire soumettre les huguenots réfractaires à l'autorité de l'église. En un mot, une société pour défendre et promouvoir les intérêts de Dieu. Or, il est beaucoup question des intérêts de Dieu dans la pièce. Madame Pernelle nous dit que quant à Tartuffe « [...] l'intérêt du ciel est tout ce qui le pousse» (v.78), et Derche nous semble fondé à y voir une allusion directe au titre même du livre de Boudon ; pour Cléante, les faux dévots calomnient leurs ennemis en couvrant « De l'intérêt du Ciel leur fier ressentiment» (v. 376), tandis que les vrais dévots ne prennent pas « Les intérêts du Ciel plus qu'il ne veut lui-même» (v.402). Tartuffe alléguera l'intérêt du Ciel comme obstacle à une réconciliation avec Damis, à quoi Cléante riposte « Des intérêts du Ciel pourquoi vous chargez-vous? » (v.1219). Démasqué à la fin de l'acte IV, il use de la même parade: « Venger le Ciel qu'on blesse » (v.1563).[30] Il y a une troisième ressemblance entre Boudon archdiacre d'Évreux et Tartuffe. Subitement indisposé lors de ses voyages autour de son diocèse, il est hébergé par une dame qu'il dirige, Mme de Fourneaux, veuve et mère de famille, et sa convalescence se prolonge assez longtemps pour donner lieu aux mauvaises langues dévotes et pour lui fermer les portes de beaucoup d'églises dans sa paroisse. L'incident se produit en février 1665. Molière n'avait pas besoin des démêlés de Boudon avec sa paroissienne

---

28   Collet, *La Vie de M. Henri-Marie Boudon* (Paris : Hérissant, 1753), I, LII; voir aussi M. Souriau, *op. cit.*, 219–29.

29   Art. cit,., 142.

30   Art. cit., 145–6.

pour nourrir sa première version. Il n'empêche qu'il aurait pu y puiser pour les deux suivantes, d'autant plus que l'affaire avait fait du bruit, étant parvenu, par l'intermédiaire de la veuve Fourneaux, aux oreilles du roi même. Mis longtemps au ban du clergé, destitué de ses fonctions cléricales, Boudon s'estime pourtant bienheureux de pouvoir se dire « la balayure et l'ordure du monde ».[31] En 1667-1669, Panulphe-Tartuffe, lors de son auto-accusation, dit que loin d'être homme de bien, « la vérité pure est que je ne vaux rien » (v.942 dans notre reconstruction de *L'Imposteur*, v.1100 dans *Le Tartuffe* de 1669).

6. Le P.Toussaint-Guy Joseph Desmares (1599-1687)

Oratorien, il se rangea du côté des jansénistes, ce qui lui valut la description de docte janséniste dans la Xe satire de Boileau ainsi que l'interdiction de la chaire de 1648 à 1669.[32] Le 5 mars 1682 Madame de Sévigné s'étonna de l'entendre prêcher avec une robe de jésuite. Un sonnet, du temps de la Paix de l'Église, le compare à son désavantage aux autres prédicateurs connus à Paris :

Peuples, où courez vous ? Est-ce à la Cathédrale ?
L'Abbé de Fromentière y prêche sans égal,
Dom Cosme à Saint-Gervais fait bien en général,
Damascène a du feu, Vincent de la morale.

Mascaron à la Cour y prêche à la royale,
Le Docteur Tévenin ne s'exprime pas mal,
Desmares dessus tous est un faible animal,
Mais il est soutenu de toute la cabale.

Le pauvre homme ! Il fait bruit avec son vieux jargon ;
Il est mieux appuyé que Tartuffe d'Orgon,

---

[31] Bremond, *op. cit.*, VI, 246. Sur cet épisode bien curieux, que l'on n'a jamais tiré au clair, voir 240-60.

[32] Boileau, *op. cit.*, 71; sur le personnage, voir A. Adam, *Histoire*, II, 208, 238, 253-54; Madame de Sévigné raconte comment il se rendit ridicule en lisant plus de la moitié d'un billet galant censé être au nom de l'archevêque de Paris, avant de s'apercevoir de son erreur, éd. cit., I, 193-4.

Ou que ce faux dévot n'est de dame Pernelle ;

De Tartuffe et de lui le parallèle est beau,
Et s'il était permis de se chercher querelle,
Je dirais que Molière aurait fait son tableau.[33]

Et pourtant il était mieux estimé par ses collègues ecclésiastiques, selon qui il avait «infiniment plus d'érudition» que Bourdaloue lequel « n'a rien d'élevé; il n'est pas sçavant ni exact. Il dit des choses communes, nettement, utilement et populairement ».[34]

7. Le P. Maimbourg (1610–1686)

Le *Recueil de Tralage* vers la fin du siècle reproduit un poème intitulé *Sur le P. Maimbourg, jésuite et Molière, comédien* :

> Un dévot disait en colère
> En parlant de *Tartuffe* et de l'auteur Molière :
> C'est bien à lui de copier
> Les sermons qui se font en chaire
> Pour en divertir son parterre.
> — Paix, lui dis-je, dévot, il a droit de prêcher,
> Car c'est un droit de représaille
> Que vous ne sauriez empêcher;
> Ne croyez pas que je vous raille.
> Je vais le faire voir aussi clair que le jour,
> Et si vous ne fermez les yeux à la lumière,
> Vous verrez que Maimbourg a copié Molière
> Et que, par un juste retour,
> Molière a copié Maimbourg.[35]

Le jésuite est surtout connu pour avoir publié sur le tard de copieux ouvrages historiques, dont l'*Histoire du Luthéranisme* (1680) et

---

[33] Mongrédien, *Recueil*, I, 330.
[34] Adam, *Histoire*, V, 127, n.3.
[35] Mongrédien, *Recueil*, I, 331. La boutade, pour être piquante, n'en est pas moins incontrôlable.

l'*Histoire du Calvinisme* (1682). Son *Traité historique de l'établissement et des prérogatives de l'église de Rome et de ses évêques* (1685) prit la défense des libertés de l'église gallicane et eut le malheur de déplaire au pape Innocent XI, qui le fit expulser de son ordre. Quelques années plus tôt, il avait osé critiquer Bossuet, dont l'*Exposition de la foi catholique*, 1671, avait essayé de rendre l'enseignement de l'église plus accessible aux réformés à force d'édulcorer sa doctrine.[36] Madame de Sévigné le traite d'impertinent parce qu'il fait périr un Turc dans l'*Histoire de l'hérésie des iconoclastes* (1673) pour ne pas avoir salué une image de la Vierge.[37]

8. Le P. de La Chaise (1624-1709)

La *Vie du Père La Chaise* de 1693 prétend que Molière avait visé le confesseur du roi sur la demande de celui-ci :

> Monsieur le Prince donnait souvent de petites mortifications au Père la Chaise; mais ce qui le rendit absolument irréconciliable, ce fut la fameuse pièce de *l'Imposteur*, que Molière mit sur le théâtre. Le Prince lui ordonna d'en faire une qui représentât si naïvement le Confesseur qu'on ne pût faillir à le reconnaître et lui promit une récompense de deux mille pistoles.[38]

Le témoignage anonyme est bien tardif et manque de vraisemblance, le P. de La Chaise ne devenant confesseur du roi qu'en 1675. Il est peu probable qu'il le fût devenu, et encore moins qu'il le fût resté, s'il avait été de notoriété publique que son pénitent royal l'avait fait jouer sous le nom de Tartuffe.

---

[36]   Adam, *Histoire*, V, 101.
[37]   Le 15 septembre 1677, éd. cit., II, 547.
[38]   Mongrédien, *Recueil*, I, 334; avec l'archevêque de Paris, Harlay de Champvallon, Le P. de la Chaise entreprit une démarche auprès du roi en 1694 à l'encontre de ceux qui voulaient fermer le théâtre. Voir Adam, *op. cit.*, V, 255 sqq., Salomon, *op. cit.*, 95, à la note 1.

9. Jacques Crétenet (1603-1666)

Chirurgien-barbier de son état, et laïc jusqu'à l'avant-dernière année de sa vie, il s'acquit une réputation à Lyon où il exerça un véritable apostolat. Grand maître de l'oraison mentale et de la vie spirituelle, il devint le directeur d'étudiants de philosophie et de théologie. Il établit une congrégation de prêtres missionnaires, dont le Prince de Conti choisit un de ses aumôniers. Sa montée rapide de son état de barbier, source de force factums et quolibets, ainsi que ses activités spectaculaires, ne pouvaient manquer d'attirer sur lui l'attention de la hiérarchie à Lyon. Elle s'inquiéta en fait de la direction laïque des prêtres et son enseignement mystique lui valut l'excommunication. Selon l'auteur anonyme de sa biographie, il tomba victime des bruits malveillants sur lui et ses associés :

On publia partout que c'étaient des gens de cabale dont il fallait se méfier, que leurs assemblées étaient suspectes, qu'ils ne semaient des nouveautés que pour s'attirer le peuple qui y donne ordinairement, qu'ils ne s'introduisaient dans les familles que pour en troubler le repos, que c'étaient des aveugles qui en conduisaient d'autres dans le précipice, qu'ils n'étaient propres qu'à faire renverser la cervelle par les scrupules qu'ils jetaient dans les âmes, et qu'à ruiner les maisons par l'oisiveté qu'ils inspiraient à leurs dévots; enfin peu s'en fallut qu'on ne les traitât d'hérétiques et de schismatiques.[39]

Il fut examiné par l'archevêque avant de rentrer au bercail vers la fin de 1651 ou le début de 1652. Il est impossible que Molière ne fût pas au courant de ces événements, ayant fait au moins quinze passages à Lyon pendant la période 1652-1658. Connu pour sa dévotion au Saint-Sacrement, et grand ami d'Olier, on ne sait pourtant s'il appartenait à la Compagnie des dévots ou non. Vu le grand intérêt que ce dernier y

---

[39] *Vie de Vénérable Messire Jacques Crétenet* (Lyon : 1680), dans F. Baumal, *Tartuffe et ses avatars*, 51. Il courut pendant sa vie quantité de libelles scabreux sur son compte (voir Baumal, 274–89). Pour ce critique, il n'est rien moins qu'un vrai dévot, tandis que pour Bremond il reste un vrai saint, *Histoire littéraire du sentiment religieux*, VI, 415. Cette vie relevant de l'hagiographie, il est fort difficile d'extraire le vrai portrait du personnage.

porta, il nous semble vraisemblable que Crétenet fut membre de la
succursale à Lyon, fondée en 1630. L'intervention du curé de Saint-
Sulpice dut être pour beaucoup dans sa réintégration. Il est plus facile
de conclure à l'hypocrisie de Gabriel de Roquette, de Charpy de Sainte-
Croix, de Pierre de Pons, en vue de leur attachement au matérialisme et
au beau sexe selon les témoignages contemporains que de se prononcer
pour ou contre l'ancien barbier. Si Crétenet présente souvent les dehors
du pharisien, par exemple prodiguant force remontrances au prochain
sur la conduite, il lui semble manquer les mobiles ambitieux et
mondains de Tartuffe. Malgré les controverses autour de lui, il nous
paraît malaisé de le flétrir comme hypocrite sans parti pris. Rien ne
nous indique qu'il fût autre chose qu'un mystique exalté à personnalité
charismatique, présumant trop de lui-même et fort éloigné de la
prudence en matière de conduite d'âmes. Son pieux biographe raconte
comment il avait l'habitude en voyage de prendre des voyageurs à part,
histoire de les chapitrer ou de les encourager à pratiquer l'oraison.
Directeur de conscience austère, il menaçait de l'abandon ceux qu'il
dirigeait s'ils ne lui obéissaient au doigt et à l'œil (voir le chapitre III,
section H).[40] Les libelles se moquent impitoyablement de la prétention
d'un barbier qui s'arroge le droit de diriger les âmes. Ce fut sans doute
ce qui accrocha l'attention de Molière et devint une source possible du
statut laïque de son faux dévot. Sans doute est-il tout aussi facile pour
un prêtre que pour un laïc de passer pour hypocrite. Il n'empêche
qu'aux yeux du spectateur profane un directeur laïc, qu'il soit vrai ou
faux dévot, donne fatalement l'impression de jouer un rôle qui ne lui
échoit pas du seul fait qu'il ne reste plus à sa place. Quoi qu'il en soit,
nous faisons volontiers nôtre le jugement d'Henri d'Alméras sur ce
singulier personnage: « Rien dans la vie de Crétenet n'autorise à le
taxer d'hypocrisie et il ne nous paraît pas indispensable que Tartuffe
soit Lyonnais ».[41]

D'autres noms ont été cités avec plus ou moins de vraisemblance: une
anecdote de l'abbé Olivet fait Hardouin de Péréfixe l'auteur du mot
célèbre « le pauvre homme ».[42] Quand on sait la rancune que devait

---

[40]   F. Baumal, *Tartuffe*, 81–82.
[41]   *Le Tartuffe*, 74.
[42]   Adam, *Histoire*, III, 303. Tallemant des Réaux attribue le mot à un capucin de

garder Molière contre son adversaire redoutable, confirmée par une
note de Brossette au sujet d'une visite faite par le comédien et Boileau
chez M. de Lamoignon, premier président, pour faire jouer la seconde
version en août 1667, l'idée n'est pas invraisemblable.[43] On est allé
même jusqu'à vouloir voir Arnauld d'Andilly dans l'hypocrite de
Molière.[44] On a fait mention de Desmarets de Saint-Sorlin (1595–1676)
comme modèle possible.[45] S'insinuant dans les bonnes grâces du
cardinal de Richelieu, qui le tint pour un grand poète au-dessus de
Corneille, encore qu'on estime ses écrits ennuyeux au dernier point de
nos jours, il devint le premier chancelier de l'Académie Française. Il
commença par faire des écrits dans le style précieux, cultiva ses
relations influentes et fut nommé conseiller du roi, puis secrétaire de la
marine. Une fois converti, il tourna le dos à sa vie mondaine, resta en
étroites relations avec la Compagnie du Saint-Sacrement et avec
Hardouin de Péréfixe, futur archevêque de Paris, et finit par devenir, au
dire de Raoul Allier, « un parfait policier d'inquisition ».[46] Grand maître
de toutes les bassesses et des souplesses, il réussit à gagner la confiance
de l'illuminé qu'était Simon Morin, dont les idées étaient moins
hérétiques que folles. Desmarets fit tant et si bien qu'il le dénonça
comme hérétique, en fit le procès, et eut la satisfaction de le faire brûler
le 14 mars 1663 devant la porte principale de Notre-Dame. Lui-même

---

province qui s'enquiert auprès d'un homme de cour de la santé du père
Joseph, éd. cit., 1, 295–6.

[43] « Mais toute la mauvaise humeur de Molière retomba sur M. l'Archevêque
[Hardouin de Péréfixe] qu'il regardait comme le chef de la cabale qui lui était
contraire », note du 9 novembre 1702, dans Mongrédien, *Recueil*, I, 292.

[44] Varin, *La Vérité sur les Arnauld*, (Paris : Poussielgue-Rusand, 1847), I, 182–
212. Il s'agit de Robert Arnauld d'Andilly, né en 1589, frère du grand
Arnauld (1612–1694). Le rôle de Tartuffe lui est attribué dans une réécriture
de la comédie où figure Mme de Sablé. La chose n'est pas impossible en elle-
même, étant donné son tempérament amoureux, bien attesté par son fils, qui
l'attira aux jolies femmes (Adam, *Histoire*, II, 192). Une anecdote de
Tallemant des Réaux sur ses exigences conjugales (éd. cit., I, 511) nous le
confirme. Quoi qu'il en soit, il n'y a pas la moindre preuve que Molière ait
pensé à lui. La troupe de Molière lui rendit visite le 7 mai 1660 pour
représenter *Dépit amoureux* et *Les Précieuses ridicules*, Mongrédien, *Recueil*,
I, 125.

[45] H. d'Alméras, *op. cit.*, 65 sqq.

[46] *Op. cit.*, 225.

visionnaire autant que les personnages de son chef-d'œuvre, *Les Visionnaires* (1637), il se fixa une mission: extirper l'ivraie du jansénisme et de l'hérésie du royaume. Il semblerait en effet posséder toutes les qualités requises pour être le modèle parfait de Tartuffe. Sans doute que Molière détestait son hypocrisie autant que son fanatisme, mais rien ne nous autorise à associer son nom de façon précise à la peinture du faux dévot. Comme tant d'autres, y compris l'ancien protecteur devenu intégriste et pourfendeur de ses anciens plaisirs, le Prince de Conti, il a très bien pu fournir tel ou tel détail au portrait de l'hypocrite.[47] Son siècle, le moment, sa carrière, tout donna à Molière ses entrées auprès des grands, mettant ainsi à sa disposition d'abondantes données pour composer le portrait du faux dévot à la perfection. Son talent et son imagination de poète comique ont pris la relève pour en faire le rôle le plus énigmatique de son théâtre qui, après un laps de temps de presque trois siècles et demie, n'est pas près de livrer tous ses secrets.

---

[47] Encore qu'il soit plus vraisemblable de voir des traits de Conti dans Dom Juan. Voir F. Baumal, *Tartuffe et ses avatars*, 112 sqq.

Appendice III

De l'esprit du secret et de l'esprit du christianisme

L'on pourrait facilement établir une ample bibliographie consistant uniquement des interprétations du *Tartuffe* qui y voient une attaque, préméditée ou non, contre la religion. Inutile, cependant, d'en faire la liste, qui équivaudrait à l'histoire de la fortune de la pièce où prédomine la note négative de la part des critiques à ce sujet. C'est un fait acquis que depuis les trois premiers actes de mai 1664 jusqu'à nos jours *Le Tartuffe* passe au pis pour une œuvre libertine, capable de détruire les fondements de la foi chrétienne, au mieux pour l'apologie d'un christianisme tiède, sans vigueur aucune. Entre ces pôles s'étalent d'innombrables variations, la plupart plus ou moins hostiles aux prétendues intentions de Molière. L'enthousiasme de Saint-Évremond pour la dévotion raisonnable de Cléante et l'éloge de Voltaire pour les idées éclairées du même personnage[1] n'ont pas fait école. Pour chaque adepte rarissime de la religion approuvée dans *Le Tartuffe,* il y a une légion de détracteurs, dont le plus célèbre est sans doute Napoléon: « Je n'hésite pas à dire que, si la pièce eût été faite de mon temps, je n'en aurais pas permis la représentation ».[2] Rien n'est plus facile que de se ranger de leur côté: l'autorité ecclésiastique et politique, le poids de la tradition, la crainte de soutenir une cause perdue d'avance sous le monceau de condamnations et ce faisant de passer pour un esprit paradoxal ne sachant pas voir ce que tout le monde voit clairement, ne nous y font que trop pencher.

Et cependant qu'il nous soit permis d'émettre des doutes quant au procès d'intention qu'on fait à son auteur. Nous n'allons pas, par goût

[1] « On peut hardiment avancer, que les discours de Cléante, dans lesquels la vertu vraie et éclairée est opposée à la dévotion imbécile d'Orgon, sont, à quelques expressions près, le plus fort et le plus élégant sermon que nous ayons en notre langue; et c'est peut-être ce qui révolta davantage ceux qui parlaient moins bien dans la chaire que Molière au théâtre », *Vie de Molière, op. cit.*, 447.

[2] Dans L. Lacour, *op. cit.*, 11, n.1.

du paradoxe, en prendre le contre-pied en soutenant à tout prix que la vraie dévotion selon Molière est un modèle que devraient se proposer les croyants. À vrai dire, nous ignorons tout de ses croyances intimes, et ne savons rien directement de ses opinions sur la religion. Nous savons qu'il fit baptiser ses enfants, et qu'il fit ses Pâques, ce qui amena Sainte-Beuve à se demander si Cléante les faisait à son tour?[3] Et nous le savons aussi lié d'une amitié très forte avec le fils de La Mothe Le Vayer, l'abbé François, dont le père avait une grande liberté de pensée. Comme deux autres amis de Molière, Chapelle et Bernier, Le Vayer père n'avait pas coutume de fréquenter les églises. D'où la tentation d'attribuer à Molière des idées par personnes interposées, de le rendre coupable en raison de ce principe consacré par le temps et l'usage: *dis-moi qui tu hantes et je te dirai qui tu es.* C'est en vertu du principe « Je ne remarque point qu'il hante les églises» que Valère se trouve ravalé au rang des libertins par Orgon (vv.523–5). Il est évident que, par son état de comédien, Molière s'était déjà attiré la méfiance sinon l'hostilité des bien-pensants avant *Le Tartuffe*. Il convient certes de faire la part de l'austérité janséniste dans le jugement sommaire de Nicole sur la profession de comédien, à savoir « […] qu'il n'y a rien de plus indigne d'un enfant de Dieu et d'un membre de Jésus-Christ que cet emploi».[4] Toujours est-il que le métier ne prédispose nullement le comédien à devenir libertin. Tout au plus doit-on admettre qu'il le condamne à être mal vu et mal jugé par les dévots, à plus forte raison quand il se mêle de mettre un sujet religieux sur la scène, non pas un des plus anodins, mais celui qui prête le plus à la controverse, l'hypocrisie religieuse.

Nous avons constaté plus haut que c'est là que se trouvent et le nœud et le vrai scandale de l'affaire *Tartuffe*. Un *comédien* qui s'arroge le droit de mettre en relief des aspects peu édifiants de la vie dévote dont chaque croyant est parfaitement conscient, il n'y pas là de quoi réjouir les fidèles. Roullé, Rochemont, Bossuet, Bourdaloue, les membres de la Compagnie du Saint-Sacrement, Baillet,[5] Veuillot,[6] Brunetière,[7] et leurs

3   *Port-Royal,* III, ch.16, 289, n.1.
4   *Traité de la comédie,* 36.
5   *Jugements des Savants sur les principaux ouvrages des auteurs* (Paris : C. Moette, 1722),V, 306 sqq.
6   *Molière et Bourdaloue* (Paris : Victor Palmé, 1877).
7   *Études critiques sur l'histoire de la littérature française* (Paris : Hachette, 1907), 179–242.

successeurs ont été scandalisés parce que celui qu'ils prenaient pour un impie se permettait de juger une prétendue conduite chrétienne. Obnubilés par la réputation et l'état fort suspects du commentateur, souvent prisonniers eux-mêmes d'une piété dogmatique s'accommodant mal des questions de fond sur la foi, surtout quand elles proviennent de l'extérieur, ils y répondent d'une façon tout à fait prévisible: en niant d'abord la bonne foi du commentateur, en récusant ensuite sa compétence en la matière, et en finissant par lui refuser magistralement la parole en tant qu'interlocuteur non valable. Autrement dit, nous avons affaire à la réaction invariable de l'intégriste à celui qui l'invite à réfléchir sur le fond de sa foi: toute question provenant d'un point de vue extérieur à la position du croyant, si anodine qu'elle soit, est conçue comme une attaque voilée ou directe. C'est cette sensibilité à fleur de peau que Molière saisit à merveille chez Orgon face aux questions de Cléante qui l'invitent à scruter de près la conduite de Tartuffe (I, v).[8] Et pourtant, la défense de Cléante contre l'accusation d'impiété doit être celle de Molière dans la mesure où auteur et personnage sont marqués d'un même stigmate. Pour cette raison elle se fait un des thèmes majeurs de la pièce et de la controverse, nous semble-t-il : est-on libertin pour constater ce que tout ce monde voit? « C'est être libertin que d'avoir de bons yeux » (v.320), réplique Cléante à Oronte qui le taxe d'impiété. Doit-on forcément passer pour incrédule quand on s'obstine à faire la distinction qui vous paraît l'évidence même entre la vraie et la fausse dévotion ? Rochemont a le mérite de poser carrément l'objection maîtresse à la pièce de Molière : « Certes c'est bien à faire à Molière de parler de la dévotion, avec laquelle il a si peu de commerce et qu'il n'a jamais connue ni par pratique ni par théorie ».[9] À quoi un défenseur vigoureux du comique

---

[8]   Certes, il est vrai que celui qui pose des questions à propos de n'importe quel mouvement religieux aura affaire à une certaine méfiance de la part des membres. Nous tombons d'accord avec l'observation suivante de Paul Ferris dans son étude de l'église anglicane: « Celui du dehors qui enquête sur l'église s'entendra répondre qu'il ne saura la comprendre qu'une fois là-dedans ; et l'on va parfois jusqu'à lui reprocher l'impertinence qui l'y incite. [...] À l'instar de la plupart des institutions elle persiste à nous offrir deux aspects différents —l'un aux membres, l'autre à ceux qui s'en trouvent à l'extérieur », *The Church of England* (London : Victor Gollancz, 1963), 9, 29.

[9]   Couton, éd. cit., II, 1203.

répond pertinemment au moyen d'une citation de Saint Paul: « *Quis est tu judicas fratrem tuum* ? *Nonne stabimus omnes ante Tribunal Dei* ».[10]

Et si ce Molière dont les prétendues intentions ont été si décriées avait à cœur non pas de s'attaquer à l'esprit même du christianisme mais plutôt à dissiper l'obscurité dont se voilent volontiers ceux qui le contrefont et le déforment? S'il plaidait pour *la clarté et la transparence dans la conduite avant toute chose, a fortiori dans celle des soi-disant chrétiens* ? Désir tout à fait légitime, voire louable, seulement admissible si l'on fait abstraction des prétendus desseins malveillants de sa part. Il ne se trouve rien, *a priori,* d'impossible dans cette supposition, pour hardie qu'elle semble d'abord, face au réquisitoire contre la pièce au nom de la religion.

Nous avons déjà remarqué combien ce *leitmotif* de clarté et de transparence est important dans les *Placets* et la *Préface* de Molière, comme dans les discours de Cléante (au chapitre III, section **G**). Toute la défense de son entreprise est étayée là-dessus. Il a l'ambition de découvrir « [...] les grimaces étudiées de ces gens de bien à outrance, toutes les friponneries couvertes de ces faux-monnayeurs en dévotion, qui veulent attraper les hommes avec un zèle contrefait et une charité sophistique ».[11] Il n'empêche que les tartuffes, « [...] sous main, ont eu l'adresse de trouver grâce auprès de Votre Majesté, et les originaux ont fait supprimer la copie, quelque innocente qu'elle fût [..] ».[12] Dans le *Placet* de 1667, il se plaint hautement de ces maîtres des coups fourrés et du secret, ne doutant pas qu'ils « [...] ne remuent bien des ressorts auprès de Votre Majesté [..] », eux qui « [...] ont l'art de donner de belles couleurs à toutes leurs intentions [...] Ils ne sauraient me pardonner de dévoiler leurs impostures aux yeux de tout le monde ».[13] Il n'en va pas autrement dans la *Préface,* tant s'en faut. Jouer les grimaces des tartuffes n'est rien de moins qu' « [...] un crime qu'ils ne sauraient me pardonner. [...] Suivant leur louable coutume, ils ont couvert leurs

---

10   *Lettre sur les observations d'une comédie du sieur Molière intitulée 'Le Festin de Pierre'* (1665), dans Couton, *éd. cit.,* II, 1220. L'auteur anonyme fond habilement deux élements de l'Épître de Saint Paul aux Romains 14:4, 10 : « Toi, qui es-tu pour juger un serviteur d'autrui? [...] Tous, en effet, nous comparaîtrons au tribunal de Dieu » (*La Bible de Jérusalem*).

11   Éd. cit., I, 889–90.

12   *Ibid.*

13   *Ibid.,* I, 892.

intérêts de la cause de Dieu ».[14] Il plaide pour la même clarté de jugement en ce qui concerne la nature de la véritable comédie: « [...] il ne faut qu'ôter le voile de l'équivoque, et regarder ce qu'est la comédie en soi, pour voir si elle est condamnable ».[15] Convenons d'une chose au moins: Molière se montre persévérant et conséquent au plus haut degré dans ses arguments en faveur de sa satire de ceux qui, à ses yeux, préfèrent cacher leurs véritables mobiles sous le couvert de la piété.

Et si Molière, quels qu'aient pu être ses propres préjugés et ses arrière-pensées en la matière, disait vrai sur ce point capital de la question ? Si, en observant la dévotion de l'extérieur, il céda à l'exaspération devant le manque de clarté et de transparence de la part de ceux qui se drapaient dans les dehors de la piété, il n'était pas le seul à s'en scandaliser. Nous avons remarqué plus haut comment l'abbé Dufour, Guy Patin, Garaby de La Luzerne, La Mothe Le Vayer mirent en évidence le même vice chez les faux dévots. En observateur perspicace du genre humain, Molière commente la tendance chez les vrais dévots à faire preuve de naïveté en ce qui concerne les apparences. Selon lui, les faux dévots en ont profité pour embrigader « [...] de véritables gens de bien, qui sont d'autant plus prompts à se laisser tromper qu'ils jugent d'autrui par eux-mêmes ».[16] Molière ne s'y trompe pas, car la charité, qui meut le vrai dévot, « [...] excuse tout, croit tout, espère tout, supporte tout ».[17] Cléante, dans sa description des vrais dévots, se fait l'écho de Saint Paul :

> L'apparence du mal a chez eux peu d'appui
> Et leur âme est portée à juger bien d'autrui. (vv.395-6)

Naïveté et bonne foi qui ne sont pas pourtant sans limites: si le croyant est censé se comporter en brebis au milieu des loups, montrant une candeur de colombe, le Christ l'incite à la même occasion à cultiver une prudence de serpent (Matthieu 10:16). S'il est obligé de juger autrui

---

[14] *Ibid.*, I, 883.
[15] *Ibid.*, 886.
[16] *Second Placet,* éd. cit., 1, 892. Même référence dans la *Préface* à ces « [...] véritables gens de bien, dont ils [les hypocrites] préviennent la bonne foi, et qui, par la chaleur qu'ils ont pour les intérêts du ciel, sont faciles à recevoir les impressions qu'on veut leur donner », *ibid.*, 884.
[17] Première Épître aux Corinthiens 13:7.

charitablement, la faculté du jugement ne lui est pas ôtée pour autant. Il s'agit de la même faculté dont Molière réclame le droit, mais que Bourdaloue interprète comme un exemple d'opportunisme libertin. Ce dernier semble toutefois avoir fait son profit de l'affaire *Tartuffe,* quand il insiste pour mettre en garde les fidèles contre les dangers de l'hypocrisie :

> [...] Jésus-Christ, prévoyant les maux que devait produire cet éclat de la fausse piété, ne nous a rien tant recommandé dans l'Évangile que de nous en donner de garde, que d'y apporter tout le soin d'une sainte circonspection et d'une exacte vigilance, que de ne pas croire d'abord à toute sorte d'esprits, que de nous défier particulièrement de ceux qui se transforment en anges de lumière; en un mot, que de nous précautionner contre ce levain dangereux des pharisiens, qui est l'hypocrisie.[18]

Si Bourdaloue enjoint au croyant de faire preuve de son jugement en la matière, il refuse toutefois le même droit au comédien : la raison en est qu'il est impossible de faire la distinction entre les dehors semblables de la vraie et de la fausse dévotion « [...] à moins qu'on n'y apporte toutes les précautions d'une charité prudente, exacte et bien intentionnée; ce que le libertinage n'est pas en disposition de faire ».[19] La solution qu'il préconise ne laisse pas beaucoup de marge au poète satirique :

> L'hypocrisie, dit ingénieusement saint Augustin, est cette ivraie de l'Évangile, que l'on ne peut arracher sans déraciner en même temps le bon grain. Laissons-la croître jusqu'à la moisson, selon le conseil du père de famille, pour ne nous point mettre en danger de confondre avec elle les fruits de la grâce, et les saintes semences d'une piété sincère et véritable.[20]

---

[18]   *Sermon sur l'hypocrisie,* 242; le texte en tête du sermon contient la mise en garde du Christ contre les faux prophètes, Saint Matthieu 7:15. Loin de déprécier l'usage du jugement, Saint Paul encourage les croyants à tout vérifier, ne retenant que ce qui résiste à l'examen (Première Épître aux Thessaloniciens 5:20). De même Saint Jean recommande d'éprouver « les esprits, pour voir s'ils viennent de Dieu » (Première Épître de Saint Jean 4:1).

[19]   *Ibid.,* 235.

[20]   *Op. cit.,* 234. Le jésuite glose en effet les paroles du Christ sur les deux espèces de grain : «Laissez l'un et l'autre croître ensemble jusqu'à la moisson; et au moment de la moisson je dirai aux moissonneurs: Ramassez

Sans doute faudra-t-il une parfaite patience et une charité évangélique
pour réagir de la sorte, surtout quand son métier de comédien est
menacé par les ennemis influents que s'était attirés Molière. Celui-ci ne
pouvait aucunement prendre pareil parti, d'autant plus qu'il nous
semble que la *motivation essentielle* pour *Tartuffe* est à trouver avant
tout dans l'ambition de tirer au clair le mystère de ceux qui agissent à
couvert, sous le prétexte de promouvoir la piété : quant à son prétendu
désir d'attaquer le christianisme, il y a un manque singulier d'évidence
irréfutable à l'appui de cette supposition. Vouloir éclaircir ce qui se
cache n'est pas un péché, encore que l'obsession de clarté de la part de
Molière se soit confondu avec la chasse aux hommes qui réussirent si
longtemps à retarder l'apparition de la comédie. Quelle qu'ait pu être la
motivation intime de Molière en concevant sa pièce, deux faits
demeurent à notre sens irrécusables, encore qu'on essaie de les nier ou
de les minimiser, souvent pour défendre des intérêts d'ordre
institutionnel, à savoir :

Primo : il exista bel et bien une cabale des dévots, cabale dont l'activité est
bien attestée en dehors de l'esprit harcelé de Molière auteur du *Tartuffe* ;
Secundo : les desseins et les actions de cette cabale passèrent pour suspectes
à bien des contemporains qui ne pouvaient aucunement être complices de
Molière.

Ces activités étaient d'une nature à inquiéter un esprit tel que le P.
Yves de Paris qui, huit ans avant *Le Tartuffe*, l'estime nécessaire de
signaler ce qu'il y a de douteux dans l'action d'une compagnie à
vocation spirituelle et charitable. Quoiqu'il ne nomme pas directement
la Compagnie du Saint-Sacrement, il les désigne de façon peu ambiguë,
car il cite leur dessein premier dès la première phrase que nous mettons
en italiques parce que désignant sans ambiguïté aucune la Compagnie en
question :

Cependant que la charité [de ces compagnies dévotes] répand ses vues sur ce
qui se passe dans les négoces du monde, *pour y empêcher le mal et y faire
tout le bien possible,*[21] c'est une conduite très judicieuse de ne point entrer

d'abord l'ivraie et liez-là en bottes que l'on fera brûler; quant au blé,
recueillez-le dans mon grenier », Saint Matthieu 13:30.
[21]   Allusion on ne peut plus directe à la Compagnie, qui, dès sa fondation, se

dans les intrigues de l'Etat. De tout temps les politiques ont trouvé l'adresse de faire servir la religion à leurs desseins et, sous des prétextes éclatants de sainteté, exposent les plus zélés, comme des esclaves, pour la sûreté de leurs intérêts et de leurs personnes. Ils les emploient à répandre des nouvelles ordinairement fausses, à donner de la réputation à de pernicieuses entreprises, à débaucher les courages, à jeter les fondements d'une révolte. En tout cela, comme la religion agit pour ce qu'elle ignore et qu'elle s'engage dans un péril qu'elle ne voit pas, elle souffre la première par le combat des ambitieux. Sitôt que le Prince s'aperçoit que vous entrez dans un parti, que vous concertez avec ceux qui jettent le trouble dans les affaires, il vous tient avec raison comme suspects et vous ôte la liberté de vos exercices. Si les principaux de la compagnie [...] découvrent leurs sentiments à leurs confrères, c'est les publier et les perdre; tous ne seront pas d'un même avis; les divisions et les résistances à ce point pourront causer des refroidissements au reste des meilleures entreprises. S'ils tiennent ces négoces sous le secret, le déguisement qui cache tout ne se peut tellement cacher qu'il ne donne des jalousies. [...] Enfin, ce mélange du divin avec le profane risque beaucoup; avance peu dans les premiers innocents desseins de la Compagnie parce qu' [...] il fait une notable diversion des pensées qu'on devait tout entières aux pratiques de la charité.[22]

Ce texte en dit long sur la Compagnie, dont il est question d'un bout à l'autre du passage, d'abord sur leurs intentions, auxquelles le P. Yves de Paris fait allusion au début, et qui sont à admirer: ensuite, à la fin, sur leur pratique, qui est à détester. Il est évident qu'un glissement

---

propose « [...] d'entreprendre tout le bien possible et d'éloigner tout le mal possible en tous temps, en tous lieux et à l'égard de toutes personnes », Allier, *op. cit.*, 18, Rébelliau, « Un épisode de l'histoire religieuse du XVIIe siècle », I, 61, Triboulet, *op. cit.*, 182. L'on se rappelle le vers de La Luzerne sur leur compte: « Ils disent ne vouloir combattre que le mal », *op. cit.*, 86.

[22] Dans H. Bremond, *L'Humanisme dévot, op. cit.*, I, 468–9. Comme l'auteur fait observer, « [...] il est difficile de ne pas songer à la Confrérie du Saint-Sacrement », *ibid.* Et encore plus difficile quand il y est fait mention du but de leurs fondateurs. Antoine Adam décrit ce Capucin qu'est le Père Yves de Paris, né en 1590, mort en 1679, comme « [...] un esprit tout à fait excellent [...] qui proposait dans ses ouvrages une sorte de conjonction de l'humanisme et de l'esprit chrétien », très éloignée du pessimisme augustinien, *Du mysticisme à la révolte : les jansénistes du XVIIe siècle* (Paris : Fayard, 1968), 180.

sensible est intervenu depuis leurs débuts, témoin le long avertissement sur le mal résultant des alliances politiques qui ne manquent pas de tourner au désavantage de la religion; les conséquences fâcheuses qui en résultent pour la Compagnie, tenue pour suspecte aux yeux de l'autorité; les scissions intérieures au sein de la Compagnie quand on vise des ambitions politiques,[23] scissions qui portent préjudice aux meilleures entreprises. Sa conclusion est on ne peut plus claire: à mêler le divin au profane, on compromet de façon irrémédiable les intentions charitables que s'étaient proposées les promoteurs de la pieuse œuvre.

Le sens de cette longue réflexion sur la conduite de la Compagnie nous semble se réduire à une forte mise en garde contre tout élément susceptible de contaminer la pratique du christianisme, parce que participant d'un esprit hostile au principe spirituel de la religion. Le P. Yves flaire cet esprit hostile dans la tentation perpétuelle de s'éloigner de la pratique innocente de la charité et de subir la séduction du pouvoir et de l'ambition. L'ingérence dans les intrigues et la politique, l'intérêt et la jalousie, les dissensions, le déguisement, voilà autant d'éléments secrets qu'il estime hostiles à la pratique de l'évangile.[24] Ce que reprend le P. Yves de Paris c'est « ce mélange du divin avec le profane », où l'esprit même de la religion se trouve fatalement compromis. Dans sa pensée, on est impressionné par la fermeté et le discernement avec lesquels il distingue le mode d'action du divin (la charité) du profane, (la politique), en quoi il reflète fidèlement l'esprit de l'évangile. Il plaide ici pour la pratique transparente de ce que Saint Jacques qualifie de « [la] religion pure et sans tache devant Dieu notre Père » où conduite et profession ne font qu'un : en fait l'humble pratique désintéressée des bonnes œuvres auprès des démunis de la vie (« visiter les orphelins et les veuves dans leurs épreuves »), reflète l'intention de

---

[23]   La Luzerne fait état de leur penchant à l'autocritique, *op. cit.*, 85.

[24]   C'est précisément ce manque de convenance entre profession de foi et conduite intéressée que Molière tourne en dérision dans sa pièce, pour la bonne raison qu'il se trouve à la base du comique, comme Le Vayer nous l'explique dans sa *Lettre sur la comédie:* « [...] si le Ridicule consiste dans quelque disconvenance, il s'ensuit que tout mensonge, déguisement, fourberie, dissimulation, toute apparence différente du fond, enfin toute contrariété entre actions qui procèdent d'un même principe, est essentiellement ridicule », éd. cit., 102.

« se garder de toute souillure du monde ».[25] Sur ce point capital, le P.
Yves, tout comme Molière, trouve la Compagnie en désaccord flagrant
avec l'esprit de l'évangile. Quand le premier établit la distinction entre
l'esprit de charité et l'esprit du monde, il se fait l'écho de Saint Jacques
qui les qualifie respectivement de « sagesse d'en haut » et de « sagesse
terrestre ». Cette distinction sous-tend tout le passage d'Yves de Paris :

> Est-il quelqu'un de sage et d'expérimenté parmi vous? Qu'il fasse voir par
> une bonne conduite des actes empreints de douceur et de sagesse. Si vous
> avez au cœur, au contraire, une amère jalousie et un esprit de chicane, ne
> vous vantez pas, ne mentez pas contre la vérité. Pareille sagesse ne descend
> pas d'en haut: elle est terrestre, animale, démoniaque. Car, où il y a jalousie
> et chicane, il y a désordre et toutes sortes de mauvaises actions. Tandis que
> la sagesse d'en haut est tout d'abord pure, puis pacifique, indulgente,
> bienveillante, pleine de pitié et de bons fruits, sans partialité, sans
> hypocrisie. Un fruit de justice est semé dans la paix pour ceux qui
> produisent la paix.[26]

Sur ce point, Yves de Paris, Saint Jacques et Cléante se rejoignent : «
Point de cabale en eux, point d'intrigues à suivre » dit celui-ci à propos
des gens de bien qui jugent charitablement autrui.[27]

Alain Tallon et Raymond Triboulet ont démontré combien le secret
importait à la Compagnie du Saint-Sacrement. Ce dernier cite un des
articles des statuts de la Compagnie de Poitiers au moment de sa
fondation en 1642 :

> Le secret est l'âme de la Compagnie, lui seul en fait la différence d'avec les
> autres sociétés, c'est en lui que consiste toute la bénédiction de la
> Compagnie du Saint Sacrement, et il est tellement essentiel que, si vous en
> ôtez le secret, ce ne sera plus une Compagnie du Saint Sacrement, mais une
> simple confrérie de piété.[28]

Commentant un *Mémoire* de 1660 que demandent les Compagnies de
province Triboulet écrit que « [...] le texte évoque le secret, l'action

---

25 Épître de Saint Jacques 1:27.
26 *Ibid.*, 1:13–18.
27 *Le Tartuffe*, v. 397.
28 Triboulet, 179.

avec le concours de plusieurs, la subordination aux supérieurs et au directeur, l'honneur dû au Saint Sacrement, l'action dans tous les emplois d'une manière cachée, la recherche de la perfection», et il en cite l'explication suivante: « [...] Ce qui met une grande différence entre tous les autres corps qui sont bornés dans les lieux, dans les congrégations et dans les œuvres ».[29] Passons sur cet esprit de distinction dont les membres de la Compagnie semblent imbus, lequel les rend à leurs yeux plus universellement aptes que d'autres chrétiens d'une moindre lumière à pratiquer les actions charitables. (Ne peut-on pas y attribuer au moins en partie la méfiance du P. Yves de Paris ainsi que de bon nombre des prélats français à leur égard ?).[30] C.S. Lewis, qui ne pense nullement à la Compagnie, fait observer fort perspicacement que de tels cercles fermés ne cessent de s'exposer aux crises et aux scandales.[31] Le seul devoir religieux qui doit se pratiquer dans la discrétion la plus absolue, c'est la pratique de l'aumône à titre individuel, dont le pratiquant et Dieu sont seuls témoins, histoire d'éviter la louange d'autrui et l'orgueil.[32] C'est là la seule garantie efficace mais nullement infaillible (le dispensateur pouvant être mû par le mauvais mobile, encore qu'il soit moins probable que s'il agit au vu et au su d'autrui) contre le péché capital, l'orgueil, l'ultime critère du caractère spirituel d'une action provenant de l'humilité. Dès que le croyant se sent regardé dans l'exercice de ses devoirs pieux, l'approbation d'autrui peut facilement l'entraîner sur la pente glissante de l'orgueil. Conformément à cette discipline destinée à refréner l'orgueil, la vie du croyant en tant que chrétien individuel et en tant que membre d'une collectivité doit se dérouler sous le signe de la transparence et de l'intégrité. Pour s'en convaincre, il suffira de se reporter à quelques-uns des nombreux passages bibliques qui le

---

[29] *Ibid.*, 182.
[30] Triboulet, voulant à tout prix nier l'existence de la cabale des dévots évoquée par Allier, complète la réhabilitation de la Compagnie en attribuant l'opposition d'une partie importante de l'église à la « cabale » de l'Église institutionnelle, *op. cit.*, 187. Voir aussi la note 101 du chapitre III, ci-dessus. Ainsi une cabale peut-elle en cacher une autre !
[31] *The Inner Ring,* dans *Screwtape Proposes a Toast* (London and Glasgow : Collins, 1965), 35.
[32] Matthieu 6:1-4.

soulignent. Saint Paul rappelle aux membres de l'église d'Éphèse combien il importe de marcher dans la lumière :

> Jadis vous étiez ténèbres, mais à présent vous êtes lumière dans le Seigneur : conduisez-vous en enfants de lumière ; car le fruit de la lumière consiste en toute bonté, justice et vérité. Discernez ce qui plaît au Seigneur, et ne prenez aucune part aux œuvres stériles des ténèbres; dénoncez-les plutôt. Certes, ce que ces gens-là font en cachette, on a honte même de le dire; mais quand tout cela est dénoncé, c'est dans la lumière qu'on le voit apparaître ; tout ce qui apparaît, en effet, est lumière.[33]

Nous remarquons que ces conseils éminemment pratiques secondent, d'une manière puissante, l'enseignement à caractère plus théologique de Saint Jean. Il n'y a rien qui soit plus blâmable aux yeux de cet apôtre que la pratique d'une conduite cachottière: « [...] mais nous avons répudié les dissimulations de la honte, ne nous conduisant pas avec astuce et ne falsifiant pas la parole de Dieu ».[34] Intriguer, c'est du coup falsifier la parole de vérité. Même accent sur l'omniprésence de la lumière chez Saint Pierre, dont la vie du croyant comme de l'église doit être inondée : à la différence des incroyants, « [...] vous êtes *une race élue, un sacerdoce royal, une nation sainte, un peuple acquis,* pour proclamer les louanges de Celui qui vous appelés des ténèbres à son admirable lumière [...] ».[35] En quoi les apôtres ne font que transmettre fidèlement l'enseignement du Christ lui-même. Assimilé par le disciple, cet enseignement ne fait qu'un avec la clarté de parole et de conduite : « Est-ce que la lampe vient pour qu'on la mette sous le boisseau ou sous le lit? N'est-ce pas pour qu'on la mette sur le lampadaire? Car il n'y a rien de caché qui ne doive être manifesté et rien n'est demeuré secret que pour venir au grand jour ».[36] Et pour incarner la parole de

---

[33]   Épître aux Éphésiens 5:8–14. Karl Barth, l'un des théologiens protestants les plus influents du XXe siècle, en tire un article de foi fondamental : « L'église vit de la révélation du vrai Dieu dans la lumière de Jésus-Christ; de ce seul fait elle devient l'ennemie jurée de toute politique et de toute diplomatie secrètes », dans J. Bowden, *Karl Barth* (London : SCM Press, 1971), 85.

[34]   Deuxième Épître aux Corinthiens 4:2.

[35]   Première Épître de Saint Pierre 2:9. Les mots en italiques dans le texte sont des citations de l'Ancien Testament.

[36]   L'Évangile selon Saint Marc 4:21–22. Cf. Luc 8:16–17 et 12:2.

l'évangile dans le monde, le disciple doit se laisser transformer en lumière suivant l'exemple du Christ :

Vous êtes la lumière du monde. Une ville ne se peut cacher, qui est sise au sommet d'un mont. Et l'on n'allume pas une lampe pour la mettre sous le boisseau, mais bien sur le lampadaire, où elle brille pour tous ceux qui sont dans la maison. Ainsi votre lumière doit-elle briller devant les hommes afin qu'ils voient vos bonnes œuvres et glorifient votre Père qui est dans les cieux.[37]

L'efficacité du vecteur de lumière dépend de sa propre pureté et il ne saurait avoir de but intéressé. Certes, l'on doit se comporter avec intelligence dans les affaires de la vie: les parénèses de Saint Paul soulignent la conduite irréprochable qui doit être celle du chrétien dans la société : « Conduisez-vous avec sagesse envers ceux du dehors ; sachez tirer parti de la période présente. Que votre langage soit toujours aimable, plein d'à-propos, avec l'art de répondre à chacun comme il faut ».[38] Il faut mener une vie honorable au regard de ceux du dehors,[39] qui doivent pouvoir rendre « un bon témoignage » de chaque aspect de la vie du chrétien.[40] La justice, la sainteté et la vérité doivent caractériser le croyant,[41] dont la vie n'est rien d'autre qu'une lettre ouverte, « […] connue et lue par tous les hommes».[42] S'il lui arrive de devoir se battre pour un principe, il n'aura garde de recourir aux armes de la ruse et de la politique. Au contraire, il abandonnera les œuvres de ténèbres, pour se revêtir des armes de lumière.[43] Quant à sa conduite civique, il se soumettra aux édits de l'état, sans intrigue ou politicaillerie, sans aspirer à usurper le pouvoir qui échoit à l'état.[44] Rien n'est plus étranger à la doctrine du *Nouveau Testament* que l'art de cabaler. Nous concluons de là que les principes de clarté et de transparence énoncés et réclamés par Cléante ne contredisent en rien

---

[37]   Saint Matthieu 5:14–16.
[38]   Colossiens 4:5.
[39]   Première Épître aux Thessaloniciens 1:12.
[40]   Première Épître à Timothée 3:7.
[41]   Éphésiens 4:17 sqq.
[42]   Deuxième Épître aux Corinthiens 3:2.
[43]   Épître aux Romains 13:12. Cf. aussi l'Épître aux Ephésiens 6:11 sqq.
[44]   Romains 13:1 sqq.

l'enseignement du *Nouveau Testament* sur le mode et la qualité de la vie du croyant : au contraire, ils les illustrent et les expriment avec la plus grande lucidité. Nul doute qu'il était fondé à exiger de tels principes de la Compagnie.

On dira, car on ne cesse de le dire et de le redire depuis la première du *Tartuffe,* que Molière attaque l'essentiel du christianisme sinon dans le personnage du faux dévot, certainement à travers celui de sa dupe, Orgon. C'est pareille vue qui a alimenté de nombreuses critiques de la pièce, depuis l'attaque brutale de Louis Veuillot au 19e siècle, à l'interprétation stimulante et subtile de Ramon Fernandez dans la première moitié du 20e,[45] et de Jean Calvet,[46] aux articles de Raymond Picard,[47] de John Cairncross,[48] et de Philip Butler.[49] C'est Picard qui exprime clairement l'inquiétude au cœur des réserves qu'ils formulent, chacun de sa façon. Pour lui, Molière, à travers un Orgon détaché de sa famille au point d'envisager leur disparition d'un œil tranquille, « [...] semble en effet mettre en question la séparation radicale, qui est au cœur même du christianisme, entre le monde et le Royaume de Dieu, et la nécessité absolue de mépriser le premier pour entrer dans le second ».[50] Pour Cairncross, il s'agit là d'une condamnation de la part de Molière du « [...] catholicisme le plus orthodoxe ».[51] On ne saurait nier qu'un tel rigorisme faisait bel et bien partie des interprétations théologiques répandues au grand siècle, et l'on a assez constaté comme Molière s'en trouva cible et victime (chapitre III, **H**, plus haut). Mais soutenir qu'un détachement littéral et radical du monde doine faire partie indispensable du christianisme nous semble et contestable et simpliste. Contestable, parce que relevant d'une pure vue de l'esprit, où le doctrinaire s'impose à l'actuel, donnant lieu facilement à la sclérose de la vie spirituelle, au légalisme stérile, ou à la fausse dévotion. Et simpliste parce que provenant d'une attitude intégriste qui ne tient aucun

---

[45]   *La Vie de Molière* (Paris : Gallimard, 1929), 161 sqq.

[46]   *Molière est-il chrétien? Essai sur la séparation de la religion et de la vie* (Paris : Lanore, 1950).

[47]   « *Tartuffe*, production impie ? », art. cit.

[48]   « 'Tartuffe', ou Molière hypocrite », *Revue d'Histoire Littéraire de la France*, 72:5–6 (septembre-décembre 1972), Molière, 890–901.

[49]   « Orgon le dirigé », « Tartuffe et la direction spirituelle », art. cit.

[50]   Art. cit., 234.

[51]   Art. cit., 891.

compte de la relation à la fois engagée, complexe, dynamique et paradoxale que vit le chrétien face au monde. Sa vie se passe entre les deux termes du paradoxe que voici: appartenance au Christ, appartenance au monde. À considérer le premier terme de ce paradoxe, il peut déclarer, avec le Christ, appartenir à un royaume qui n'est pas de ce monde, et affirmer avec Saint Paul que les croyants sont « [...] morts avec le Christ aux éléments du monde ».[52] Mais il ne saurait pourtant être question de condamner la création et la matière et s'en sauver au plus vite comme la secte gnostique au premier siècle et Orgon au dix-septième.[53] Ce serait du coup renier le fait et le sens de l'incarnation où Dieu, *in carne,* prend un corps d'homme. Ce second terme du paradoxe nous rappelle que nous sommes appelés à rester dans le monde. Le même apôtre, mettant en contraste la méchanceté du monde et la pureté du chrétien, adresse une ferme mise en garde aux Corinthiens qui semblèrent vouloir rompre les liens avec leurs semblables pour avoir mal compris ses principes sur la discipline réglant l'administration de l'église face aux récidivistes: « En vous écrivant, dans ma lettre, de n'avoir pas de relations avec des débauchés, je n'entendais nullement les débauchés de ce monde, ou bien les cupides et les rapaces, ou les idolâtres; *car il vous faudrait alors sortir du monde* ».[54] Il ne fait ici que répéter les paroles du Christ dans sa prière pour ses disciples avant la Sainte Cène : « Je ne te prie pas de les enlever du monde, mais de les garder du Mauvais. Ils ne sont pas du monde, comme moi je ne suis pas du monde ...Comme tu m'as envoyé dans le monde, moi aussi, je les ai envoyés dans le monde ».[55] Ainsi les deux termes du paradoxe se rejoignent-ils : le croyant, comme son maître, n'est pas *de mundo,* mais envoyé *in mundum.* Le Christ ne choisit pas de rejeter le monde par principe de faux ascétisme,

---

[52] L'Évangile selon Saint Jean 18:36 ; Épître aux Colossiens 2:20. Qu'il nous soit permis de faire notre mea culpa : pour n'avoir envisagé que le premier terme de ce paradoxe nous sommes arrivé à une conclusion plus tranchée que celle que nous présentons dans cet appendice dans *The Sceptical Vision of Molière: a study in paradox* (London : Macmillan, 1977), 67-70.

[53] Saint Paul fustige l'hérésie des gnostiques dans l'Épître aux Colossiens 2:8-23, ainsi que dans les épîtres à Timothée I, I:4 sqq., 6:20, II, 2:18, 3:5-7, Tite 1:14 sqq.

[54] Première Épître aux Corinthiens 5:9-10. Les italiques sont de nous.

[55] L'Évangile selon Saint Jean 17:15-16.

ascétisme qu'il condamne précisément chez les pharisiens lesquels fustigeaient à leur tour ce qu'ils estimaient être sa vie laxiste : « Jean vient en effet, ne mangeant ni ne buvant, et l'on dit: 'Il est possédé !' Vient le Fils de l'homme, mangeant et buvant, et l'on dit : 'Voilà un glouton et un ivrogne, un ami des publicains et des pécheurs!' ».[56] Saint Paul abonde dans le même sens, développant un principe général aux antipodes de toute austérité, à partir d'une condamnation de ceux qui interdisent le mariage et l'usage de certains aliments: « ces gens-là interdisent le mariage et l'usage d'aliments que Dieu a créés pour être pris avec action de grâces par les croyants et ceux qui ont la connaissance de la vérité. Car tout ce que Dieu a créé est bon et aucun aliment n'est à proscrire, si on le prend avec action de grâces : la parole de Dieu et la prière le sanctifient ».[57] Le croyant est bel et bien dans le monde, sujet aux mêmes besoins, appétits et tentations matériels et intellectuels que l'incroyant. Il sait pourtant que les valeurs mondaines fondées sur l'égoïsme, la force, le pouvoir, et le matérialisme ne sauraient le définir ou le satisfaire. En dépit de ses égarements, il se garde bien d'en faire sa pâture morale, puisant les siennes dans l'amour de Dieu et l'esprit de l'humilité.[58] Or le chrétien est également appelé à aimer son créateur et son prochain : le grand commandement portant que « *Tu aimeras le Seigneur, ton Dieu, de tout ton cœur, de toute ton âme, et de toute ta force* et de tout ton esprit; *et ton prochain comme toi-même* ».[59] Cet amour forme un continuum pour le croyant : on ne

---

[56]   L'Évangile selon Saint Matthieu 11:18–19.
[57]   Première Épître à Timothée 4:3–5. Voir aussi ses critiques de la fausse ascèse dans l'Épître aux Colossiens 2:16 sqq. Pour Saint Paul, la conduite de la vie chrétienne se place avant tout sous le signe de la liberté dans le Christ, voir l'Épître aux Galatiens, surtout le chapitre 5 sur la liberté chrétienne.
[58]   Comment ne pas penser au beau fragment de Pascal sur les trois ordres, celui du corps, de l'esprit, et de la charité, et à sa conclusion : « De tous les corps et esprits on n'en saurait tirer un mouvement de vraie charité, cela est impossible, et d'un autre ordre surnaturel », No.308, éd. cit., 540 ?
[59]   L'Évangile selon Saint Luc 10:27. Saint Marc fait suivre le commandement d'aimer Dieu du second, consistant de l'amour du prochain, ajoutant la phrase « Il n'y a pas de commandement plus grand que ceux-là », 12:29–31. L'originalité de l'enseignement de Jésus consiste, comme le fait remarquer le commentateur William Barclay, à fondre le commandement aux Juifs d'aimer Yahvé (Le Deutéronome 6:5) avec celui du Lévitique 19:8 d'aimer le prochain comme soi-même, *The Gospel of Mark* (Edinburgh : The Saint Andrew Press,

saurait prétendre aimer Dieu et tourner le dos aux siens et au prochain. L'amour du premier passe forcément par l'amour du second : « Si quelqu'un dit : 'J'aime Dieu' et qu'il déteste son frère, c'est un menteur: celui qui n'aime pas son frère, qu'il voit, ne saurait aimer le Dieu qu'il ne voit pas ».[60] Dire à l'instar de Saint Thomas à Kempis que « [...] le plus sûr chemin pour aller vers les Cieux, c'est d'affermir nos pas sur le mépris du monde», c'est au moins s'exposer à des malentendus.[61] Prononcer de semblables sentiments devant un Orgon serait à coup sûr précipiter la ruine d'une famille au seul bénéfice de l'orgueil monstrueux du *pater familias*. Car le chemin du ciel passe avant tout par l'amour pour autrui : « Je vous donne un commandement nouveau: vous aimer les uns les autres ; comme je vous ai aimés, aimez-vous les uns les autres. À ceci tous reconnaîtront que vous êtes mes disciples: si vous avez de l'amour les uns pour les autres. »[62] Avec la volonté de servir son prochain c'est là la suprême et l'ultime leçon dispensée par le Christ lors du lavement des pieds de ses disciples à la Cène : « Si donc je vous ai lavé les pieds, moi le Seigneur et le Maître, vous aussi vous devez vous laver les pieds les uns aux autres. Car c'est un exemple que je vous ai donné, pour que vous fassiez, vous aussi, comme moi j'ai fait pour vous. »[63] Il n'est nullement question de repousser dédaigneusement les siens, comme le fait Orgon, au nom d'un quelconque principe spirituel qui vous en inspire le hautain rejet et au moyen duquel on assurerait son propre salut. Ce serait ressembler à la bigote peinte par Boileau qui s'abuse en croyant que « [...] c'est aimer Dieu que haïr tout le monde ».[64] Au contraire, il est question d'aimer autrui, l'acceptant sans arrière-pensée aucune.[65]

En choisissant de plein gré de fracturer la cellule familiale, Orgon porte atteinte à la constitution fondamentale de la société instituée par

---

[60]   1975), 295-6.
      Première Épître de Saint Jean 4:20-21.
[61]   *L'Imitation de Jésus-Christ,* Traduction de Corneille, I, 1, vv.43-44, *Œuvres complètes,* éd. cit., II, 808, vv.43-44.
[62]   L'Évangile selon Saint Jean 13:34-35.
[63]   *Ibid.,* 13:14-15.
[64]   *Satire X.*
[65]   « Que votre charité soit sans feinte, détestant le mal, solidement attachée au bien; que l'amour fraternel vous lie d'affection entre vous, chacun regardant les autres comme plus méritants [..] », Épître aux Romains 12:9-10.

Dieu.[66] Il est à craindre que l'hébraïsme pittoresque qu'utilise le Christ pour dramatiser le point tournant qu'est la conversion dans la vie du chrétien (la haine pour sa famille) n'ait été mal compris, non seulement par Orgon mais par bon nombre des contemporains de Molière (voir la note 166, du chapitre III, plus haut). Et cela faute de n'avoir pas pénétré au-delà de la tournure frappante qui la présente. Le rejet total du monde et d'autrui, fruit fatal du mépris et de l'orgueil d'une piété bigote, indices sûrs de cet esprit du monde mis impitoyablement à nu par le fondateur du christianisme, est aux antipodes de l'amour pour le prochain, comme pour l'ennemi, qu'il nous recommande.[67] C'est là en fait que semble se tapir le vrai ennemi aussi puissant que subtil du chrétien, « l'amour de soi-même, et de toutes choses pour soi »,[68] tout aussi capable de se manifester sous une forme ouvertement libertine que faussement ascétique.[69] D'un point de vue biblique, il n'y a rien de plus approprié que le commentaire de Cléante sur l'attitude dédaigneuse d'Orgon envers sa famille, quand ce dernier envisage leur disparition avec la plus grande sérénité: « Les sentiments humains, mon frère, que voilà ! » (v.280). En vue des bases égoïstes et anti-chrétiennes sur lesquelles s'étaie la conduite d'Orgon, l'interprétation par Raymond Picard de cette réplique de Cléante a de quoi étonner : à ses yeux elle n'est rien d'autre qu'une impiété caractérisée, démontrant que « Molière s'en prenait à l'un des préceptes essentiels de la vie chrétienne ».[70]

---

[66]   Voir le *Catéchisme de l'église catholique,* Section *La Famille dans le plan de Dieu* (Paris : Marne-Librairie Éditrice Vaticane, 1992), 452.

[67]   Voir l'énoncé des valeurs du royaume de Dieu par Jésus, l'Évangile selon Saint Matthieu 5:38 sqq., dont est désormais exclus tout sentiment d'orgueil et de mépris d'autrui.

[68]   La Rochefoucauld, *Maximes supprimées,* No. 1, éd. cit., 133.

[69]   Saint Jean élabore ce principe hostile à la vie chrétienne dans sa Première Épître 2:12 sqq.

[70]   Art. cit., 235. Ce critique commente le vers comme suit : « Or il se trouve que, humains ou non, ces sentiments sont ceux que l'Écriture et ses commentateurs au XVIIᵉ siècle exigent des fidèles. Le détachement total auquel le chrétien doit parvenir est souligné par saint Luc dans son Évangile [et Picard de citer le vers du Christ sur la haine pour ses proches que doit avoir le disciple]. […] S'écrier ici : « Les sentiments humains que voilà » devient une impiété caractérisée. Des dizaines de moralistes, de directeurs ou de prédicateurs établissent alors qu'il ne faut pas s'attacher aux créatures, même si l'on est décidé à leur préférer Dieu », *ibid.,* 235. J. Pineau souligne avec pertinence

Comme nous l'avons dit au début de cet appendice, nous ignorons les convictions intimes de Molière au sujet de la religion. Croyant ou incroyant, il nous semble avoir eu le mérite et le courage de braquer une lumière vive sur la question de la motivation des dévots, vrais ou faux. Face à ceux qui pour des raisons ou d'autres se prévalaient du secret, il réclama que la vie du croyant soit caractérisée par la transparence et la pureté de mobile. *Le Nouveau Testament,* loin de le contredire, exige que ces mêmes qualités caractérisent le chrétien pratiquant. En mettant en lumière la question de l'opposition entre le monde et Dieu nous sommes contraints de remonter aux premiers principes chrétiens, où elle se pose sous une forme plus complexe et pénétrante que la façon simpliste, littérale, et faussement ascétique que rabâchent les critiques au 17ᵉ siècle, et bon nombre de leurs successeurs, ainsi qu'Orgon. Alain Tallon termine son étude brillante de la Compagnie du Saint-Sacrement en concluant à l'échec de leur but de christianiser la société. Échec avant tout d'ordre spirituel selon lui, ayant pour causes « [...] une certaine incapacité des dévots à agir concrètement dans leur monde, et le choix de la « renonciation ascétique» contre le combat politique ».[71] En fin de compte, ils se seraient enfermés dans une pure vue de l'esprit. À ne considérer que l'aspect spirituel de cet échec, il nous semble provenir d'une théologie inadéquate inséparable de l'esprit intégriste, où en pratique sinon en théorie l'amour de Dieu et du prochain risquent de se disloquer l'un de l'autre. Si la piété austère de la Compagnie du Saint-Sacrement a pu marquer des destins individuels et noyauter une famille comme le fait voir Molière parmi d'autres, elle s'avère incapable d'infléchir le cours de la société en refusant l'engagement avec les structures sociales et politiques. C'est là où le soi-disant libertin Molière a vu plus juste en se faisant l'apologiste d'une dévotion humaine et traitable, plus capable, à la longue, d'agir sur la société qu'une piété rigide qui refuse tout engagement avec ses structures. Car ces dévots qu'approuve si chaleureusement Cléante, si décriés par la critique, se mouvant

combien une expression théologique révolue suscita (et suscite encore) l'opposition à une œuvre « [...] que les chrétiens du XXᵉ siècle, dont l'axe théologique n'est plus l'axe néoaugustinien, peuvent applaudir sans la moindre gêne », *Le Théâtre de Molière : une dynamique de la liberté* (Paris-Caen : Lettres Modernes Minard, 2000), 55.

[71]   *Op. cit.,* 155.

harmonieusement dans le monde, possèdent au moins la capacité
d'influer sur lui. En nous révélant les multiples hypocrisies latentes
dans la fausse ascèse, capable d'éblouir les simples et les moins
simples, Molière oblige les croyants de bonne foi à se mettre à la
recherche du palimpeste où peut se retrouver l'esprit du christianisme,
caché sous les couches de la tradition et de la culture, déformé par les
prises de positions théologiques sectaires de part et d'autre qui laissent
indifférent le monde. Nous ignorons si telle était sa véritable intention.
Mais une conséquence logique de la « théologie » approuvée dans la
pièce est d'amener les dévots de bonne foi de tous bords à faire table
rase de tout ce qui peut entraver l'humilité et l'amour dans leur
commerce avec le prochain. C'est une évidence que les chefs-d'œuvre
se libèrent incontinent de l'emprise de leur auteur pour vivre de leur
propre vie. Molière n'était pas théologien, pas plus que Cléante, encore
qu'il fût penseur tout autant que dramaturge comique. Mais, tout
comme le porte-parole de la vraie dévotion dans sa comédie,
l'expérience lui avait fait voir qu'il y a dévots et dévots :

> Je ne suis point, mon frère, un docteur révéré,
> Et le savoir chez moi n'est pas tout retiré.
> Mais, en un mot, je sais, pour toute ma science,
> Du faux avec le vrai faire la différence. (vv.351–54)

Qu'il nous soit permis, au terme de cette enquête, de formuler un
vœu pour le troisième millénium. Il s'inspire de deux « leçons » bien
élémentaires tirées de celui qui vient de se clore. Pour être
élémentaires, elles n'en semblent pas moins difficiles à assimiler. Le
deuxième millénium a vu en effet s'épuiser deux querelles pénibles que
l'on pouvait estimer éternelles : la première, celle qui opposa plus de
trois siècles durant Galilée à l'église catholique à cause de son adhésion
à l'héliocentrisme copernicien. La réconciliation, comme la querelle, ne
s'acheva pas du jour au lendemain. Son début fut entamé en 1982 au
moment où le pape Paul II établit une commission composée de quatre
groupes de philosophes et de scientifiques en vue d'enquêter de nouveau
sur le fond du différend. Ce ne fut que dix ans plus tard que l'on put
estimer la querelle close quand le même pontife approuva publiquement
la philosophie de Galilée, mettant en relief comment « […]
l'intelligibilité, qu'attestent les découvertes merveilleuses des sciences
et de la technologie, nous ramènent, en fin de compte, à cette pensée

transcendante et primordiale dont toute création porte l'empreinte ».[72] Dans la seconde querelle, il s'agit de la levée de la condamnation d'Oscar Wilde à la veille du centenaire de sa mort, le 30 novembre 2000.[73] S'il y a longtemps que l'antagonisme entre le clergé et Molière a pris fin et que l'annonce d'une représentation du *Tartuffe,* comédie maudite de jadis, n'est plus capable d'ébranler les fondements de l'église en France ou ailleurs, il reste à nos yeux encore une étape à franchir dans cet épisode plus que curieux. Car la tolérance, voire l'admiration tacite ou manifeste de la part de l'église catholique pour le plus grand des dramaturges comiques, ne va pas au cœur du débat autour du *Tartuffe.* N'est-il pas *enfin* grand temps à l'aube du troisième millénium de vider pour de bon le différend séculier entre l'église et l'auteur du *Tartuffe* en reconnaissant *qu'il n'avait pas entièrement tort dans sa satire de la fausse dévotion* ? Il n'est pas rare que la vue d'un observateur de l'extérieur se révèle à maints égards et pour l'essentiel plus juste, plus pénétrante sinon plus réconfortante pour l'institution, en l'occurrence l'église catholique, en ce qui concerne des lacunes qui peuvent bien se dérober aux experts. Pourquoi n'avoir pas l'humilité, vertu chrétienne et éminemment convenable en la circonstance, d'admettre qu'il y a beaucoup à apprendre de l'auteur du *Tartuffe?* Osera-t-on affirmer, après un si grand laps de temps, que le comédien Molière puisse enfin regarder les successeurs de l'archevêque Péréfixe ?

---

[72]   Dava Sobel, *Galileo's Daughter* (London : Fourth Estate, 1999), 392-3.

[73]   *La Civilta Cattolica,* revue prestigieuse jouissant du soutien du Vatican, loue la façon dont Wilde a fini par comprendre l'amour de Dieu, manifeste dans les dernières années de sa vie passées dans la prison de Reading. Voir *The Times* du 9 octobre 2000.

Bibliographie

Le nombre d'ouvrages sur *Le Tartuffe* est immense, et un volume suffirait à peine pour en établir une bibliographie exhaustive. Notre bibliographie ne donne que les livres et les articles qui nous ont été particulièrement utiles au cours de notre travail. Le cas du premier *Tartuffe,* qui excita la curiosité des moliéristes du passé, ne semble plus fasciner leurs successeurs, comme le montre notre bibliographie. Puisse cette étude, pour imparfaite qu'elle soit, encourager les moliéristes de notre siècle à se pencher de nouveau sur l'éternel problème du premier *Tartuffe* !

Éditions de Molière

Théâtre complet, éd. Despois et Mesnard, Grands Écrivains de la France, 13 vol. (Paris : Hachette, 1873–1900).

Œuvres complètes, éd. R. Bray, 8 vol. (Paris : Société Les Belles Lettres, 1935–1952).

Œuvres complètes, éd. G. Couton, 2 vol. (Paris : Gallimard, 1971).

L'Imposteur de 1667 : prédécesseur du Tartuffe, Édition critique, texte établi et présenté par R. Mc Bride, Durham Modern Languages Series (Durham : University of Durham, 1999).

Ouvrages consultés

Adam, A., *Histoire de la littérature française au XVIIe siècle,* 5 vol. (Paris : Éditions Mondiales, 1964, 1re édition 1948–1956).

• , *Du mysticisme à la révolte : les jansénistes du XVIIe siècle* (Paris : Fayard, 1968).

Allier, R., *La Cabale des dévots* (Paris : Colin, 1902).

Aubignac, Fr. H. abbé d', *La Pratique du théâtre,* éd. H.-J. Neuschäfer (Genève : Slatkine, 1971).

Baumal, F., *Molière et les dévots* (Paris : Bougault, 1919).

● , *Tartuffe et ses avatars : de Montufar à Dom Juan* (Paris : Nourry, 1925).

Boileau-Despréaux, N., *Œuvres,* éd. G. Mongrédien (Paris : Garnier, 1961).

Bourdaloue, L., *Œuvres complètes*, 4 vol. (Nancy-Paris : L. Guérin, 1864).

Bourqui, C., *Les Sources de Molière, répertoire critique des sources littéraires et dramatiques* (Paris : SEDES, 1999).

Bray, R., *Molière homme de théâtre* (Paris : Mercure de France, 1954).

Bremond, H., *Histoire littéraire du sentiment religieux en France,* 11 vol. (Paris : Bloud et Gay, 1916–1932).

Butler, P.F., « Orgon le dirigé », in *Gallica. Essays presented to J. Heywood Thomas* (Cardiff : University of Wales Press, 1969), 102–20.

● , « *Tartuffe* et la direction spirituelle au XVIIe siècle », *Modern Miscellany, presented to Eugène Vinaver* (Manchester : Manchester University Press, 1969), 48–64.

Cairncross, J., « 'Tartuffe' ou 'Molière hypocrite' », *Revue d'Histoire Littéraire de la France*, no. 5–6, Molière (septembre-décembre 1972), 890–901.

Calder, A., *Molière. The Theory and Practice of Comedy* (London : The Athlone Press, 1993).

● , «Molière, *Le Tartuffe* and Anti-Jesuit Propaganda », *Zeitschrift für Religionsgeistesgeschichte*, 28:4 (1976), 303–23.

● , *The Fables of La Fontaine : wisdom brought down to earth* (Genève : Droz, 2001).

Caldicott, C.E.J., *La Carrière de Molière : entre protecteurs et éditeurs* (Amsterdam-Atlanta, GA : Rodopi, 1998).

Cayrou, G., *Dictionnaire du français classique : la langue du XVIIe siècle* (Paris : Klinksieck, 2000, 1re édition 1924).

Chaument, J., et Chouville, L., «Ninon, Molière et les dévots », *Mercure de France,* 153 (1er janvier 1922), 36–70.

Cognet, L., *Le Jansénisme* (Paris : Presses Universitaires de France, 1961).

Conti (Armand de Bourbon, Prince de), *Les Devoirs des Grands,* précédé de la vie d'Armand de Bourbon, prince de Conti 1629–1666, et présenté par Jean Dubu (Paris : Communication et Tradition, 1998).

Corneille, P., *Théâtre complet,* 3 vol., éd. G. Couton (Paris : Gallimard, 1982–1987).

Dandrey, P., *Molière ou l'esthétique du ridicule* (Paris : Klincksieck, 1992).

Deffoux, L., « L'hypocrisie et Tartuffe. Une des « sources » de Molière : *Les Hypocrites* de Scarron », *Mercure de France* (1ᵉʳ octobre 1922), 222-5.

Derche, R., « Encore un modèle possible de Tartuffe », *Revue d'Histoire littéraire de la France*, 51 (1951), 129-53.

Dubu, J., *Les Églises chrétiennes et le théâtre* (Grenoble : P.U.G., 1997).

Emard, P., *Tartuffe, sa vie, son milieu et la comédie de Molière* (Paris : Droz, 1932).

Emelina, J., *Les Valets et les servantes dans le théâtre de Molière* (Aix-en-Province : La Pensée universitaire, 1958).

• , *Les Valets et les servantes dans le théâtre comique en France de 1610 à 1700* (Cannes, CEL et Grenoble : P.U.G., 1975).

Faillon, E.M., *Vie de M. Olier, fondateur du séminaire de Saint-Sulpice*, 2 vol., 4ᵉ édition (Paris : Vattelier, 1875).

Fernandez, R., *La Vie de Molière* (Paris : Gallimard, 1929).

Furetière, A., *Dictionnaire Universel*, 2 vol. (La Haye : P. Husson, 1727).

Grimarest, Jean Léonor Gallois Sieur de, *Vie de Monsieur de Molière*, éd. G. Mongrédien (Paris : M. Brient, 1955).

Guicharnaud, J., *Molière une aventure théâtrale* (Paris : Gallimard, 1963).

Guion, B., *Pierre Nicole moraliste* (Paris : Champion, 2002).

Hall, H.G., *Molière : 'Tartuffe'* (London : Edward Arnold, 1960).

• , *Comedy in Context : essays on Molière* (Jackson, Miss. : University Press of Mississippi, 1984).

• , *Richelieu's Desmarets and the Century of Louis XIV* (Oxford : Clarendon Press, 1990).

Hubert, J.D., *Molière and the Comedy of Intellect* (Berkeley : University of California Press, 1962).

Jurgens, M., et E. Maxfield-Miller, *Cent ans de recherches sur Molière, sur sa famille et les comédiens de sa troupe* (Paris : Imprimerie nationale, 1963).

Lacour, L., *Tartuffe par ordre de Louis XIV* (Paris : Claudin, 1877).

La Grange, Charles Varlet Sieur de, *Le Registre de La Grange, 1659-1685, reproduit en fac-similé avec un index et une notice sur La Grange et sa part dans le théâtre de Molière*, éd. B.E. et G.P. Young, 2 vol. (Paris : Droz, 1947).

La Mothe Le Vayer, François de, *Lettre sur la comédie de L'Imposteur,* éd. R. Mc Bride, Durham Modern Languages Series (Durham : University of Durham, 1994).

• , *Œuvres de François de La Mothe Le Vayer, conseiller d'État ordinaire,* 14 vol., (Dresde : M. Groell, 1756–1759).

• , *Dialogues faits à l'imitation des anciens* (Paris : Fayard, 1988).

Lancaster, H.C., *A History of French Dramatic Literature in the Seventeenth Century, I, 2, The Period of Molière* 1652–1672 (Baltimore : Johns Hopkins Press, 1936).

• , « The Tercentenary of Molière (1921–1922) : its contribution to scholarship », *The Modern Language Journal,* 8:2 (November 1923), 65–72.

Lanson, G., « Molière et la farce », *Revue de Paris* (mai 1901), 130–53.

La Rochefoucauld, F. de, *Maximes,* éd. J. Truchet (Paris : Garnier, 1967).

Lebègue, R., « Molière et la farce », *Cahiers de l'Association internationale des Études françaises,* 16 (mars 1964), 183–201.

Lemaître, J., *Impressions de théâtre* (Paris : Lecène et Oudin, 1890).

Lewis, C.S., *Screwtape Proposes a Toast* (London-Glasgow : Collins, 1965).

Louis XIV, roi, *Mémoires et réflexions (1661–1715)* (Paris : Communication et Tradition, 1997).

Mc Bride, R., « Un ami sceptique de Molière », *Studi francesi,* 47–48 (1972), 245–61.

• , *The Sceptical Vision of Molière : a study in paradox* (London : Macmillan, 1977).

• , « Molière et une satire oubliée : *Le Parasite Mormon* », *Studi francesi,* 80 (1983), 269-79.

• , « L'Imposteur bipolaire », *Nottingham French Studies,* n° sur Molière, éd. S. Bamforth, 33:1 (printemps 1994), 92–100.

• , « Les Frères ennemis : Racine, Molière and 'la querelle du théâtre' », dans *Racine: the power and the pleasure,* éd. E. Caldicott et D. Conroy (Dublin : University College Dublin Press, 2001), 121–34.

Mélèze, P, « Les demeures parisiennes de Molière », *Mercure de France,* 329 (février 1957), 261–95.

Mercader, A., « L'Hypocrisie et Tartuffe », *Mercure de France,* 156 (1er septembre 1923), 289–315.

Michaut, G., *La Jeunesse de Molière* (Genève : Slatkine Reprints, 1968, réimpression de l'édition de Paris : Hachette, 1922–1925).

• , *Les Débuts de Molière à Paris* (Genève : Slatkine, 1968).

• , *Les Luttes de Molière* (Genève : Slatkine, 1968).

• , « L'Éternel 'problème du *Tartuffe*' », *Revue des Cours et Conférences,* 27:2 (1924–1925), 122–36, 240–54.

Mongrédien, G., éd., *Molière. Recueil des textes et des documents du XVIIe siècle relatifs à Molière,* 2 vol. (Paris : CNRS, 1973).

Morf, Ph., *Aus Dichtung und Sprachen der Romanen* (Berlin et Leipzig : sans nom d'éditeur, 1922).

Mornet, D., « Un prototype de Tartuffe », *Mélanges de philologie et d'histoire littéraire offerts à Edmond Huguet* (Paris : Boivin, 1940), 308–12.

Nicole, P., *Traité de la comédie et autres pièces d'un procès du théâtre,* édition critique par Laurent Thirouin (Paris : Champion, 1998).

Peacock, N.A., « 'The Raisonneur' in Molière's Theatre », *The Modern Language Review,* 76 (1981), 298–310.

Phillips, H., *The Theatre and its Critics in Seventeenth-Century France* (Oxford : Clarendon Press, 1980).

Picard, R., « Tartuffe, production impie ? », *Mélanges offerts à R. Lebègue* (Paris : Nizet, 1969), 227–39.

Pignot, J.-H., *Gabriel de Roquette, évêque d'Autun,* 2 vol. (Paris : A. Durand et Pedone-Laurel, 1876).

Pineau, J., *Le Théâtre de Molière : une dynamique de la liberté* (Paris-Caen : Lettres Modernes Minard, 2000).

Pommier, R., *Études sur 'Le Tartuffe'* (Paris : SEDES, 1994).

Racine, J., *Lettres d'Uzès.* Texte établi, présenté par Jean Dubu (Nîmes : Lacour S.A., 1991).

• , *Œuvres complètes, II, Prose.* Édition établie et annotée par Raymond Picard, (Paris : Gallimard, 1966).

Rébelliau, A., « Un épisode de l'histoire religieuse du XVIIe siècle : La Compagnie du Saint-Sacrement », *Revue des Deux Mondes,* 16 (1er juillet 1903), 49–82.

• , « La Compagnie du Saint-Sacrement et la contre-réformation catholique », *Revue des Deux Mondes,* 16 (1er août 1903), 540–63.

• , « La Compagnie du Saint-Sacrement et les protestants », *Revue des deux Mondes,* 17 (1er septembre 1903), 103–35.

●, « La Compagnie secrète du Saint-Sacrement d'après des documents nouveaux », *Revue des Deux Mondes*, 46 (15 août 1908), 834–68.

●, « Deux ennemis de la Compagnie du Saint-Sacrement : Molière et Port-Royal », *Revue des Deux Mondes*, 53 (15 octobre 1909), 892–923.

●, « Le rôle politique et les survivances de la Compagnie secrète du Saint-Sacrement », *Revue des Deux Mondes*, 54 (1er novembre 1909), 200–28.

Rey-Flaud, B., *Molière et la farce* (Genève : Droz, 1996).

Reynier, G., *Les Femmes savantes de Molière* (Paris : Mellottée Éditeur, 1962, 1re édition 1936).

Salomon, H.P., *Tartuffe devant l'opinion française* (Paris : Presses Universitaires de France, 1962).

Scherer, J., *Structures de Tartuffe,* (Paris : Sedes, 1966).

Sévigné, Mme de, *Correspondance,* éd. R . Duchêne, 3 vol. (Paris : Gallimard, 1972–1978).

Sorman, R. *Savoir et économie dans l'œuvre de Molière* (Uppsala : Acta Universitatis Upsaliensis, 2001).

Souriau, M., *La Compagnie du Saint-Sacrement de l'autel à Caen : deux mystiques normands au XVIIe siècle, M de Renty et Jean de Bernières* (Paris : Perrin et Cie, 1913).

Tallemant des Réaux. *Historiettes,* Édition établie et annotée par Antoine Adam, 2 vol. (Paris : Gallimard, 1960–1961).

Tallon, A., *La Compagnie du Saint-Sacrement* (Paris : Éditions du Cerf, 1990).

Thirouin, L., *L'Aveuglement salutaire : le réquisitoire contre le théâtre dans la France classique* (Paris : Champion, 1997).

Triboulet, R., *Gaston de Renty 1611–1649. Un homme de ce monde —un homme de Dieu* (Paris : Beauchesne, 1991).

Urbain Ch. et Levesque E, éd., *L'Église et le théâtre* (Paris : Grasset, 1930).

Vine, W.E., *An Expository Dictionary of New Testament Words,* 4 vol. (London-Edinburgh : Oliphants, 1939–1941).

Voltaire, *Lettres philosophiques,* éd. F.A. Taylor (Oxford : Blackwell, 1961).

●, *Siècle de Louis XIV,* 4 vol. (Neuchâtel : sans nom d'éditeur, 1773).

• , *La Vie de Molière, avec de petits sommaires de ses pièces,* édition critique par Samuel S.B. Taylor, *The Complete Works of Voltaire* (Oxford : Voltaire Foundation, 1999), 323–463.

Weiss, J.-J, *Molière* (Paris : C. Lévy, 1900).

Illustrations

Frontispice : portrait du premier Tartuffe, d'après des modèles contemporains

Table des Matières